本著作受上海市委宣传部与上海外国语大学部校共建项目资助

Language and Communication

语言与传播

王少娣 主 编
沈 雁 马景秀 副主编

内容提要

在提高国际传播能力、推动中国文化走出去的对外传播模式主导下，英语语言文学研究被赋予了时代的使命、定位、方向与特征。本书在国际话语的视阈中，将英语语言学科中的文学、翻译和语言学三个板块与传播学有机融合，以语言研究为载体，以传播为主轴，为提高中国国际传播能力、建构有利的话语交流空间探索行之有效的路径与策略。本书适合英语语言研究者参考阅读。

图书在版编目（CIP）数据

语言与传播 / 王少娣主编. —上海：上海交通大学出版社，2023.7

ISBN 978-7-313-28722-9

Ⅰ. ①语… Ⅱ. ①王… Ⅲ. ①英语-文化语言学-传播学 Ⅳ. ①H31-05

中国版本图书馆 CIP 数据核字（2023）第 087540 号

语言与传播

YUYAN YU CHUANBO

主　　编：王少娣　　副 主 编：沈　雁　马景秀

出版发行：上海交通大学出版社　　地　　址：上海市番禺路 951 号

邮政编码：200030　　电　　话：021-64071208

印　　刷：苏州市古得堡数码印刷有限公司　　经　　销：全国新华书店

开　　本：710mm×1000mm　1/16　　印　　张：21.5

字　　数：359 千字

版　　次：2023 年 7 月第 1 版　　印　　次：2023 年 7 月第 1 次印刷

书　　号：ISBN 978-7-313-28722-9

定　　价：79.00 元

编 委 会

顾　问　郭　可

主　编　王少娣

副主编　沈　雁　马景秀

编　委　蔡君梅　李　美　骆明琼　苗　萍

郎　铭　李　冰　汤仁彬　苏　宁

奚　念　张　健　朱　科

前　言

自殖民时代以来，西方在东西方的话语交流体系中长期把控着主导权，因此国际上对中国的了解大都依赖于英美国家的话语。当前的中国已经成为世界第二大经济体，然而，在思想、观念、文学、艺术、文化等方面的输出却没有能够具备同等的传播力量与经济的发展水平相匹配，也因而仍然无法在国际上占有主流的话语权。因此，促进国际传播能力，提升国际话语权成为我们要面对的一个重要课题。从宏观上看，国际传播能力与国家形象、国家利益及国际话语紧密相关，是国家软实力的重要组部分。具体在跨越国界和文化的信息传递过程中，国际传播能力表现为国家能否有效表达立场、观点和价值观，能否维护国家利益、实现文化诉求。国际传播能力被普遍认为是属于传播学学科的研究领域，但从其深层的概念意义上看，跨文化传播与外语学科具有不可分割的关联。将外国语言文学学科与国际传播进行有机结合，鼓励交叉学科研究，促进中国对外话语理论建构，对于提高国际传播效率和质量具有不可或缺的作用。外语语言文学学科与传播学科的融合效能主要体现在两个方面：其一，语言文学和翻译作为知识、信息、情感等因素的载体，促成不同主体之间的政治、社会和文化交流，实现国际和语际的传播；其二，跨学科的研究方法是当前国内外学术界中正在兴起的重要研究思路，对扩展学科边界、探索学科交叉领域都具有不可忽略的启发作用。

本研究文集从文学、翻译、语言学等模块展开研究，立足中国立场，忠实反映中国的思想意旨、价值观和文化特征，兼顾中外在意识形态、思维逻辑以及文化习性等方面的差异，尝试在英语语言文学学科领域中寻找与对外话语传播、跨语际话语实践的交叉点，形成跨学科研究范式，并在国际传播的视域下的文学、翻译、语言学研究在对外话语中产生的国际和社会影响，并探索有效的传播方法和路径。

以语言为载体的文学传播可以跨越时空，连接心灵、融通文化，能通过译者的妙手化形为另一种语言来拨动读者的心弦，能经过千百年的检验而沉淀为历久弥新的经典，能经过不同媒介的再创造焕发新鲜的生命力。作为传播的内容，文学有着区别于其他信息的特质，其文学性、审美性、含混性、历史性等都需要读者在接受过程中发挥主观能动性，换言之，读者需要通过综合运用他的理性和感性、共情和想象，从而把作为符号的语言文字转化为头脑中的形象。文学也是文化的组成部分，因此文学的传播也是一种文化现象，文学作为渗透着社会文化和思想观念的承载物，诉诸接受者的情感和意识，反向作用于社会的文化氛围和大众心理。

文学通过传播抵达读者，传播方式与技术的发展和变革也始终影响着文学创作。从口口相传的史诗民谣、讲古说书、词曲乐府到如今的文学播客和有声小说，从手稿传阅诗文到印刷术发明后兴起的长篇小说，从古希腊露天剧场的戏剧表演到如今的经典文学影视再现和网络文学 IP 改编，文学在传播方式和传播技术的更新迭代中悄然发生着巨变。

目前，从跨语际话语实践视角的文学传播研究还远远不够，当我们去探索文学传播的主体和受众、它的方式、媒介和技术、它的内容和影响，去翻开每一块石头寻找隐藏的内涵和意义，那么，文学和传播学的交叉研究将会揭示更多关于两门学科的知识和本质。研究文学传播的理论工具也仍然比较有限，因此，如何将文学研究与传播学理论、跨文化传播的研究方法相结合，依然是一个迫切的问题。同时，文学场、文化记忆等理论思想和文化研究方法或许也能提供不少启发。

文学部分收录的相关文章来自不同高校的同行，在选文上尽量涵盖多角度、多维度的探讨。讨论的问题包括小说、诗歌、戏剧等文学体裁的传播；不同受众的文学的传播，如通俗小说、民间文学、严肃文学、文学经典等；文学传播媒介和传播途径的研究，如出版、译介、文学批评等，希望能对文学传播研究提供一些新的视角和有价值的发现。

从根本上来说，翻译作为一种语言行为，不仅能展示国家和人物形象，而且也能塑造形象。翻译的语言活动将原文中的形象在译入语中体现出来，同时，源语国的国家形象、源语文化都通过翻译行为进入译入语受众的视阈中，构成了由翻译活动过滤和加工过的形象。1897年,梁启超先生在《变法通议·论译书》说道:“苟其处今日之天下,则必以译书为强国第一要义,昭昭然也。”新世纪以来,我们进入了一个中国文化“走出去”的时代语境中,通过翻译行为改进国际传播环境,提高我们的国际传播能力已然成为大势之所趋,翻译者与翻译研究者因而需要接受新的课题挑战。译者依据传播目标对翻译文本做出选择,通过相应的翻译策略,与译入语读者及其语境的文化建立关系,通过翻译话语传达出源语文本预期要传达的内容,实现传播目的。而国家对外翻译的策略、机制与实践活动反映输出国的文化立场、价值取向与战略目标,以此来维护与提升国家形象。

在翻译研究视域中,翻译质量的评估、翻译策略选择的得失、翻译中的具体问题与策略等话题,都在对外话语的中轴线上延伸开来。研究者们思考如何有效输出国家思想与政策、促进人文交流,让译入语国家产生共鸣,更好地理解并积极影响输出国,将最终塑造良好的国家形象研究者的主要职责与使命。研究者的观察、思考与探索对提高国际传播能力,提升中国在国际语境中的话语权都会产生直接与间接的作用,推动文化交流与文化输出的健康发展。从根本上讲,通过翻译实践和翻译研究实现的良性对话是国与国之间的互动活动,是源语国与译入语国共同受益的活动。

研究文集的翻译模块,将政府文本的翻译、公共标识语的英译问题、中国叙事文学的跨文化译写、政府报告的外译、经典文学的翻译、流行网络文学外译等不同话题的研究纳入研究对外话语的视阈内,并以此为主轴构成一个系列研究。

语言不仅是我们认知的方式,也是我们走向彼此的途径。传播情境中的个体或群体由各种“实质”(substance)构成。实质是传播中个体所共享的核心相似点,也是定义他们的基本要素,其具体形式表现为不同的语言、职业、行为、信仰、价值观等等。在构成认同的各种实质中,语言是达成认同、形成同体的最重要途径之一。语言作为特定民族群体对世界的一种隐喻理解,以社会文化环境中各种符号与物质形式存在,不仅是个体认知的组织概念和必要条件,而且对个体的社会认知活动起着重要的规约作用。借助语言符号体系,传播话语不仅反映社会现实、传递信息,更建立话语的联盟和社团黏合,构筑现实的局部认同。传播与语言的一个共同之处是产生于人类交流的需要,帮助人克服自身与生俱来的分离状态,使我们与原本遥不可及的远方产生关联,扩展认知的边界,寻求共识的达成。

在麦克卢汉所描述的"地球村"中,全球化使得世界各地人民的概念框架、价值观念和信仰体系等日益密切地相互接触并不可避免地发生抵触,传统的价值观念和信仰将面临挑战,社会思想观念趋向多元化且不断翻新。例如,在全球化传播过程中,以英语为工作语言已经成为世界各国国际新闻报道的话语惯例。然而,同一种工作语言符号的运用等却并没有指引人们走出《圣经》中"巴比塔"所警示的混乱状态。恰恰相反,语言体系以特定的民族中心框架预设并规约了话语意义生成的路径,使新闻传播话语建立起关于现实的形态各异的表征与局部认同。语言的民族中心属性现象既为传播提供了挑战,也预备了深度交流的契机,因为只有充分认识并理解一种语言的民族中心属性,我们才能真实地认识一个文化体系,并找到通往这个文化体系内核的途径。

该研究文集的语言板块收录了数篇从不同角度来阐述语言与传播关系的论文,如修辞学、文化传播等、多模态话语分析等,无不聚焦于语言在传播中的作用、传播中的语言策略等。这些论文从不同的理论切入面作出了跨学科研究的具体样例,不仅展示了语言与传播的丰富内涵,也启发我们将语言与传播的跨学科研究推向纵深发展。

在上海外国语大学和上海市宣传部的共建项目的支持下,该研究文集由本人组织新闻传播学院英语教学部的教师以及校内外其他学者同仁,在对外话语的视阈下进行的一项英语语言文学集体研究实践。各团队成员充分发挥自己的专业优势与研究特长,将传播学与英语语言文学研究进行了有效的融合,以英语语言文学研究为载体,通过具体的学术课题探究提高国际传播能力、改善国家形象的具体路径,为跨学科研究的发展开拓一条新的思路。本书所选论文中有一部分是作者前期研究的成果,而大多数论文是作者就文集主题新近作出的思考结晶。新闻传播学院郭可教授、张健教授、陈沛芹教授、沈雁教授以及英语学院的孙会军教授都对项目的研究开展提出了宝贵的意见。团队中沈雁教授和马景秀副教授在稿件把关中做出了重要努力,并在前言中就文学、语言与传播的观点做了相应概述。

该研究文集从选题、申报、立项、完成论文写作以及编辑工作,历时一年半之久。在此期间,团队成员就研究目标、研究方法,以及论文体例等问题进行反复研讨,在教学任务繁重的情况下,经过努力终于完成文集,不足之处在所难免,敬请同行专家学者不吝批评指正。

王少娣

2022 年 10 月

目　录

上篇　传播视阈下的文学研究

中篇　对外话语与翻译研究

下篇 语言文化与传播

上篇　传播视阈下的文学研究

文学批评对劳伦斯小说接受与传播的影响[①]

沈　雁

摘　要：劳伦斯小说的批评、接受和传播经历了戏剧化的起伏，对于文学批评如何影响文学价值的确立和传播是一个有力的例证。本文通过分析劳伦斯小说批评与接受的重要事件和批评理论视角，包括劳伦斯小说的心理分析批评、《虹》的被禁、劳伦斯小说的经典化、《查泰莱夫人的情人》的审判、女性主义批评观点等，同时结合英国20世纪的政治、社会、文化语境，来探讨文学批评与文学接受和传播的互动关系。

关键词：D. H.劳伦斯；小说；批评；接受；传播

文学批评如何作用于文学的接受与传播？劳伦斯的小说批评、出版和接受过程是一个生动的示例。劳伦斯的文学创作在读者大众和学术界两个层面都可谓争议迭出，贯穿整个20世纪。劳伦斯去世以后，他的文学地位起起落落，无论是作品还是作家本人都遭遇两极分化的评价。同时，劳伦斯作品的批评和接受过程嵌入在现代主义小说的批评和接受的过程中，与20世纪英国社会的政治文化状况密切交织，难以剥离，因而具有较大的文化意义和研究价值。

劳伦斯小说的批评和传播受到了20世纪上半叶现代心理学发展的影响、

① 本文为上海市哲学社会科学规划课题“文化与批评：英国现代主义小说批评沿革与发展”（课题批准号：2019BWY029）的阶段性成果。

第一次世界大战的冲击、英帝国背景下英国文学研究变局的影响和第二次世界大战后五六十年代文化思潮的推动,因而不仅有着丰富的内涵,更是成为20世纪英国社会文化的一面镜子。同时,学界对劳伦斯小说的评价和大众的接受都伴随着争议和喧嚣。学界的重大分歧和评价的两极分化影响着其作品的大众接受和传播,而劳伦斯小说题材的独特性、作家本人的工人阶级出身、他在小说出版上的遭遇和由此而来的"非议"也使得大众对他作品的接受充斥着多样化的动机和芜杂的反馈。

劳伦斯凭借天赋的诗才和对伊斯特伍德矿区的生动描绘闯入文坛。最初他的才华被时任《英国评论》(*The English Review*)的作家兼评论家福特·马多克斯·福特(Ford Madox Ford)[①]慧眼发现,将他介绍给布鲁姆斯伯里团体。他早年的作品在评论界获得好评。作为矿工的儿子,劳伦斯的工人阶级出身一方面为文坛注入了新鲜空气,另一方面也使他与当时的精英文人圈格格不入。受到现代心理学发展的影响,劳伦斯的成名作《儿子与情人》(*Sons and Lovers*,1913)被学界认为是弗洛伊德心理分析的文学例证。心理学解读深刻地影响了评论界对这部小说甚至对劳伦斯本人的看法。第一次世界大战期间到20年代是劳伦斯小说在作家在世期间作品接受和传播的低谷。劳伦斯的力作《虹》(*The Rainbow*,1915)在出版后立即遭禁,姊妹篇《恋爱中的女人》(*Women in Love*,1920)也命运多舛,遭遇出版的困境。这两部作品的命运都与当时评论界对劳伦斯的抨击不无关系。他的最后一部长篇小说《查泰莱夫人的情人》(*Lady Chatterley's Lover*,1928)同样因为对两性关系坦率直白的表达而引起非议,最初只能在意大利、法国独立出版。劳伦斯去世后,当时文坛重量级的评论家艾略特(T. S. Eliot)、默里(John Middleton Murry)、贝内特(Arnold Bennet)、福斯特(E. M. Forster)等人对他的评价也存在着重大分歧,尤其是艾略特和默里等人的抨击使劳伦斯的声誉大受影响。50年代,剑桥学者利维斯(F. R. Leavis)不满于"时髦知识界的阴谋诡计"(Fernihough, 2003: 259),重新评价劳伦斯小说的道德价值,推行劳伦斯的经典化,几乎以一己之力确立了他在英国文学史上的重要地位。随着更多作品逐渐面世,包括书信、书评、散文等,劳伦斯开始在学术界获得普遍认可,他的小说被引入课堂,翻拍为电影,进

① 当时为福特·马多克斯·休弗(Ford Madox Hueffer)。

入大众视野。1960年《查泰莱夫人的情人》的审判更是引发了极大的喧嚣，学术界对劳伦斯小说艺术性、严肃性的评价和认可经由此案广为传播，推进了读者对他的小说的接受度。70年代，女性主义批评的崛起及其对劳伦斯小说的诟病提供了新的研究视角，也导致了学界和大众更加多元化的评价。80年代以后，劳伦斯批评开始转向更为客观的评价，出现了诸如劳伦斯的文学语言、劳伦斯与现代主义运动之间的关系、创作的历史文化语境、跨学科研究等兴趣点，所关注的文本也从劳伦斯的长篇小说转向其他体裁，如短篇小说、散文创作、文学批评等。

一、《儿子与情人》和心理分析批评

在劳伦斯写作的时代，现代心理学的发展已经开始对欧洲文艺界产生重要影响，弗洛伊德对人类无意识领域的系统性阐释极大拓展了现代人的主体认知，其心理学假设也开始被文学评论界所接受。评论家们开始采用弗洛伊德的心理分析方法来诠释劳伦斯的作品，其中，《儿子与情人》首当其冲。早在1915年，阿尔弗雷德·库特纳（Alfred Kuttner）在《新共和》（*New Republic*）发表书评文章，采用弗洛伊德的俄狄浦斯情结学说诠释小说中的人物关系和情感症候。这篇文章后经扩写于一年后发表在心理学期刊《心理分析评论》（*Psychoanalytic Review*）上。文章通过分析男主人公保罗·莫瑞尔的行为逻辑和心理动因指出，“小说意外地证实了弗洛伊德的杰出的心理—性理论”，并且由此设想这种心理现象和作家本人的人生经历存在关联（蒋炳贤，1995:27）。这篇文章以人物心理分析为主旨，同时也高度评价了劳伦斯的优美文笔和小说的主题价值。文章认为作家笔下的时代疾患是有普遍性的；正因为成功地表现了灵魂深处的阴暗斗争，艺术家们得以战胜自我，解除了同时代人的病痛。这篇来自美国的长文可能是当时最为重要的评论之一。

迄今为止，《儿子与情人》的心理分析批评被学界和读者普遍接受，成为理解这部小说的核心出发点。对此，劳伦斯夫妇也多少贡献了一份力量。1912年9月，劳伦斯的妻子弗里达（Frieda Lawrence）在给编辑爱德华·加内特（Edward Garnett）的信中称劳伦斯和他母亲的关系颇似俄狄浦斯情结的情形，而他自己未必意识到（Worthern & Harrison，2005：27）。两个月后，劳伦斯在写给加内特的信中叙述了这部小说的情节梗概，主要描述了男主人公在成长过程中的情感纠葛，其中提到儿子深爱着母亲、嫉恨着父亲等内容，带有明显的俄狄浦斯情结的意味（Worthern & Harrison，2005：27－28）。在劳伦斯去世后，1932 年，这封信由理查德·阿尔丁顿（Richard Aldington）收录到他编辑出版的劳伦斯书信集中。这些信息对《儿子与情人》的心理分析解读产生了重要的影响。劳伦斯生前好友默里撰写的劳伦斯传记《妇人的儿子：D. H. 劳伦斯传》（*Son of Woman：The Story of D. H. Lawrence*，1931）更是对此起到了推波助澜的作用。这部传记旨在分析劳伦斯本人的心理，将作品视为作家心理状况的例证。在评论《儿子与情人》时，默里同样强调了男主人公和作家本人的心理症结①。

《儿子与情人》的心理分析批评深刻地影响了这部作品的接受和传播。例如，大英百科全书网页版对小说的简介称："整个故事可以看作是劳伦斯对自己所作的心理分析研究，讲述了一个年轻人如何奋力挣脱他的母亲。"② 1960 年，《儿子与情人》在英国被改编为同名电影，并且获得了当年奥斯卡最佳摄影奖，同时斩获了金球奖等各类国际电影奖中的最佳女演员、最佳导演、最佳故事片等各类奖项，产生了较大的影响。互联网电影资料库网站（Internet Movie Database）对影片做了如下简要介绍："一个有着艺术天赋的年轻人生活在一个人际关系紧密的矿镇，母亲对他的情感掌控使他备受束缚。"③从简介上看，影片推介的关键词依然是母子之间的情感纠葛。

《儿子与情人》的心理分析批评何以被广泛接受？一个原因固然是小说本身将人物心理表现得非常细腻，男主人公的心理状态也具有典型性。更重要的是，文学批评开始注重对人物进行心理分析。正值现代心理学有着重大突破的时期，弗洛伊德关于人类意识的理论正在深刻地影响当时的西方学界和文艺圈，而采用他的俄狄浦斯情结学说可以给小说勾勒出一个经过简化从而更便于理解的情节模式，凸显出人物的心理内容。然而这或多或少掩盖了小说的丰富

---

① 劳伦斯的支持者将默里的这部传记看作是对劳伦斯的背叛。

② D. H. Lawrence. https://www.britannica.com/biography/D-H-Lawrence 2022.9.29.

③ Sons and Lovers（1960）https://www.imdb.com/title/tt0054326/? ref_=tt_mv_close 2022.9.29.

性，如莫瑞尔家庭纷争中的阶级意味和价值内涵，更是将大众的好奇引向了作家本人的心理状况，从而遮蔽了小说的艺术成就。显然劳伦斯本人也意识到了这个问题，表达了对当时盛行的《儿子与情人》心理分析批评的不喜，尤其是库特纳的文章。此后，劳伦斯还撰写了两部现代心理学批判著作《心理分析与无意识》（*Psychoanalysis and the Unconscious*，1920）和《无意识幻想曲》（*Fantasia of the Unconscious*，1921），阐述了自己有别于弗洛伊德学说的心理学观念。

二、《虹》的出版风波

在劳伦斯的创作生涯中，《虹》的被禁也是一个非常重要的事件。小说遭遇的负面评论很大程度上导致了这场出版风波，甚至在此后的十年里无法在英国面世。《虹》是劳伦斯在《儿子与情人》获得成功之后的作品。在创作之初，这部作品又被称为《姐妹们》（*The Sisters*）、《婚戒》（*The Wedding Ring*），后分别以《虹》和《恋爱中的女人》先后发表。这部姊妹篇描绘了从自耕农时代到全面工业化和现代化的时期，生活在英国诺丁汉的布兰文家族三代人的成长经历和情感生活，被普遍认为是劳伦斯在艺术上最成熟，或许也是最“难”的作品。

《虹》于 1915 年 10 月出版后不久就被官方起诉并禁售。《虹》的出版商梅休因出版社（Methuen & Co.）承受不住压力，尚不及售出的一千多册书被查收，并在伦敦皇家证券交易所门前付之一炬。在此后的十一年，《虹》在英国销声匿迹，劳伦斯不得不寻求在美国出版的途径。《虹》的被禁与当时英国文学评论界的保守观念分不开。这部小说通过聚焦两性关系来反思工业化和现代化进程对人性造成的种种影响，是小说家站在人性的角度批判现代西方文明的力作。全文其实并未出现露骨的描绘，但是所表达的思想内容和价值观念却冒犯了当时保守的评论界，一些负面评论产生了较大的影响，结果导致了这部作品因所谓的“淫秽”内容而遭受指控。

这些负面评论被作为证词在法庭上宣读。例如，当时《环球》（*Sphere*）杂志的创始人和编辑肖特（Cement Shorter）发表评论称，比起一部导致出版商锒铛入狱的左拉的小说，《虹》有过之而无不及。文章写道：“形形色色的堕落和挑唆在这些章节中可以说是无所不有,我只能设想梅休因先生和他的两位同事由于某种原因没有去读这本书的原稿。"(蒋炳贤,1995:6)这篇书评对小说中关于女主人公厄秀拉在成长过程中与女教师之间的朦胧情愫的章节尤为反感,认为"整本书是一次性的狂欢"。并称在这部小说中,"劳伦斯先生已经不再是一个艺术家了"。(蒋炳贤,1995:9)然而可笑的是,劳伦斯对这段情节的态度并非颂扬,从他将相关章节命名为《耻辱》(*Shame*)或可明晰他的看法。《每日新闻》(*Daily News*)的文学编辑林德(Robert Lynd)发表书评认为,《虹》的出版必然使劳伦斯声誉扫地:"《虹》中的人物跟野兽一样,寡廉鲜耻……全书主要是茫茫一片枯燥无味的生殖力崇拜的荒野。"(蒋炳贤,1995:5)此外,著名作家高尔斯华绥(John Galsworthy)也在致劳伦斯的经纪人平克(J. B. Pinker)的信中写道:"作者如此醉心于人的性生活的描写,他使自己的作品毫无价值。"(蒋炳贤,1995:19)虽然也有评论肯定了小说的创造力,但是声量却完全被批评掩盖了。劳伦斯的朋友卡斯威尔(Catherine Carswell)甚至因为发表了对《虹》的正面评价而被《格拉斯哥先驱报》(*The Glasgow Herald*)解雇(Wilson, 2021)。

除了几乎一边倒的抨击和指责,还有一个导致小说被禁的深层原因,即当时正在进行中的第一次世界大战。《星报》(*Star*)的文学评论道格拉斯(James Douglas),此人后来成为《星期日快报》(*Sunday Express*)的主编,在一篇语气严厉的书评中写道:"战争正在横扫着我们的生活,消灭许多和平时期恶臭的瘟疫。在战争的狂风中,《虹》那样的东西没有存在的权利。"(Draper, 1970: 94)威尔逊在2021年出版的传记《燃烧的人:劳伦斯的上升》中指出,劳伦斯的妻子弗里达是德国贵族出身,《虹》题献给她的姐姐,弗里达的父亲是普鲁士军官,而她的一个表亲正是德国王牌飞行员曼弗雷德·冯·里希特霍芬(Manfred von Richthofen),外号"红男爵",这些在当时似乎都意味着劳伦斯"可疑"的立场。阿尔丁顿称,他清楚地知道,小说遭到指控并非因为所谓的"肮脏内容",而是劳伦斯自己的反战思想(Wilson,2021)。

这场纷争几乎阻断了《虹》在英国的传播。如今,经过多年的争议,《虹》在劳伦斯的整体创作、现代主义小说、英国文学乃至世界文坛中的地位早已确立。无论在文坛、学界,还是面向大众的各类书目、榜单里,《虹》都被公认为是一部兼具思想性和艺术性的优秀作品。

三、利维斯和劳伦斯的经典化

真正让劳伦斯的小说经典化的是20世纪英国文学批评大家、剑桥学者利维斯。由于他的努力，劳伦斯的接受与传播在五六十年代达到了一个高潮。利维斯将劳伦斯誉为最伟大的小说家之一，并且基于"道德关怀"的评价标准将劳伦斯放在了一条连贯的英国文学的传统之中。他关于劳伦斯的论述主要发表于他主持的文学批评刊物《细察》(*Scrutiny*)，以及《伟大的传统》(*The Great Tradition*，1948)、《戴·赫·劳伦斯：小说家》(*D. H. Lawrence*：*Novelist*，1955)等著作。有学者指出，利维斯的影响力部分源于他作为一个批评家的声望，一个富于魅力的预言者，和许多忠诚于他的学生(Fernihough，2003：260)。正是由于他的批评著述所产生的积极影响，劳伦斯的文学价值得以彰显。

《伟大的传统》是利维斯小说批评的代表作。在这部著作中，利维斯尝试为英国小说确立一条传统的血脉，找到其中特有的、最为珍贵的共性价值。利维斯勾勒出一条连贯的传统，从18世纪小说家菲尔丁(Henry Fielding)、理查逊(Samuel Richardson)等人开始初见端倪，由简·奥斯丁(Jane Austen)确立于19世纪初，随后经由乔治·艾略特(George Eliot)、詹姆斯(Henry James)、康拉德(Joseph Conrad)和劳伦斯等伟大的作家共同形成一条发展的脉络。他们的共性价值是一种对待生活的道德态度："……一个吐纳经验的肺活量，一种面对生活的虔诚虚怀，以及一种明显的道德热诚。"(F. R. 利维斯，2009：12)道德关怀是利维斯将劳伦斯经典化的评价标准。虽然道德批评是英国文学批评的重要传统，但是利维斯重新定义了"道德"的内涵，即"道德"不再是一套我们为行为正当性所参考的伦理规范，而是一种对生活和人性的精细的辨别力、吐纳经验的能力，以及对此直言不讳的态度。通过对"道德"内涵的改造，利维斯成功地将劳伦斯至于他所信仰的英国文学"伟大的传统"之中，并且将《虹》和《恋爱中的女人》确立为劳伦斯最重要的作品，称之为"令人惊叹的天才之作"。(F. R. 利维斯，2009：36)

利维斯对劳伦斯的推崇早在30年代就暴露无遗了。他的评价与诗人兼批评家艾略特的观点针锋相对。艾略特崇尚古典主义趣味、“非个性化”(depersonalization)的创作原则,提出“客观对应物”(objective correlative)的理论思想,不赞成劳伦斯这种个性鲜明、情感表达强烈的创作特质。在一篇默里传记的书评中,他认为劳伦斯“伪预言家”的特质消弭了他的艺术性,并且声称即便接受牛剑教育也无法矫正他的“无知”。(Draper,1970:359 - 364)利维斯或许感受到了艾略特字里行间流露的精英阶层的偏见,开始重新审视这位他一度非常敬仰的批评家。利维斯在他为《劳伦斯书信集》所撰写的书评中称,艾略特的古典主义趣味只不过是古典主义式的(classiosity),而劳伦斯才体现出真正的古典主义(classicism)。他认为,艾略特对劳伦斯所谓病态情感的指控是错误的,劳伦斯非常正常、清醒,是当之无愧的天才(Fernihough,2003:258)。

利维斯与艾略特关于劳伦斯的批评论战以《细察》为阵地,而利维斯在剑桥的学生们也站在了老师的立场。利维斯在50年代发表的《戴·赫·劳伦斯:小说家》进一步确立了劳伦斯小说的经典地位,他的看法被当时的大多数批评家所接受。值得注意的是,利维斯探索英国小说传统的尝试或与两个政治文化现象有关:英国本土文学价值的确立和文学批评主体的转型。1917年,剑桥大学英文学院正式成立,英国文学作为一门学科进入高等教育体系。英国马克思主义批评家伊格尔顿指出,英国文学被设立为独立学科的时代,也是英国高度帝国主义的时代。他认为,一战期间,“对于民族使命和民族认同的意识成为迫切的需要。在英国文学研究中,关键不在英国**文学**,而在**英国**文学。”[①](伊格尔顿,2018:29)另一方面,这门新兴学科的执行主体在社会阶级属性上也与他们的精英前辈有了很大的差异。利维斯和他的剑桥同行们如瑞恰兹(I. A. Richards)、燕卜逊(William Empson)等人多来自中产阶级家庭,正如伊格尔顿所说,“在把英国文学形塑成一门严肃的学科时,这些人摧毁了战前一代上层阶级的种种假定。”(伊格尔顿,2018:32)他们的文学判断体现出多种学科的学术训练、全新的视角和创新的勇气。

英国本土文学价值的确立和英国文学成为教育的重要一环是密切关联的。随着劳伦斯的经典化,他的作品如《儿子与情人》等也进入了文学教学书目,以学生为目标读者的作品导读也应运而生。学术期刊《劳伦斯评论》(*D. H.*

① 粗体为原文所加。

Lawrence Review，1968)的诞生也印证了劳伦斯研究在学界的勃发。同时，劳伦斯作为20世纪重要作家开始进入大众视野，他的作品被翻拍为电影，如1960年大获成功的《儿子与情人》。1969年，普遍认为比较艰涩的《恋爱中的女人》也被拍摄成电影，广受好评。

四、《查泰莱夫人的情人》的审判

如果说1915年对《虹》的审判体现了负面的小说批评对劳伦斯作品传播的限制和阻碍，那么发生在1960年的这场轰动世界文坛的诉讼案，则显示了正面的文学批评如何影响法庭的裁决和大众对劳伦斯作品的评价。劳伦斯在读者大众中被广为阅读，很大程度上在于大众对《查泰莱夫人的情人》的兴趣。这部作品从出版之初就饱受苛责，毁誉参半，此后又命运坎坷，数十年不得见天日。1960年，英国企鹅出版社(Penguin Books)为纪念劳伦斯逝世30周年出版了该书的未删节版而遭英国检查部门的控告。起诉的出发点是刚刚于一年前通过的《淫秽刊物出版法案》(*Obscene Publications Act*)，该法案旨在消灭色情文字，保障真正文学。

为了打赢这场官司，企鹅出版社邀请35位专家学者出庭。审判持续了六天，经过激烈辩论，陪审团一致认为企鹅出版社无罪，《查泰莱夫人的情人》得以正式、合法地全文问世。为了劳伦斯的这部遗作，法庭传唤的证人阵容强大，包括多名英国高等学府，如牛津大学、诺丁汉大学的文学教授、著作等身的劳伦斯专家，媒体、出版界和政界人士，如《星期日泰晤士报》的文学编辑、BBC的专职评论等。出庭的甚至还有英国著名作家福斯特、文化批评家雷蒙·威廉斯(Raymond Williams)和理查德·霍加特(Richard Hoggart)等。最具讽刺意义的是国会议员詹金斯(Roy Jenkins)的短暂露面。詹金斯是《淫秽刊物出版法案》的主要负责人，他在法庭上示意整件诉讼案根本就与《法案》的意旨背道而驰。

在这场著名的审判中，福斯特把劳伦斯和著有《天路历程》(*The Pilgrim's Progress*)的班扬(John Bunyan)相提并论，称两者“都是传道者，他们两个都深切信仰他们所传布的事物”(Poyph，1961：113)。雷蒙·威廉斯将《查泰莱夫人的情人》和《儿子与情人》《虹》《恋爱中的女人》并列为劳伦斯的四大名著，并且简要评述、称赞了劳伦斯的创作意图。威廉斯称，这部小说具备充分的文学价值，完全可以在课堂上阅读和讨论(Poyph，1961：133－135)。同为证人的文学评论家沃尔特·艾伦(Walter Allen)认为，小说包括了两个不可分割的主题，一方面是对工业化之邪恶的攻击，另一方面是对性关系的一次严肃的探讨，劳伦斯将其视为同一问题的两面(Poyph，1961：115)。经过辩论，陪审团在三小时内即做出了"无罪"意见，短短一天之内，这本书售出20万册，在此后的两年内，销售量达到两百万①。

这场诉讼最终为劳伦斯的遗作正名，洗刷了所谓"淫秽"污名。诉讼产生了深远的影响，成为文学审查史上的里程碑。同时，也是由于这场著名的审判，《查泰莱夫人的情人》成为或最为大众熟知的劳伦斯作品。而从众多肯定、赞誉的评论中也可看到，无论在学界还是大众的认知中，劳伦斯作为一名严肃作家的声望已经确定无疑了。

五、女性主义批评和性别研究中的劳伦斯

20世纪70年代，女性主义批评的崛起为劳伦斯研究提供了新的视角，某种程度上也对劳伦斯的文学声誉产生了较大的负面影响。受到西蒙·德·波伏娃(Simone de Beauvoir)《第二性》(*The Second Sex*，1949)的启发，美国女性主义批评家凯特·米利特(Kate Millett)在《性的政治》(*Sexual Politics*，1970)中对劳伦斯发起了猛烈的攻击。米利特是第二次女性主义浪潮的核心人物，《性的政治》批判了西方社会和文学中的父权思想，指出性压迫的政治和文化内涵。她对劳伦斯的批评被广泛接受，有一位评论家甚至说，从70年代初开始，女性主义者就一直在把劳伦斯看作男性中心主义和性别歧视的代表作家，在整个80年代，几乎看不到一个女性会对劳伦斯有所赞许。(Becket，2002：269)鉴于这部著作在女性解放运动史上高度象征性的意义，米利特的批评对劳伦斯小

① Flood，Alison. Lady Chatterley trial：thousands raised to keep judge's copy in UK. Lady Chatterley trial：thousands raised to keep judge's copy in UK | DH Lawrence | The Guardian 2022.9.30.

说接受的负面影响至今仍有余波。

实际上，米利特的著作并非只聚焦于劳伦斯。她抨击了劳伦斯、亨利·米勒(Henry Miller)、诺曼·梅勒(Norman Mailer)等数位男作家作品中的性政治，指出其中的父权思想和性别偏见。米利特论述了劳伦斯的大部分长篇小说，从《查泰莱夫人的情人》展开，到中篇小说《骑马出走的女人》(*The Woman Who Rode Away*)结束，对劳伦斯的批判包括女性的服从、恋母情结、男性联盟、性政治的神学表达等内容，指出其作品中性政治作为权力竞技场的本质。米利特将这些小说解读为劳伦斯个人“对现代女性发起的战役”，而劳伦斯也被刻画为“宣扬某种残忍的男性生殖力崇拜的祭司”(Fernihough，2003：264)。

在不少劳伦斯研究者看来，米利特的这部著作虽然对女性解放运动意义非凡，她对劳伦斯的抨击却有失偏颇。例如，鲍尔迪克(Chris Baldick)认为，米利特对《恋爱中的女人》的解读尤其草率粗略，忽视了小说对女性心理的细腻描绘，更重要的是，米利特没有意识到劳伦斯作品中自相矛盾、自我否定的复杂性(Fernihough，2003：264－265)。此后的性别研究对劳伦斯小说中的性别书写进行了更加细致的解读和甄别，提出了和米利特相左的学术观点，如劳伦斯的创作体现出雌雄同体的特质，甚至认为劳伦斯在精神上是具有女性气质的，从而多少“挽救”了劳伦斯的声誉。

六、结　语

综上所述，在英国政治、社会、文化的多重影响下，学界和读者大众对劳伦斯小说文学价值的评价经历了较大的起伏。关于他的小说批评吸纳了心理分析批评、道德批评、女性主义批评等多元视角，而这些批评视角的运用也对其作品的接受产生了深远的影响。应该说，从 20 世纪 80 年代开始，学界的劳伦斯小说研究开始体现逐步上升的趋势，评价也更加客观，更注重作品中的复杂性和解构性，更关注作家创作的历史语境以及和当时社会、经济、文化之间的互动关系。在大众接受方面，劳伦斯保持着较高的热度。他的多部小说被改编为影视作品，《查泰莱夫人的情人》《虹》《恋爱中的女人》等名作更是被多次改编。劳伦斯的生平传记也是大众的阅读热点之一。2021 年迎来了《燃烧的人：劳伦斯的上升》《温柔》(*Tenderness*)等多部和劳伦斯有关的传记和传记小说,这个现象背后的文化动因颇值得进一步探索。《卫报》的一篇书评写道:"从现在的视角回看,劳伦斯的人生和作品不亚于一场地震,扰乱并重组了读者的思想意识。"①应该说,文学批评也积极地参与其中,深刻地影响着劳伦斯作品及其文学价值的接受与传播。

参考文献

[1] Becket, Fiona. *The Complete Critical Guide to D. H. Lawrence*[M]. London and New York: Routledge, 2002.

[2] Draper, R. P. ed. *D. H. Lawrence: The Critical Heritage*[M]. London: Routledge, 1970.

[3] Fernihough, Anne ed. *The Cambridge Companion to D. H. Lawrence*[M]. Cambridge: Cambridge Press, 2001/上海:上海外语教育出版社,2003.

[4] Millett, Kate. *Sexual Politics*[M]. Urbana and Chicago: University of Illinois Press, 1969.

[5] Poyph, C. H. ed. *The Trail of Lady Chatterley: The Transcript of the Trial*[M]. London: Regina v. Penguin Books Limited, 1961.

[6] Wilson, Francis. *The Burning Man: The Ascent of D. H. Lawrence*[M]. Ebook. London: Bloomsbury Publishing Plc, 2021.

[7] Worthern, John & Harrison, Andrew eds. *D. H. Lawrence's* Sons and Lovers*: A Casebook* [M]. Oxford: Oxford UP, 2005.

[8] F. R.利维斯. 伟大的传统[M]. 袁伟,译. 北京:生活·读书·新知三联书店,2009.

[9] 蒋炳贤. 劳伦斯评论集[M]. 上海:上海文艺出版社,1995.

[10] 特里·伊格尔顿. 二十世纪西方文学理论(纪念版)[M]. 伍晓明,译. 北

① Norris, Barney. *Tenderness* by Alison MacLeod review – the triumph of Lady Chatterley. https://www. theguardian. com/books/2021/sep/18/tenderness-by-alison-macleod-review-the-triumph-of-lady-chatterley 2022.9.30.

京:北京大学出版社,2018.

[11] D. H. Lawrence. https://www.britannica.com/biography/D-H-Lawrence 2022.9.29.

[12] Flood, Alison. Lady Chatterley trial: thousands raised to keep judge's copy in UK. https://www.theguardian.com/books/2019/may/24/lady-chatterley-trial-thousands-raised-to-keep-judges-copy-in-uk 2022.9.30

[13] Norris, Barney. *Tenderness* by Alison MacLeod review – the triumph of Lady Chatterley. https://www.theguardian.com/books/2021/sep/18/tenderness-by-alison-macleod-review-the-triumph-of-lady-chatterley 2022.9.30.

[14] Sons and Lovers (1960) https://www.imdb.com/title/tt0054326/? ref_=tt_mv_close 2022.9.29.

The Influence of Literary Criticism on the Reception and Dissemination of D. H. Lawrence's Novels

Abstract: The dramatic fluctuation in the criticism, reception and dissemination of D. H. Lawrence's novels serves as a potent illustration of how literary criticism affects literary evaluation and distribution. By analyzing significant events and critical and theoretical perspectives in Lawrence study and reception, namely, the psychoanalytical criticism, the ban of *The Rainbow*, the canonization of Lawrence's novels, the trial of *Lady Chatterley's Lover* and the feminist critical views, and by delving into the political, social and cultural context, the paper attempts to explore the interactive relation between literary criticism, reception and dissemination.

Key words: D. H. Lawrence; novel; criticism; reception; dissemination

(沈雁 上海外国语大学新闻传播学院)

美国《1909 版权法》对法国版《尤利西斯》版权和传播的影响[①]

李巧慧

摘　要：美国《1909 版权法》阻碍了法国版《尤利西斯》的出版和传播。由于不符合《1909 版权法》的规定，法国版《尤利西斯》成为美国图书领域的公有财产。美国图书市场对《尤利西斯》有需求，但读者却不能通过正规的市场和其他合法渠道得到它。这导致了此后十年间这本小说在美国的走私和盗版。

关键词：版权法；《尤利西斯》；传播；版权

美国《1909 版权法》与西方现代主义文学发展的方向背道而驰，阻碍了文学的流通和传播。兴起于 20 世纪初的现代主义并不局限于某个特定的国家或者特定的领域，而是一场横扫西方世界、涵盖多种艺术门类的运动。在这样的情况下，现代主义文学和作家必须跨越国界，走出国门，走向国际市场，才能拥有更大的发展的空间。当时许多美国人并不欢迎来自欧洲的现代主义文学，政府更是以严格的版权法限制这些文学作品进入美国的图书市场。简单来说，海外作家的手稿和作品必须通过海关的检查才能到达读者的手中。这源自当时的美国主流社会话语对现代主义的狭隘认识。许多卫道士们认为现代主义文学僭越了传统的道德标准和意识形态，詹姆士·乔伊斯和 D.H.劳伦斯等欧洲实验派作家创作的目的就是要扰乱世人的心境和精神，挑战社会观、性观点和

① 本文为特约稿件，于 2018 年发表在《法国研究》第 2 期，第 27－33 页。

美学观。美国《1909 版权法》为欧洲现代主义文学在美国的传播设下了层层障碍。1922 年在法国出版的《尤利西斯》由于不符合美国《1909 版权法》的规定，丢失了合法版权，成为走私和盗版的对象。国外学者比较关注法律对现代主义文学的影响。理查德·艾尔曼等汇编了《〈尤利西斯〉在美国的审判：卷宗和评论》，以信件、审判书等呈现了这本小说在美国被审的过程，但没有具体分析法律对这部小说的影响力。罗伯特·思普的论文"版权法的地方保护主义及其详情"解析了美国版权法对现代主义文学的影响，但却忽视了法律建设在美法的不平衡性。国内鲜有学者研究法律对《尤利西斯》出版史的影响。本文以法国版《尤利西斯》的出版和传播为基础，阐述法国版《尤利西斯》的版权问题，追溯走私和盗版，分析美国《1909 版权法》对这本小说传播史的不良影响。

一、美国《1909 版权法》对海外英文图书的规定

就近百年来美国法律对外国图书的态度的演变历史而言，美国《1909 版权法》承担了承上启下的作用。从 19 世纪末到 20 世纪初，美国政府改变了它之前严格禁止外国图书进入美国市场的规定，对这些图书的态度也日益宽容，试图找到既接纳外国图书又保证本土利益的方法，但这显然需要经历漫长的历程①。美国《1909 版权法》在两个方面对海外图书在美国的版权进行了改革。首先，它的第 15 条区分了不同种类的海外图书，放宽了对外国图书的规定。"除了非英语的外国图书，所有其他图书必须在美国境内印刷才受到版权法的保护。"②也就是说，国外的非英语著作不用在美国重新印刷就可以获得美国的版权。但国外出版的英文图书构成了一种特殊的图书类别。这样的图书必须

① 1790 年的美国《版权法》拒绝向国外出版的图书提供版权保护。按照它的规定，美国本土之外的任何地方的印刷品都不能获得美国版权，只有美国人才享有美国版权法规定的权益。1891 年的《国际版权法》首次向国外出版的图书开放美国版权。1891 年的《国际版权法》为需要获取美国版权的国外作者提供了一条苛刻的通道：任何想要获得美国版权的国外图书必须在美国印刷，还要在首版印刷的当天或者之前把相关图书上交到美国的版权登记室。极少有人可以在首版印刷的当天或者之前上交相关图书。这招致许多作者和图书界人士的不满。

② Ad interim protection of book or periodical published abroad, in Registration of Copyrights in *The Copyright Law of the United States of Mar*. 4, 1909.

在美国境内印刷和出版后才符合美国法律的规定，受到应该的保护①。

其次，美国《1909版权法》延长了海外图书上交的时限，并为它们提供了取得正式版权之前的临时版权。“对于那些在国外首版的英文图书而言……如果美国版权登记室在它们出版之后的60天之内收到了一本完整的国外版图书、版权申请书以及有关作者姓名和国籍、版权所有人、出版日期的证明，那么相关作者或所有人就能获得一定期限之内的美国版权。这种版权享有本法令规定的效力，自向版权登记室递交相关图书起开始生效，有效期为四个月。”②一旦版权登记室在图书出版后的60天内收到了相关图书，这种临时保护开始生效，最长期限为4个月。美国《1909版权法》第22条对此还有补充规定：“如果在临时保护的有效期之内，相关图书按照美国版权法的规定得以在美国境内正式出版，如果它在美国的出版符合本法令有关图书上交和注册、宣誓书的入档、版权声明的印刷等相关规定，它将获得本法令所规定的版权期限。”③这些规定貌似为想要获取美国版权的海外英语作家提供了一条非常可行的道路。

事实上，国外英文图书的作者必须满足几个环环相扣的相关条款的规定才能获得为期28年的美国版权保护。这是一条难以走到尽头的艰难道路。从国外出版到美国的重新印刷，其中任何一环的失误都意味着美国版权的终结。没有向美国版权登记室邮寄国外的版本或者邮寄日期超过了明文规定的60天都会使作者失去所谓的临时版权保护。即使作者获取了临时的保护，没有及时在美国重印或者再版不符合版权法的规定都会导致版权保护的消失。这扇大门为国外英文图书开放的时间只有短短的四个月。

即使美国出版界为国外英文图书提供了理想的出版条件，这些条款和规定

---

① 外文图书即美国人眼中的外文图书；外文是除英语之外的其他语言。这种转变背后有潜在的经济原因。由于外文图书在美国的读者数量非常有限，它们在这个国家的销售不会对美国印刷工人的报酬造成严重的后果，也不会影响整个美国的经济收入。那些读者喜爱的外文图书被翻译成英文后才能被广大美国读者接受。但是国外出版的英文图书却与此不同。如果不加任何限制，它们可能涌进美国的图书市场，影响与图书相关的各个行业的利益，比如印刷业、图书销售等。法律因此规定：这些英文版必须在美国境内印刷。通过这种渠道，美国印刷工人得到了应得的工作，美国经济也从中受益。1909年的版权法的目的是保护美国人的利益，让他们免受进口图书的危害。

② Ad interim protection of book or periodical published abroad, in Registration of Copyrights in *The Copyright Law of the United States of Mar*. 4, 1909.

③ Ad interim protection of book or periodical published abroad, in Registration of Copyrights in *The Copyright Law of the United States of Mar*. 4, 1909.

也是对国外作者法律知识、聪明才智和文学地位的极大考验。任何默默无闻或者名声不好的作者都不可能找到合适的美国出版商。乔伊斯几乎具备欧洲作家冲破美国版权法桎梏的所有有利条件，但他的致命弱点是作品的坏名声①。在那个年代，任何遵纪守法的美国出版商都不会愿意拿自己的出版事业为代价，出版乔伊斯的代表作②。

二、作为版权领域公有财产的《尤利西斯》

面对这样的形势，就《尤利西斯》的出版地而言，乔伊斯有两个选择：美国或者没有执行类似《版权法》和《色情图书法》的其他西方国家。尽管美国《1909版权法》有苛刻的规定，但乔伊斯仍然可以在美国出版这部小说。前提是他必须做出修改，才能避免色情图书法的处罚。但是乔伊斯宁肯在其他国家出版这本小说也不愿为了迎合美国审查制度而修改他自己的作品。在其他国家出版《尤利西斯》的优势是乔伊斯不用做出删减。这保证了小说的完整性，却又带来了极大的风险：他可能丢失美国的版权，招致盗版商的侵害。盗版的美国版仍然不能逃脱删减的命运，只不过完成这项工作的人不是他本人而是盗版商。为了清除出版的障碍，即《尤利西斯》的色情图书罪名，盗版商定然会删除相关的段落。乔伊斯将失去合法版权才能保证的经济收入，小说的完整性也将在盗版商手里遭到重创。不管《尤利西斯》的首版印刷地是美国还是其他国家，他必然要面临一个被删减的《尤利西斯》。唯一的区别是前一个方案可以让他控制小说的修改，他的作品可以受到美国版权的保护。但乔伊斯多年来数次受到审查机构的迫害，心中的愤恨让他不愿与他们妥协。可见《1909 版权法》和《色情图书法》是缠绕乔伊斯《尤利西斯》的两条枷锁，也是小说之后不得不在法国出版

---

① 从 1919—1920 年，连载《尤利西斯》的美国现代主义刊物《小评论》先后四次被禁。禁令的依据是当时的色情图书法，即《考姆斯多克法案》。1920 年 10 月 21 日，《小评论》第四次被禁。纽约抵制邪恶协会主席，约翰·萨姆纳，向法庭提出控诉，声称这一期刊登的《尤利西斯》第十三章“瑙西卡”违犯了纽约刑法的第 1141 条。经过法庭的审判，《小评论》的两位编辑被判有罪，支付罚款 100 美元。自此，《尤利西斯》成为美国的禁书。这也是乔伊斯不得已在法国出版这本小说的重要原因之一。

② 出版商的担忧源自当时的《考姆斯多克法案》。在纽约抵制邪恶协会主席安东尼·考姆斯多克的敦促和坚持下，美国议会于 1873 年 3 月通过了《考姆斯多克法》。该法律的目的是抵制色情物品的买卖和流通，至今仍未被废除。参看 Haney, Robert W. 1960. *Comstockery in America*. Boston: Beacon Press.

的重要原因。

1922 年 2 月 2 日，经过与乔伊斯的详细协商，侨居法国巴黎的美国人塞尔维亚·比奇出版《尤利西斯》[①]。产权页注明版权归詹姆士·乔伊斯所有。小说免受了美国审查机关和法令的残害。乔伊斯终于拿到了未经删节的小说。以成书出现的《尤利西斯》和《小评论》连载的章节有很大的差别[②]，不再受到杂志敦促和限制的乔伊斯新增加了 4 章的内容。在印刷的过程中，他把每次的校稿都当作一次修改机会。乔伊斯告诉比奇，“这些校稿等于让他把《尤利西斯》又写了一遍”(Beach, 1960: 58)。法国版《尤利西斯》共有 732 页，其中 300 多页从来不曾出现在《小评论》。另外，随着创作理念的变化，乔伊斯扩充或者重写了其他的章节。有些章节变化巨大，完全不同于连载的内容。只有少量的章节基本上没有变化。《小评论》连载的《尤利西斯》本身的版权就不乏漏洞，法国版《尤利西斯》又和连载的内容极不相同。如果这个新版的《尤利西斯》需要寻求美国版权法的保护，它只能从《小评论》的版权得到非常有限的帮助。

就美国版权法的规定而言，小说法国版的出现也同时意味着临时版权申请期限的开始，但版权登记室的档案和其他相关文件都没有乔伊斯邮寄巴黎版《尤利西斯》和申请美国版权的记录。在这样的情况下，这本小说自 1922 年 4 月 2 日起失去了获取美国版权的机会。由于乔伊斯没有获得美国的临时版权保护，他也不能充分利用美国法律提供的四个月有效期去再版《尤利西斯》，从而把临时版权延长到 28 年。乔伊斯的这种做法并非事出偶然。1921 年的色情图书案结束后，他对森严的美国海关和邮局深感绝望。他认为这本小说难以穿越层层阻碍，到达美国版权登记室。即使它幸免于难，这个办公室也可能以色情图书的名义拒绝接受这部小说以及相关的版权申请。既然小说在美国合法印刷的可能性几乎为零，那么获取美国临时版权保护的努力也就毫无意义。由于法国版《尤利西斯》没有获得任何形式的美国版权，美国海关可以拒绝让它入关。1922 年下半年，纽约海关没收了 500 本《尤利西斯》。

和许多其他在国外首版的英文图书一样，《尤利西斯》从此进入美国版权的

① 法国没有类似的《版权法》和《色情图书法》。这是《尤利西斯》在法国出版的主要原因。英国没有类似的《版权法》，但却执行《色情图书法》，因此不可能出版这本小说。

② 《小评论》是 美国现代主义刊物。玛格丽特·安德森是刊物的主编，曾连载这本书小说的部分章节，后因邮局和法庭的禁令而不得不停止继续刊登。

公有领域。也就是说,这本书成了无法律保护的图书。“就公有领域内的知识和发明而言,任何个人或团体都不具备任何权益。这些知识和发明属于公有文化财产,任何人可以不受限制地使用它们。”(Donaldson,1984:100)既然法国版《尤利西斯》没有遵循1909年的美国《版权法》的规定,违反了临时版权保护的条款,大部分法律界人士认为它的确进入图书公有领域,成为永久的公有财产。

三、美国版权的丢失所导致的走私和盗版

由于没有获得美国版权,1922年在法国出版的《尤利西斯》在美国的传播和销售遭遇层层波折,企图进入美国的《尤利西斯》难逃被阻的结局。1922年10月到12月,大量被运到美国港口的《尤利西斯》被查禁。1928年,A.海姆伦身带11种图书(总量为43本),试图进入明尼亚波利港。其中就有《尤利西斯》。所在港口的海关检查员和海关法庭依据1922年关税法的第305条(即财政部第42907号决议),以色情图书的名义没收上述图书,禁止它们入港(Ellmann, LeBlanc & Moscato, 1984: 133)。这也成了此后美国海关等政府机关拒绝小说进入美国市场的法律依据。

走私成了小说进入美国市场的特殊方式。由于美国法律和海关不允许海外印刷、没有美国版权的《尤利西斯》入关,但美国图书市场却对这本书有需求,走私由此产生。《尤利西斯》的走私分为不同的类型:喜欢乔伊斯的读者仅仅出于他们对文学的喜爱而在行李箱内偷偷夹带一本入关;比奇在小说外面再包上一层包装,通过邮寄的方式蒙混过关(常用的外包装是《莎士比亚全集》);专业的走私贩携带较多的小说入关。比奇先后联系了两个走私贩。其中一个是海明威推荐给比奇的巴内特·博瑞弗曼(Beach, 1960: 121)。1922年2月和3月,她和博瑞弗曼取得了联系。两人共同策划了那年秋天偷运《尤利西斯》进美国的惊人计划。比奇联系的另一个走私贩是米歇尔·克奈里(Beach, 1960: 122)。他的朋友是一艘大西洋油轮的船长,他愿意并且能够携带走私品。作为安德森拍卖行经理的克奈里并不是首次参与走私计划。他曾经由于销售其他禁书而被送上法庭。比奇和克奈里的计划是每月从伦敦偷运25或者30本《尤

利西斯》到美国。

除了走私，这本书还成了一部分美国出版商的盗版对象。塞缪·罗斯就是其中之一[①]。乔伊斯无法获得小说在美国的合法版权，图书市场却急需这本书；政府和海关不考虑读者的需求，切断了图书的来源。正是在这样的情况下，罗斯于 1926 年没有征得乔伊斯的许可就在自己的刊物《两个世界月刊》上面刊登了《尤利西斯》。他删减了小说的部分内容以逃避审查机关的迫害，共刊登了小说的 14 个章节。

面对盗版，愤怒的乔伊斯竟然无法维护他的利益。他向法庭起诉罗斯，回击这些侵权的行为。但是由于《尤利西斯》没有合法的美国版权，乔伊斯根本没有办法提起侵权的诉讼。在法庭宣布审判结果之前，乔伊斯告诉他在巴黎的律师，“如果我们不能依据版权法或者财产法起诉罗斯，那么纽约的律师也应尽力达成一些有利的判决。这样我们的案件就成了可以保护处于不利地位的欧洲作家的先例，我们都站在同一条战线上。”(qtd. Spoo，1998—1999：640)经过律师的努力，法庭仅仅严令禁止罗斯和他的出版公司利用乔伊斯的名义达到宣传或者销售的目的。尽管纽约最高法院做出这种判决的原因是终止不正当竞争行为，但简短的法庭命令并没有给出详细的说明。也就是说，乔伊斯的确得到了美国法庭的保护，但是法庭只是禁止别人盗用他的名字，而不是他的文学作品。法庭的命令并没有制止盗版行为。在接下来的几个月里，罗斯继续印刷、出售《尤利西斯》。但是乔伊斯的举措至少让美国读者和出版商看到了他的困境。

除了起诉罗斯，乔伊斯还于 1926 年在许多刊物上刊登了抗议书，得到了许多文艺界人士的响应和支持。但这种措施根本无法对抗霸道的美国版权法，也不可能彻底消除盗版。它只是道义上的谴责，只能让世人了解罗斯的不良行径。在谈及罗斯的盗版行为时，抗议书声称乔伊斯的财产受到了侵犯，(Beach，1960：181)但这项财产事实上不受美国法律的保护，侵犯又何从谈起？但抗议书并没有对这个自行矛盾的说法做出解释。

《尤利西斯》的被禁、被审、走私和盗版导致乔伊斯被当作色情小说的作者，

---

① 塞缪·罗斯是 20 世纪初美国诗人和出版商。1925 年 9 月，他采用读者先预订然后自己再出版的方式，创办《两个世界季刊》。1926 年 7 月，他出版《两个世界月刊》。

失去了应有的尊严、声誉和利益。在现代社会，作家的身份源自法律给予的版权，版权的丢失意味着乔伊斯没有获取相应的作家身份。既然美国《1909 版权法》和《考姆斯多克法》认定《尤利西斯》是色情图书，发布禁令，禁止它进入海关，流入图书市场，乔伊斯的作家身份和相关权益也就无从谈起。更为严重的是，作为禁书《尤利西斯》的作者，乔伊斯不得不承受来自社会和读者的谩骂、鄙夷和抨击。

以服务于美国的经济需求为前提的 1909 美国《版权法》是一项目光短浅、思想狭隘、损害海外英文图书的作者的权益的法律。为了保护美国印刷业、图书销售业等的利益，它对海外英文图书做出特殊规定。由于那些不符合相关规定的海外图书不能得到美国版权法的保护，这个条款事实上为盗版创造了条件和空间，损害了版权应得者的利益。最重要的是，美国政府并没有因为盗版的出现而及时修改版权法的规定，而是容忍这种局面持续存在下去。直到 1934 年，《尤利西斯》才在美国解禁，获得应得的版权。因此 1909 年的美国《版权法》以一种貌似合法的形式盗取了海外作家的利益，是一项具有明显地方保护主义的法律。但是这项法律对法国版《尤利西斯》的不良影响还源自当时美法两国在法律建设和图书市场需求的不平衡想法。由于法国没有类似的《版权法》和《色情图书法》，这本小说可以在法国出版，但母语是法语的法国人对英语图书的需求量非常有限。也就是说，母语是英语的美国是《尤利西斯》的主要市场之一。这是美国出版商盗版这本书的重要原因。

20 世纪初美国的版权法通过海关官员、法官、律师等人士的查禁，阻止了许多西方国家的英语文学跨越国界，在美国文化界占领一席之地。《尤利西斯》在多个西方国家出版的经历使它与美国版权法的关系愈发复杂化。走私和盗版阻碍了小说在美国的流通和传播，破坏了文本的完整性，损害了乔伊斯的名声和利益。这揭示了西方各国法律建设不平衡的局势下美国《1909 版权法》和《考姆斯多克法》对文学的危害。但也许正是这种在夹缝中不断前行的传播证明了《尤利西斯》独特的文学价值和魅力。

参考文献

[1] Beach, Sylvia. *Shakespeare and Company*[M]. London: Faber, 1960.

[2] Donaldson, Thomas. *The Public Domain* [M]. Washington: Government Printing Office, 1984.

[3] Ellmann, Richard, LeBlanc, L & Moscato, M. *The United States of America V. One Book Entitled Ulysses by James Joyce: Documents and Commentary: a 50-year Retrospective* [M]. Frederick: University Publications of America, 1984.

[4] Haney, Robert W. *Comstockery in America*[M]. Boston: Beacon Press, 1960.

[5] Spoo, Robert. Copyright protectionism and its contents: the case of James Joyce's *Ulysses* in America[J]. *Yale Law Journal*, 1998—1999, 108: 633-668.

[6] Walker, E. C. *Who is the Enemy: Anthony Comstock or You*[M]. New York: Edwin C., 1903.

The Block of the Circulation of *Ulysses* in the U. S. by American Laws

Abstract: *1909 Copyright Law* of the United States blocked the publication and circulation of *Ulysses*. *Ulysses* published in France in 1922 lost the opportunity of getting its copyright in the United States because of the harsh rules of the law, and entered the public domain of the publishing field. The American book market had an urgent demand for *Ulysses*, but the readers could not get it through legal means. This resulted in its smuggling and pirating in the following decade.

Key words: Copyright Law; *Ulysses*; circulation; block

(李巧慧　河南大学外语学院)

《罗密欧与朱丽叶》的叙事艺术传播

高莲芳

摘　要：本文将叙事学的研究方法和戏剧研究相结合，论述《罗密欧与朱丽叶》在社会历史语境之下，不仅是一个叙事性强的个体悲剧，而且达到喜闻乐见的广泛传播性。这部爱情悲剧承载了小冲突引发大矛盾、最高权力权威出场平息混乱的叙事模式，用出其不意的情节，实现了叙事的奇趣性。在起承转合的过渡中，无缝拼接，使之具有易读性和完整性。整部悲剧叙事性强，人物鲜明，历史、情节、人物和叙事的整体性大于局部之和，体现出莎士比亚戏剧特有的美学和艺术成就。

关键词：《罗密欧与朱丽叶》；叙事性；奇趣性；易读性；完整性

一、引　言

《罗密欧与朱丽叶》是莎士比亚1597年完成的"在其生时刊行的第四或第五个剧本，是莎士比亚所完成的第十个剧本。"（梁实秋：5）。这部爱情悲剧虽然不及《哈姆雷特》《李尔王》《麦克白》和《奥赛罗》这四大悲剧之成熟壮烈，却也被誉为"莎氏问世的第一部伟大的戏剧"（梁实秋：9）。就人们对它的喜爱程度而言，《罗密欧与朱丽叶》可说是与《哈姆雷特》并驾齐驱的。它通常被认为是一部纯情的爱情悲剧:两位爱得如火如荼的恋人,由于误解对方已不幸离世,不及沟通而双双殉情。但是,倘若我们用叙事视角来重新审视,便会惊奇地发现《罗密欧与朱丽叶》具有更为深远的社会历史意义、奇趣的叙事性、高度的易读性和叙事的完整性。梁实秋先生评论"有一股青春的活力贯穿了全剧",其原因赫然眼前。

近几年,用叙事学的理论视角评论各种文体的文学著作为评论界一大热点亮点,其对象以小说为主。北外的申丹教授认为,叙事学作为一门综合学科,其研究对象"包括叙事诗、日常口头叙事、法律叙事、电影叙事、戏剧叙事、历史叙事、绘画叙事、广告叙事等"(申丹:9)。自文艺复兴以来,罗密欧与朱丽叶的故事几乎家喻户晓,有故事就有叙事,它同样具备极强的叙事性。上海外国语大学的乔国强教授也认为:"叙事学发展至今,已从最初的语言学与文学的交叉,拓展为文学与诸多其他叙事文类的交叉(如电影、电视剧、戏剧、历史、法律等),甚或还延伸到其他诸种非文字的叙事形式(如绘画、雕塑、音乐、舞蹈、建筑等)。"[①]作为一种跨学科的研究方法,叙事学的视角适用于多种叙事形式,关键在于有故事、情节、话语、时间、地点、视角等多种元素,它们既是文学的要素,也是叙事学所研究的范畴。

本文旨在把叙事学的研究方法和戏剧研究相结合,从另一个视角去解读莎士比亚的经典剧作《罗密欧与朱丽叶》。

二、《罗密欧与朱丽叶》在中国的传播

《罗密欧与朱丽叶》写于17世纪,在两个世纪后传到中国,田汉、曹未风、曹禺、朱生豪等大家均对该剧进行了翻译。我国对《罗密欧与朱丽叶》的研究则始于90年代之后,随着社会经济的发展以及文化的进步,其研究也更为广泛深统,如杨亦军的《〈牡丹亭〉和〈罗密欧与朱丽叶〉人物之比较》以两剧为例,阐明中国古典戏曲遵循写意戏剧观与意境原则,西方沿袭的是写实戏剧观和典型化创作理论。

国内研究《罗密欧与朱丽叶》主要运用比较研究法,从多维度将《西厢记》

① 乔国强:《中国社会科学报》,2011年12月6日第011版文学。

《牡丹亭》《孔雀东南飞》《梁山伯与祝英台》等中国文学作品与《罗密欧与朱丽叶》进行比较，其中最常见的是其与《梁山伯与祝英台》的比较及朱丽叶同其他女性人物的比较。我国对其的研究视角主要集中于爱情悲剧的分析与比较、人物以及人物关系的研究和分析比较、对剧本艺术特色的研究、悲剧成因的研究、对不同中文译本的研究和比较以及《罗密欧与朱丽叶》与其他国外作品比较以及其他方面如心理学与教育等方面的研究。

《罗密欧与朱丽叶》以其凄美的爱情故事闻名中外，以至于许多人误以为它也位列莎翁的四大悲剧。本文认为这主要归功于其炉火纯青的悲剧叙事艺术，具体体现在其悲剧的叙事性、奇趣性、易读性、完整性。

三、社会历史语境下的个体悲剧

剧本叙述的浪漫爱情故事发生在16世纪末伊丽莎白女王鼎盛时期的维洛城。男女主人公出生于当时的贵族世家，罗密欧为蒙特鸠之子，朱丽叶是卡帕莱特之女，不幸的是两大家族世代积仇结怨。“从宿仇中又有新的嫌怨爆发。”(From ancient grudge break to new mutiny)与四大悲剧不同的是该剧借第三人(说明人)之口叙述故事背景，并未详述宿怨的根源，只是前瞻从该“相等声望”的两大家族中要“生出命途多舛的”情人，并且又由“他们的不幸的悲惨的结局埋葬了他们父母的纠纷”。悲剧的轮廓在序诗中初现雏形，可见莎翁并不期望通过情节的创新来吸引读者观众。

叙事突出当时英国的社会背景、权利和法制。公爵在两大家族每次发生冲突时亮相裁判，后驱逐罗密欧，是剧情转折和高潮推进的关键。米克巴尔认为人物都是作者虚拟、被赋予了特殊特定的特征，因而存在，让人信以为真(巴尔：112)。社会秩序和国家法律显然被置于家庭宿怨之上。公爵这一人物共出场三次，作为社会权力的象征，他的每一次出现均推进了情节的发展，且起到决定性审判作用。第一次出场是整部剧的开场和铺叙。卡帕莱特家族的两个仆人在街上谈论与蒙特鸠家族的仇怨：

格莱高利：但是你不容易很快地被惹起来。

萨姆普孙：蒙特鸠家族的一个走狗就能把我惹起来。

当他们看到蒙特鸠家族的仆人阿伯拉罕就开始挑衅，但他们的谈话提到了对法律的考虑和自我保护的意识。

萨姆普孙：我们要在法律上站住理；让他们先动手。

格莱高利：我走过去的时候皱一下眉，看他们怎样反应。

萨姆普孙：不，看他们敢怎么样。我要对他们咬大拇指；如果他们能够隐忍，那就丢脸啦。

阿伯拉罕：你是对我们咬我们的大拇指么，先生？

萨姆普孙：我是咬我的大拇指呢，先生。

阿伯拉罕：你是对我们咬我们的大拇指么，先生？

萨姆普孙：[向格莱高利旁白] 如果我说是，在法律上我们是否占理？

格莱高利：[向萨姆普孙旁白] 不。（梁实秋：19 第一幕第一景）

两大家族的仆人挑衅斗殴可能是常有发生，但是他们还是惧怕法律和执政掌权者的权威的。所以到仆人打斗，班乎留提拔特上场，直至家主卡帕莱特和蒙特鸠出场剑拔弩张、千钧一发之际，公爵出来裁判和平息，奠定了整部戏的基调和叙事模式：由小冲突引发—经大矛盾蓄势—高权威出场平息。

如果说莎翁借第一次的仆人之间的挑衅斗殴作两大家族矛盾之引子，那么第二次的打斗则升温生火，改写罗密欧与朱丽叶这对不幸恋人的命运。人命丧失、社会失序，象征权力的公爵现身调解与审判。莎翁五幕剧中，第三幕通常为事态扭转的关键。《罗密欧与朱丽叶》剧本第三幕之初，罗密欧的好友墨枯修同卡帕莱特夫人的侄子、朱丽叶的表哥提拔特在维洛那一广场上剑拔弩张的时候，罗密欧对另一位好友班乎留说："拔剑，班乎留；打落他们的武器，你们二位，真太难为情。不要这样胡闹！提拔特，墨枯修，公爵曾明令禁止不准在维洛那街上斗殴。住手，提拔特！好墨枯修！"（梁：127）罗密欧身为贵族，把掌权者的命令存记在心，劝阻好友遵纪守法，忽略个人恩怨。可是当提拔特剑伤墨枯修致死，罗密欧恸哭："啊亲爱的朱丽叶！你的美貌使我变成为柔弱，软化了我的刚强之气！"（梁：129）此时，已经逃离斗殴现场的提拔特又折回广场与悲伤中的罗密欧遇个正着，这时的罗密欧按捺不住心中的怒火："还活着！胜利的样子！而墨枯修被杀死了！亲戚的情分，我顾不得了，现在让火眼的复仇之神来做我的向导吧！"（梁实秋：129）两人拔剑生死决斗。

莎翁也不再做具体描述，借台词告诉观众："班孚留：罗密欧，走！走开！人民都惊起来了，提拔特已被杀死。不要 发呆：你如果被捕，公爵会判你死刑：走吧！走开吧！逃走吧！"莎翁安排公爵在一片混乱和血泊中，偕妻及其他人上场："这场打斗肇事的凶手在哪里？"罗密欧的好友班孚留向公爵说明："那边躺着的是罗密欧杀死的凶手，那凶手杀死了你的亲戚墨枯修。"公爵便审判罗密欧道："为了这桩罪行，我把他立刻驱逐出境。"(梁实秋：135)

这位秉公执法的公爵在维洛纳代表法律与正义，主持社会的安定，反映了当时社会的价值观：只有对法律和执法者尊重顺从，才能国泰民安。所以无论贵族或是平民百姓，都应平等遵守法律与道德。可以说公爵的第二次出场把叙事推向一个玄机，使人物面对矛盾和冲突的绝境，改变了他们幸福的前景。莎翁巧妙地将罗密欧与朱丽叶的爱情故事放置和编织在这样一个社会历史语境之下，让人觉得更加可靠扎实、浪漫动人。

公爵第三次出场是大结局之时，彼时朱丽叶的求婚者巴利斯、新死过去的朱丽叶及服毒自尽的罗密欧都躺在朱丽叶的坟上，当得知罗密欧在听闻朱丽叶之死讯后，写好交代信、购买毒药携往朱丽叶坟前自尽之悲剧时，公爵道："这封信证明修道士所言非虚，诸如他们恋爱的经过，以及她的死讯；他在信里写明，他是从一个贫苦的卖药人买到毒药，携带到这坟墓里寻死，好和朱丽叶在一起长眠。这两家仇人在哪里？——卡帕莱特！蒙特鸠！看看你们的仇恨得到了什么样的惩罚，上天竟利用爱情剥夺你们的幸福；我对于你们的不睦也有疏于防范之处，也折损了两位亲眷：全部受到了惩罚。"(梁实秋：235)对于那天早晨卡帕莱特和蒙特鸠的和解，公爵的感慨为整部感人的戏剧拉下了最后的帷幕："早晨带来了凄凉的和平；太阳也愁得不愿露脸：去吧，再谈谈这悲惨的情形；有些要开释，有些要究办：没有故事能令人黯然伤神像朱丽叶与罗密欧这样动人。"(梁实秋：237)两大家族的宿仇被他们年轻子女至死不渝的爱情与逝去所化解，这是多么沉痛的代价和感人的故事。这个教训的真谛出自代表公正的权利和社会掌权者之口，更显其金玉良言、真理亘古，告诫台上下所有人：真爱化解仇恨，博爱大过一切。

四、奇趣的叙事性

我国莎士比亚戏剧研究专家张泗洋先生称《罗密欧与朱丽叶》是一曲青春与爱情的颂歌(张泗洋:337)。纵观文学的历史长河,阴暗不忠与矢志不渝的爱情始终成鲜明对照,而罗密欧与朱丽叶这样纯洁绚丽、勇敢无畏、倾尽所有的爱情却是罕见。如果说奥赛罗与苔丝狄梦娜的爱情让人酸楚和遗憾,那么,罗密欧与朱丽叶之间悲壮凄美的挚爱则震撼人心、催人泪下。

莎士比亚把整部戏剧设置在中世纪贵族世家互相敌对的封建社会历史背景之下,却从罗密欧与朱丽叶两个个体的恋爱故事开展叙事,使故事从头至尾所有细节都充满了奇趣的色彩,无论是欣赏舞台上的表演或是阅读戏剧文本,都能获得妙趣横生的视听体验,这归功于戏剧大师卓越的叙事技巧。莎翁巧妙奇趣的叙事艺术是《罗密欧与朱丽叶》流芳百世的关键所在。

五幕喜剧从五个方面五个视角五个情节实现了叙事的奇趣性。第一幕,启:外面街头两家混战,罗密欧却为情所困,与朱丽叶初识初吻;第二幕,承:闪电般的爱情结盟,迅雷似地喜结连理;第三幕,转:杀死提拔特被逐,夜幕下幽会安慰朱丽叶;第四幕,再转:喝迷药佯死献忠心,婚宴骤变丧礼;第五幕,合:双双纯洁殉情,世仇终于和好。

叙事的奇趣性主要体现在两大场景:首先是朱丽叶激情表白的情感描述,其次是命运转折后的人生起伏。

朱丽叶初遇罗密欧时,表明本性初心:

我的慷慨像海一般的广阔无垠,我的爱情像海一般的深;我给你的越多,我自己有的也越多,因为二者都是无穷的。(梁实秋:85 第二幕第二景)

她不会为真情流露而惭愧,勇敢地向世界宣言,炽热却不轻狂:

你知道黑夜遮着我的脸,否则你今夜听到的我所说的话,将要使处女的红晕涂上我的腮。我愿遵守礼教,甚愿否认我所说的话;但是再会吧,礼教!你爱我吗?我知道你会说“是”;我相信你的话;可是如果你发誓,你可能是虚伪的;对于情人们的伪誓,据说,天神也只好一笑置之。啊,温柔的罗密欧!如果你真爱我,老老实实地说:如果你以为我是得来太易,我就皱着眉头板起面孔拒绝你，你好继续追求；否则的话，我绝不肯这样做。老实说，英俊的蒙特鸠，我实在太痴心，也许你 因此以为我太轻佻：但是相信我，先生，我会证明我比那些假装冷淡的人更为真诚。我应该再冷淡一些，我必须承认但是你在我不提防的时候偷听到我的真情：所以原谅我吧，不要以为我的委身相爱是由于轻狂，实在是黑夜泄露了我的爱情。（梁实秋：81，83 第二幕第二景）

否定之否定就是肯定，朱丽叶不学世俗的繁文缛节，扭捏作态，而是真诚说出心里实话，如现代人一样直白，这在 400 多年之前是多么的前卫与珍贵啊！整个表白过程体现出朱丽叶追求自由和不受礼仪束缚的勇气。莎士比亚用奇妙的叙事手法与艺术技巧，借助内心独白和被偷听去的部分开始两位恋人的互相表白，使台词显出人物内心的跌宕起伏和命运的峰回路转，读起来妙趣横生，耐人寻味。

其次，叙事的奇趣性表现在朱丽叶得知表哥被害之后情感的细微变化和起伏之中。

乳母告诉朱丽叶提拔特被罗密欧刺死，罗密欧被放逐的消息。因为事件的恶劣性，朱丽叶嗔怪心上人："美貌的狠心人！天使一般的魔鬼！披着鸽子羽毛的乌鸦！狼一般饕餮的羔羊！"（梁实秋：139）但是当乳母也迎合朱丽叶诅咒罗密欧时，她态度骤变，立马维护起了罗密欧。

乳：他把你的表哥杀死了，你还说他的好话吗？

朱：他是我的丈夫，我能说他的坏话么？啊！我的可怜的夫君，给你做了三小时妻的我，把你的名誉割裂了，谁能再把它平复呢？但是，你这坏人，你为什么杀死我的表哥呢？表哥那坏人也可能杀死我的丈夫呀：回去，愚蠢的泪，回到你原来的泉源里去；你的泪珠应该献给悲哀，你如今误献给喜悦了。我的丈夫还在活着，可能被提拔特杀死的；提拔特是被杀死了，他本想要杀死我丈夫的：这都是喜事；我为什么要哭？有几个字，比提拔特的死讯还要坏，使我难过得要死：我真想忘记它；但是啊！它已闯入了我的记忆，好像罪犯心里无法忘怀罪行一般。"提拔特是死了，罗密欧是被放逐了！"这"放逐"，这"放逐"一语，等于是杀死了一万个提拔特。……"罗密欧被放逐了！"这一句话里面的杀伤的力量是无穷尽的，无限制的，不可量衡的，没有边际的；没有字句可以充分表现那种悲哀（梁实秋：143）。

在朱丽叶的情感中，懊悔、矛盾、看似六亲不认的决绝和对丈夫的钟情交织混杂，使叙事的奇趣性增加，达到引人入胜的戏剧舞台效果。

五、高度的易读性

文本的可读性(readability)是指文本易于破译或理解以及大小不等的趣味性与愉悦性。易读性(legibility)也是文本与读者之间互动的基本功能之一，相当于读者从某一文本中获得意义所花费的解读操作的复杂性。

纵观《罗密欧与朱丽叶》全剧，它的内部冲突很少，剧中的戏剧冲突多半来自外部：社会背景和家族传统。因为故事情节中两位恋人之间彼此真挚相爱，决定了著名剧作家莎士比亚采取相应戏剧话语的真诚度，阅读者在解码过程中也可以直取其意，减少了解码的难度。不同于其他几部悲剧，在《罗密欧与朱丽叶》整部戏剧中，莎士比亚摒弃了反讽文本、典故性文本和暗示性文本，运用了一贯性的清晰文本，大大增加了其中罗密欧与朱丽叶浪漫爱情故事部分的易读性和可读性，使阅读者非常容易理解并从中获得愉快有趣的阅读体验，使之成为喜闻乐道的经典名著。

全剧着重表现青春和爱情，多用明喻、暗喻、夸张和排比等修辞手法，体现主要人物的思想与情感，容易触发共鸣。例如，罗密欧与朱丽叶互相倾诉爱情、被放逐之后罗密欧无比痛苦，这两出感情戏正是用上述提及的写作技巧和叙事的易读性反映出来的。

神秘的夜幕之下，罗密欧倾诉爱情：

罗密欧：没受过伤的人才讥笑别人的疤。

小声些！窗口那边透出的是什么光亮？那是东方，朱丽叶就是太阳！升起来吧，美丽的太阳，杀掉那嫉妒的月亮，她因为她的女侍比她美丽的多，便难过得面色惨白：她如此善妒，不要做她的信徒；她所能给的贞洁的道袍是惨绿的颜色，只有愚人才肯穿；把它脱掉吧。是我的小姐；啊！是我的爱人：啊！我但愿她知道她是我的爱人。她说话了，又好像是没说什么：那又有什么关系？她的眼睛在说话；我要回答她。我太鲁莽了，她不是在对我说话：天上两颗最灿烂的星，因公外出，在归位之前央求她的眼睛代替他们在星座中闪烁。如果她的眼睛放在星座里，星嵌在她的头上，那又有何不可呢？她的脸上的光辉可以使群星惭愧，恰似白昼可以使灯光失色一般；她的眼睛会在天空闪出一片亮光，鸟儿会以为夜色已阑而开始歌唱。看！她手托香腮的样儿有多么俏：啊！我愿化身为她手上的一只手套，那样便可抚摩她的香腮。（梁实秋：75－77）

莎士比亚通过罗密欧痴情的内心独白，围绕情人眼中的情人这个中心，运用单一的视角，男女主人公通过相通的时空、文本邻近相一致（杰拉德：131－141），互相倾吐爱慕之情，增加了剧本的可读性，唤起人们内心的共鸣——对爱情的渴望、对恋人的钦慕。

然而放逐却将初坠爱河的青年爱侣活生生分开，令罗密欧痛苦道："没有你的光明，将是一千倍的黑暗。赴情人约会，像学童抛开书本一样；和情人分别，像学童板着脸上学堂。"（梁实秋：87）"腐尸上的苍蝇都比罗密欧有权享更多的尊荣，更高贵的位置，更多的殷勤取媚的机会。"（梁实秋：147 第三幕第三景）

六、叙事的完整性

二十世纪最伟大的爱尔兰小说家乔伊斯受中世纪意大利经院哲学家阿奎那的美学理论影响，认为美需要三个条件：完整、和谐与辐射（李维屏：59）。莎士比亚的剧本之所以给人美与善的体验，其主要原因就是他戏剧的完整性和辐射性。这位文艺复兴时期最伟大的剧作家有生之年很少留下他的艺术创作理论或美学思想体系，但是他的 37 部剧作和 2 首长诗，1 部 154 首十四行诗，已经让批评家忙乎了几个世纪，他的作品以实际行动，秉承"完美、和谐与辐射"的美学思想（李维屏：53－56），使后人学习、研究和表演。《罗密欧与朱丽叶》也不例外。

美国著名的叙事学家杰拉德·普林斯提出：叙事是指对事件的讲述，至少有一个变化。"当整体大于部分之和并与之相区别而不是与之相等时，叙事性就倾向于增强。"（徐强：149）很强的叙事性"不仅描述变化与其结果，而是描述其根本结果"（徐强：150）。《罗密欧与朱丽叶》具有久远的社会意义，不仅因为它的可读性以及人文主义思想，还因为它展现出强烈的叙事完整性：从世仇变为善邻，从年轻的爱情故事转变成为比翼殉情的佳话，剧本叙事的完整性增加了作品的美学价值与观赏意义，扩大了人文主义情怀与和谐美善的辐射范畴。

因此我们说，叙事的完整性在整部作品的创作过程中起到了举足轻重的作用。从街头混战到喜结连理，从被逐无奈到为爱殉情，故事跌宕起伏，却合乎社会伦理与人性道德。每一次骤变，都有伏笔与隐射；每一个空间转换，都与下一个场景戚戚相关。

《罗密欧与朱丽叶》叙事的完整性主要体现在人物刻画和情节安排上。主人公修道士劳伦斯、蒙特鸠家公子罗密欧和卡帕莱特家千金朱丽叶均前后一致、有血有肉、有思想有情感。莎士比亚完美地衔接每个场景与细节。剧情发展到第二幕第二景时，罗密欧已经爱上了朱丽叶，莎士比亚此时预备了修道士的出场。

罗密欧：愿睡眠停在你的眼上，和平进入你的胸膛！我愿变作睡眠与和平，好一个安息的地方！我现在要到我的神父的斋堂里去，求他帮忙，并且告诉他我的艳遇。（梁实秋：89）

莎士比亚在劳伦斯修道士人物出场时就铺垫了其采集草药的特殊技能，为后文朱丽叶获助埋下伏笔。

劳伦斯：现在趁太阳尚未睁开他的火眼
照耀大地并把昨夜的湿露晒干，
我必须把毒草奇花来寻觅，
装满在这柳条篮子里。
……
啊！草、木、矿石、如果使用得当，
都涵有很多的伟大的力量；
……
这朵小花的嫩苞含有毒性，也能用以治疗某种疾病：
这花只要一嗅，香气贯通全身；
口尝一下便能麻痹一个人的心。
人与草药原是一样，
内中有善有恶，互争雄长；
恶的一面如果占了上风，

死亡很快的要把那植物蛀空。(梁实秋:91)

当罗密欧向劳伦斯修道士吐露他转意爱上仇敌之女,并请求他主持婚礼时,劳伦斯修道士一面责怪罗密欧变心薄信,一面从大局考虑,愿意帮助他成就婚姻,为最终的根本变化作铺垫。他答应说:“为了一种考虑,我可以做你的帮手;这婚姻可能成为一段美满良缘,使你们两个仇家从此尽弃前嫌。”自古以来,“使人和睦的人有福了! 因为他们必称为上帝的儿子!”(马太福音 5:9)从社会层面莎翁借助维络那公爵这个圣职人员成为联系两位情侣、家庭与社会的重要纽带,承担起叙事完整性的主角。

劳伦斯修道士为罗密欧与朱丽叶主持婚礼,彼此相爱的两位有情人在教堂神圣结合时,台词提及“吞食爱情的死神要怎么做都可以”“这突然的快乐会有突然的结局”(梁实秋:117),为后面的情节发展埋下伏笔;为杀人的罗密欧提供藏身之处,安慰并鞭策警醒他,“如果你是个男子汉”“为了她,挺立起来”(梁实秋:151),“去,去找你的爱人”“使两家重归于好,求公爵开恩特赦”(梁实秋:155 第三幕第三景);用草药帮助朱丽叶逃避重婚,“服下这蒸馏过的药水”“然后像从一场酣睡中醒来一般”,又派人“写信给罗密欧告诉他我们的计划”(梁实秋:185 第四幕第二景)。

其中,这魔力药水是朱丽叶逃脱再婚命运的关键,也为整部剧增添了奇趣,而劳伦斯修道士在关键场合帮助主人公,增加了戏剧的完整性。戏剧最后,朱丽叶喝完魔药后复苏本可以成功,可惜给罗密欧送信的使者被延误,一个小错酿成灾难。劳伦斯修道士最后一幕的长篇叙述解开了所有谜团,给故事画上了完满的句号,使叙事完整有序,易读易演。

公爵:那么立刻就说出你对此案所知道的一切。

劳伦斯:我要简单地说,因为我的短促的余生怕来不及述说一桩冗长的故事。罗密欧,死在那边,他是朱丽叶的丈夫;她,死在那边,是那罗密欧的忠实的妻子:是我给他们主持婚礼的;他们秘密结婚的那一天就是提拔特的末日,他死于非命,刚结婚的新郎也被放逐了;是为了他,不是为了提拔特,朱丽叶郁郁寡欢。你,为了解除她的忧困,把她许配给巴利斯伯爵,并且想要强迫她成婚:她于是求救于我,她神色张皇的要我想个办法使她免于再度结婚,否则她就要在我房里当场自杀。我是懂得医学的,于是给了她一种睡药;果然如我所料,这药发生作用，使得他像死了一般：同时我写信给罗密欧，教他就在今天这悲惨的夜里赶到此地，帮助我把她从这借用的坟墓里接出来，那时节药性应该完竭了。但是给我送信的那位约翰修道士，遭遇了意外的阻隔，昨晚把原信带回。于是，按照预定的她该醒转的时刻，我独自前来把她从祖坟中接走，打算把她秘密地藏在我的斋房里，得便送到罗密欧那边去：但是，我来到的时候，——在她醒来的前几分钟，——高贵的巴利斯和忠实的罗密欧都已经死于非命横尸于此。她醒了；我请求她出去，耐心接受这上天注定的噩运；这时节忽闻喧声，把我从墓中惊走，她横起心来，不肯和我同走，看样子她是自杀了。这是我所知的一切；这场婚姻，她的奶妈是知情的：这不幸的事件如果有一部分是由于我的疏误。请按最严厉的法律，在我寿终之前，把我的这条老命牺牲掉吧。（梁实秋：235）

在对照罗密欧给父亲的遗信，得知一切吻合后，公爵长叹："没有故事能令人黯然伤神像朱丽叶与罗密欧这样动人。"（梁实秋：237）全剧的意义大于了五幕剧相加之和，两家宿怨最后被这对殉情的恋人化解，世仇化为亲邻，全剧达到叙事的完整性。

综上所述，运用叙事学跨学科的研究方法和视角，可以使我们在阅读、赏析和评论《罗密欧与朱丽叶》时，发现整体大于局部之和。在社会历史语境之下，蒙特古和卡帕莱特家族的宿怨和纷争是当时社会和历史的写照，罗密欧和朱丽叶的爱情悲剧不只是个人悲剧，也是时代的产物和历史的见证。整部剧作体现了莎士比亚的人文情怀和对纯洁爱情的引吭高歌，在叙事中充满奇趣性、易读性和完整性，给人唯美真情的心灵洗涤和震撼。叙事视域下的《罗密欧与朱丽叶》更加透彻鲜活，真挚的爱被后世纪念，凄美动人的故事更广为传播，将忠贞圣洁的爱的能量洒向人间。

参考文献

[1] Shakespeare. *Romeo and Juliet* [M]. London: Signet Classics, 1998.

[2] Mieke Bal. *Narratology: Introduction to the Theory of Narrative* [M]. Toronto: University of Toronto Press, 2009.

[3] Wells, Stanley and Taylor, Gary, general editors. *The Oxford Shakespeare the Complete Works 2nd edition* [M]. Oxford: Clarendon

Press, 2005.

[4] Bradley, A.C. *Shakespearean Tragedy* [M]. London : Macmillan, 1985.

[5] Eastman, Arthur M. *A Short History of Shakespearean Criticism* [M]. New York: Random House, 1974.

[6] Ludowyk, E.F.C. *Understanding Shakespeare* [M]. London: Cambridge University Press, 1962.

[7] Tillyard, E. M. W. *The Elizabethan World Picture* [M]. New York: Random House, 2010.

[8] 莎士比亚. 罗密欧与朱丽叶[M]. 梁实秋,译.北京:中国广播电视出版社,远东图书公司,2004.

[9] 申丹,王丽亚. 西方叙事学:经典与后经典[M]. 北京:北京大学出版社,2015.

[10] 杰拉德·普林斯. 叙事学——叙事的形式与功能[M]. 徐强,译.北京:中国人民大学出版社,2013.

[11] 张泗洋,徐斌,张晓阳. 莎士比亚引论[M]. 北京:中国戏剧出版社,1989.

[12] 李维屏. 乔伊斯的美学思想和小说艺术[M]. 上海:上海外语教育出版社,2004.

The Spread of Narratological Art in *Romeo and Juliet*

Abstract: This article combines the research method of narratology with theatrical study to illustrate that *Romeo and Juliet* is a not only an individual tragedy under its special social historical background, but also a play with strong narrativity and wildly spread in all levels of the society. This tragedy of love applies the narratological pattern of a small conflict inducing a great confrontation ending with the supreme authority to pacify the turmoil. The unexpected plots realize narratological wonder and the introduction, elucidation, transition and summary are united as a seamless whole, achieving high artistic attainments and endow the play with great readability and completeness. The tragedy carries the feature of high narrativity and distinct characters. The totality of history, plot and narration is more than the sum of five parts, which reflects unique Shakespearean craftsmanship and artistic achievements.

Key words: *Romeo and Juliet*; narratological wonder; readability; completeness

（高莲芳 上海外国语大学法学院）

从法海形象的多元化呈现探析白蛇传当代重述的新动向

朱　科

摘　要：本文聚焦于20世纪90年代以来多种媒体有代表性的白蛇传重述作品，回溯20世纪四五十年代以来影响力巨大的田汉版本，以之为背景探索白蛇传当代重述的新动向。限于篇幅，选择法海形象作为切入点，梳理90年代以来白蛇传重述中法海形象多种多样的呈现，考察其从田汉版本为代表的“封建、压迫阶级的代表、大众起来反抗斗争的对象”，发生多元化转变的原因，并试图探讨多种白蛇传创作在当代并存的原因。

关键词：白蛇传；法海形象；当代重述；文化传播

一、白蛇传故事的悠久历史和突出的民间文学特征

作为中国四大民间传说之一的白蛇传千年以来滥觞流传，早已成为中国传统文化经典。颇具代表性的作品，从唐传奇《李黄》（也叫《白蛇记》）的萌芽，到宋代画本《西湖三塔记》，到初步定型的明代冯梦龙《警世通言》中的白话小说《白蛇传》，到清代黄图珌剧本《雷峰塔传奇》，玉山主人白话小说《雷峰塔奇传》，方成培剧本《雷峰塔》（也叫《义妖记》《白蛇传》），20世纪四五十年代田汉剧本

《白蛇传》，赵青阁小说《白蛇传》……是“古今发展一直健旺的民间故事类型”①；在当代，尤其是20世纪90年代以来，白蛇传的故事更是版本众多，种种重述演绎异彩纷呈，蔚为大观。白蛇传在不断的重述中流变，充分反映出民间文学的继承性和开放性，其创作与传播与社会文化语境有深刻的互动关系，折射出时代科技、文化、媒介、社会心理、美学追求种种的发展变化。

二、20世纪四五十年代以田汉版本为代表的白蛇传的创作、传播效应和其中的法海形象

白蛇在千年流变中去“妖”变“人”，从残忍嗜血的害人蛇精逐渐变为美丽高尚、贤惠坚韧的理想女性；白蛇的“人化”过程同时也是法海的“恶魔化”过程，法海由一个拯救苍生的得道高僧，逐渐变为一个无端生事、自私残忍、性格乖戾的恶魔。这样的矛盾架构和人物塑造在20世纪四五十年代以田汉版本为代表的《白蛇传》中达到高峰并具有极大的传播效应。

田汉戏剧版本及其重大影响。著名戏剧家田汉的《白蛇传》共有三个版本，1943年《金钵记》、1952年二十四场和1955年十六场的《白蛇传》。早在20世纪20年代，田汉就有把民间白蛇传说经过细化使之进入“真正的艺术创作行列”的抱负。同一时期的1924年，杭州雷峰塔倒塌，11月鲁迅在《雨丝》周刊发表《论雷峰塔的倒掉》：“那时我惟一的希望，就在这雷峰塔的倒掉……现在，他居然倒掉了，则普天之下的人民，其欣喜为何如？这是有事实可证的。试到吴、越的山间海滨，探听民意去。凡有田夫野老，蚕妇村氓，除了几个脑髓里有点贵恙的之外，可有谁不为白娘娘抱不平，不怪法海太多事的？和尚本应该只管自己念经。白蛇自迷许仙，许仙自娶妖怪，和别人有什么相干呢？他偏要放下经卷，横来招是搬非，大约是怀着嫉妒罢，——那简直是一定的。”②可以看出当时民间和知识分子的普遍认识，对破坏“自由婚姻”的法海的极度憎厌；这篇文章从20世纪20年代起一直到今天，被选入不同时期的中小学教材，有极大影响力。

---

① 祁连休．中国古代民间故事类型研究[M]．石家庄：河北教育出版社，2005：120.

② 鲁迅．鲁迅全集：第一卷[M]．北京：人民文学出版社，1973：158.

田汉的《金钵记》产生于抗战民族救亡时代背景下，田汉秉持着使戏曲“对神圣的民族战争尽她伟大的任务①”的使命，对白蛇故事进行了革命性、人民性的书写和阐释。新中国成立以后的戏改运动，使这种革命性和人民性的表达在情节编排、人物塑造上更得到集中反映。宗教色彩进一步淡化，白蛇“散瘟”等情节在《金钵记》中已经删除，1955 年版本又把影响白蛇正面形象的“盗库”等情节也删除，还增加了小青击败塔神，推倒雷峰塔救出白蛇的结局。白蛇不仅在爱情上温柔忠贞、情重如山，而且悬壶济世、扶危济困，是一位至善至美的女性；而法海，出于人妖相隔的观念，出于邪恶冥顽的个性，诱骗许仙出家，在白蛇产子满月之时带韦驮以强大法力镇压白蛇、强行拆散和美团圆的家庭，面对母子、夫妻生离死别的哀求和抗争毫无怜悯之心，大发淫威，狞笑道：“佛法无边不自量”；剧中法海被小青和白蛇称为“秃驴”“贼子”“屠夫”，痛斥他“带着屠刀念弥陀”，许仙为救白蛇要去打碎金钵，唱词是“许仙今日心头亮，吃人的是法海，不是妻房！”这样的法海，恶毒、残忍，是故事的最大反派和罪魁祸首，是封建专制势力的代表；法海和白蛇许仙的矛盾是整部剧的主要矛盾。

田汉的戏剧白蛇传尤其是 1955 年这一版本，由于作品本身的艺术魅力，由于社会政治意识形态的推动，不论在当时和后世都产生了极大影响力，以后几十年各种艺术形式的白蛇传呈现出一元化的叙事面貌。同一时期的 1956 年，赵清阁出版小说《白蛇传》，主题和人物形象塑造与田本基本一致。因为是小说体裁，增加了叙述性语言和心理描写，情节流畅，语言细腻，很受欢迎，多次重印，仅 1982 年第六次印刷的印数就达到 398 千册，也是一个传播广泛、影响力很大的版本。

从当时到 80 年代的中国白蛇传创作和演绎，包括遍布中国大部分剧种的戏剧、多部电影、小说、民间曲艺作品，不管是作家文学还是民间文艺，反封建、追求婚姻自由是其核心主题，较为一致性的情节和人物形象传播广泛，深入人心，形成了当时以至 20 世纪七八十年代数代中国人心中清晰的文化记忆。

---

① 田汉．田汉全集第十五卷.抗战与戏剧[M]．石家庄：花山文艺出版社，2000：3.

三、20 世纪 90 年代以来白蛇传的创作、传播和法海形象的多元化发展

20 世纪 90 年代以来，随着改革开放的深入和经济转型，消费主义兴起，加上媒介科技的迅猛发展，媒介文化发展样态和生产体系都发生了整体性全方位的嬗变；随着消费主义愈演愈烈，媒介文化生产和消费主义呈现双面契合。主流意识形态对文艺创作的影响力逐渐减弱，反封建的主题也不再适应于时代语境，白蛇传的重述一改几十年来叙事一元化的局面，从主题、情节、人物形象、表现媒介等各个方面进行新的发掘和演绎，有对人性、对时代的深入思考探究、也有对市场和大众趣味的迎合；既展现出创作者个人化的思想和艺术趣味，也展现出民间文化的深厚传统，作品众多，主题多元、媒介形式丰富。随着中国国际地位的提高，中国文化更广泛深入的对外传播也越来越势所必然，白蛇传的跨文化创作演绎和传播亦走在中外文化交流的潮头。白蛇传作品可以被看作时代的镜子，反映出以上种种时代新因。

（一）台视出品的电视剧《新白娘子传奇》

90 年代电视媒介普及，台湾电视事业股份有限公司（台视）出品的电视连续剧《新白娘子传奇》1993 年被中央电视台引进，一经播出就创造出高收视率，至今在多个地方电视台多次重播。不同于田汉版本，此剧根据清代玉山主人的《雷峰塔奇传》和民国时期梦花馆主《白蛇全传》为蓝本，且有很多改编。有白蛇与法海的前世恩怨、观音点化等很多宗教因素，人物设定方面除了白蛇青蛇许仙法海，许仙姐姐姐夫也成为重要配角，还增加了胡媚娘、戚宝光等数个全新人物，情节曲折、内容繁复；该剧的表现形式也有所创新，融合了黄梅调的表演唱，既呼应了传统戏曲的表现形式，又有新鲜感，脍炙人口的旋律广为流传，被称为“中国第一部古装经典神话音乐剧”。值得注意的是，此剧的编剧先后有五位，台视为了收视率竞争，决定把原定的 30 集延长为 50 集，使剧情和人物形象塑造等方面出现了纰漏和不够连贯的现象。此剧中法海的形象在经过延长后体量更大的剧情中前后不统一：在刚出场时，法海是一位慈眉善目的老者和得道高僧，举止光明落拓，劝人摆脱世俗，修行静心；但在“结怨梁相国”这个新情节

后，法海的形象变得虚伪狭隘，小肚鸡肠，面目可憎；但到水漫金山情节后，法海又恢复了高僧的形象。此剧的主题不仅是许白爱情，剧中浓重的宗教意味说明“证道归真”也是其重要主题，剧中唱词道：“人生易老好梦短，红尘漫漫烦恼缠，情纵痴也终有完，不如勤修把皮毛换，了无挂碍上灵山。”结局是大团圆式的，不仅许仕林把白蛇救出雷峰塔，许仙白蛇夫妻团圆，许仙、白蛇、青蛇、法海都在观音的点化下一起超升仙界。

（二）根据李碧华小说改编的徐克导演的电影《青蛇》和田沁鑫导演的话剧《青蛇》

1993年年初，广电部发布深化电影行业机制改革的新政策，促进了内地电影制片厂的进一步开放，香港和内地合拍的电影作品《青蛇》就产生于这种背景下。1993年中国电影佳作甚多，这部电影上映时遭遇票房冷遇，原因除了部分画面和台词被删减和重新配音使观众看不到全貌以外，还可能因为这部作品与传统白蛇故事相比脱离了当时观众的认知、超出了观众接受程度有关；然而随着时间的流逝，完整版面世，逐渐受到观众的追捧喜爱，成为白蛇传当代演绎中的突出作品之一。故事基本框架不变而主题是新的：主题是情欲和背叛。电影以香艳浓烈的风格表达了“欲”，叙述视角也有全新的改变，由传统全知视角转为青蛇视角，通过她的观察和叙述，表达出对男性的看透和绝望。许仙从传统故事中一个善良怯懦之人变成一个虚伪、卑微、自私、背叛白蛇之爱的负心汉。法海的变化也很大，从面目可憎的“老秃驴”变成了一个形容俊美、体格精壮的年轻僧人，一方面他作为除妖人完成了故事基本情节的框架，另一方面电影侧重表达了他在情欲诱惑中的内心挣扎，对除妖大任和善恶区分的犹豫迷茫——对人妖区隔的简单执着转变为对欲念和人性的体会和思考；作品的核心和主要矛盾是许白的爱情问题，而不是法海的干涉。结局是水漫金山白蛇产子，青蛇把许仙一剑杀死后，跃入水中消失不见；法海并非镇压白蛇的凶手，白蛇是水漫金山被崩裂倾覆的塔身压倒的；法海在危急中搭救了白蛇之子，怀抱婴儿独立于苍茫浩渺的大水之上。这个版本产生了不小的影响力，后来的一些白蛇传演绎受到影响，持续了这一主题的思考。

2013年香港首演、2014年作为乌镇戏剧节开幕作品的《青蛇》由著名话剧导演田沁鑫执导，在李碧华小说的基础上又有新意，主题和情节上又有不同。

主要表现在后半部分：白蛇绝望于许仙的负心，自己走进雷峰塔中，而许仙 10 年后纳妾另娶，并且把他编造的故事广为散播，美化自己对爱情忠贞不渝，污蔑法海是斩断人间美好爱情的罪魁祸首。法海的形象仍然是一位青年僧人，他极有人情味，有爱有欲，有自我克制的挣扎；他修为高深、坚守正法，更进一步的是，他有深厚的悲悯之心，视人与妖为平等。除了许仙和白蛇的故事，法海和小青之爱是话剧的重要情节，故事的结局是，白蛇进入雷峰塔后，青蛇一直盘旋在法海的房梁上，陪伴他修行了五百年。五百年后，青蛇将要投胎做人，与法海最后一次对话，法海彻悟："你在我房梁上盘了五百年，我也参了五百年，而今，我终于了悟，我和你是一样的，你我，没有分别。"这部作品里的法海比许仙更懂爱，不仅了悟与青蛇之"小爱"，而且发愿普度众生，倾其身命，说法不辍。

（三）李锐、蒋韵合著小说《白蛇·人间》

著名作家李锐和蒋韵合著的《白蛇·人间》是 2005 年英国坎农出版社经典神话重述这一国际性项目的成果，出版于 2007 年。这一项目本身说明经典神话和民间故事在世界范围的强大生命力，也说明作品生命力的延续和勃发同时取决于新的时代的新思考和新创造。《白蛇·人间》的作者灌注给作品新的主题和新的艺术特色。"身份认同的困境对精神的煎熬，和这煎熬对于困境的加深；人对所有'异类'近乎本能的排斥和迫害，并又在排斥和迫害中放大了扭曲的本能。这，成为我们当下重述的理念支架。"[①]小说的矛盾焦点不是许白爱情和法海的阻挠，而是无知大众对白蛇和青蛇的残忍杀戮。《白蛇·人间》在保持故事基本框架的基础上，围绕"排斥异类"这个主线，增加了多个人物和情节，跨越不同时空，由秋白、许仙、法海等人进行多重叙事。这里的白蛇是大爱的完美化身，流尽鲜血救下千万人的生命，却被疯狂的人群以"铲除异类"的"正义之名"包围，欲借法海之手铲除。"法海手札"的第一人称叙述使读者深刻了解法海作为除妖人的宿命和他深刻的反思过程：他认清善恶，否定了从前的自己，在众人围攻的危急关头选择帮助白蛇，却无力挽回白蛇被逼自杀的命运。这里的法海，是一个痛苦却无比真诚的思考者，一个善恶的拷问者，面对人性之恶的清醒者和正义的精诚坚守者。

---

① 李锐，蒋韵．白蛇·人间[M]．武汉：长江文艺出版社，2011.

（四）追光动画和华纳兄弟共同制作的动画电影《白蛇·缘起》《青蛇·劫起》

2019年和2021年上映的这两部作品被认为是国漫崛起之路上的重要作品，动画传达出中国风的古典意境，在美学层面获得很大成功。这两部作品在重述的层面上没有就原本的许仙、白蛇、青蛇、法海的故事进行再演绎，而是分别讲述了传统白蛇故事的"前传"和法海把白蛇镇压在雷峰塔之后发生的"后传"，可以说是以白蛇传为基点创造了新的故事。《白蛇·缘起》讲述了发生在两人前世、许仙对白蛇英雄救美的故事，主要人物没有法海，矛盾的主线是以国师为代表的反派对蛇族的杀戮。许仙作为一个力量微薄的凡人，为救白蛇拼尽全力，不惜变身为妖。许仙为爱情毫不犹豫地跨越人妖界限，显示出爱情至上的价值观；同时，在玄幻题材大行其道尤其是在年轻群体中广泛流行的背景下，这样的情节也发生得自然而然，符合观众的期待。《青蛇·劫起》的故事则以女性独立为主题，讲述了青蛇意识的转变，从希望依靠力量强大的男人到坚定地凭自己的力量去勇斗法海，最终斗败法海，推倒了雷峰塔。法海作为反派，在电影中没有占据主要的时长和内容含量，对法海的行为动机和缘由没有很清晰的交代，法海更接近一个工具人。

以上各个版本都有不同程度的创新，呈现出白蛇传重述多元化的丰富面貌。值得强调的是，以田汉版本为代表的白蛇传影响力一直延续，与上述有代表性的白蛇传新重述同时存在。如2011年，美国著名导演玛丽辛默曼执导、全部由美国演员演出的话剧《白蛇》①，选择的是赵清阁小说《白蛇传》为蓝本，情节、人物与四五十年代的白蛇传版本高度贴合，里面的法海自私邪恶、极端可憎，以残忍拆散许白婚姻家庭为乐，但美国版话剧的主题不是反封建，而是对许白爱情以至于天地之间爱的赞颂与升华。2021年受欢迎的粤剧电影《白蛇传·情》情节基本与田汉版本相符，法海的形象虽然有一点变化，不是须发皆白的老僧，而是一位中年僧人，人物个性不再表现得那样自私邪恶，但行为和田汉版本中基本一致。

---

① 此剧导演玛丽·辛默曼是美国戏剧最高奖托尼奖获得者，此剧2012年在美国首演，受到广泛好评；2014年来到中国，作为闭幕大戏在乌镇戏剧节面对中国观众，获得强烈反响，是白蛇传代表中国文化走上国际交流舞台的突出作品之一。

四、结　语

白蛇传的故事还在不断的演绎中。2020 年综艺节目“演员请就位”中，陆川导演的微电影《白蛇人间》，也采用白蛇题材，用戏中戏的方式将白蛇、青蛇、许仙三个演员在舞台上的演出和现实中的生活共同展现出来，探讨了爱情、戏剧和现实的关系。2021 年北京当代芭蕾团《白蛇·人间启示录》把故事架构在未来时空中，加入人工智能科技元素，许仙这个角色在舞剧中成了一个“仿生人”，探索的是未来世界中人与仿生人之间的情感、人工智能的伦理危机。2022 年 11 月，谭元元主演的芭蕾舞剧《白蛇》将在上海大剧院首演。

由于社会语境的变迁、技术的发展、媒介的丰富性和不同艺术媒介的表达要求，随着中国崛起而带来的中国文化国际传播交流的新局面、创作目标的多元化、受众定位的不同等，这些因素共同形成了白蛇传重述多样化的面貌，呈现出一幅异彩纷呈、流光溢彩的当代白蛇传故事图景，成为当代中国文化发展、中国文化国际交流传播的重要组成部分。

参考文献

[1] Zimmerman，Mary. The White Snake[M]. North Western University Press，2013.

[2] 李锐，蒋韵. 白蛇·人间[M]. 武汉：长江文艺出版社，2011.

[3] 鲁迅. 鲁迅全集：第一卷[M]. 北京：人民文学出版社，1973.

[4] 鹿义霞. 田汉与“白蛇”故事的改编及重塑[J]. 戏剧文学，2021(1)：112 - 117.

[5] 祁连休. 中国古代民间故事类型研究[M]. 石家庄：河北教育出版社，2005.

[6] 田汉. 田汉全集：第十五卷.抗战与戏剧[M]. 石家庄：花山文艺出版社，2000.

[7] 余红艳. 话语变迁与法海形象的演变[J]. 广西师范大学学报，2013(12)：58 - 63.

[8] 赵清阁. 白蛇传[M]. 上海：上海文化出版社，1956.

Study on the New Trends of the Retelling of the White Snake: From the Perspective of the Diversified Presentation of Monk Fahai

Abstract: With the influential versions of *Legend of the White Snake* in 1940s and 1950s by Tianhan as the background, this paper focuses on various retelling works of the White Snake in various media from 1990s till now. Images of Monk Fahai is the important angle — how and why did Monk Fahai transform from "the representative of feudal society and oppressive class" to diversified images can help us to explore the new trends of the contemporary retelling of this classic folklore.

Key words: the White Snake; image of Monk Fahai; contemporary retelling; cultural communication

（朱科　上海外国语与大学新闻传播学院）

阐释文本的多样化探索

——中华史诗《江格尔》的跨文化传播研究[①]

萨如拉　刘　鹏

摘　要:"一带一路"倡议的持续推进,使得国内的民族典籍的翻译工作受到了学界和社会的更多关注,同时也有力地促进了我国诸多民族典籍著作向海外的传播,其中就包括史诗《江格尔》。作为我国的一部优秀的典籍,它从20世纪80年代起先后被翻译成英语、俄语等诸多外语。本文尝试分析《江格尔》现有的英译版本的语言特色和艺术特色,分析民族典籍对外传播的重要性和策略,并使用格式塔意象再造理论将整体和意境相结合的工作机理分析史诗《江格尔》英译对外传播的重要启示。

关键词:《江格尔》;民族典籍;英译;格式塔理论

一、引　言

中国是一个团结统一的多民族国家,中华文明数千年的历史长河之中淘炼出了诸多优秀的文学作品。近年来关于中华民族的民族典籍翻译形成了新的研究领域,学者们已经清醒地意识到:文化软实力是一国的灵魂所在。作为一国综合国力的重要组成部分,文化软实力在国际竞争中发挥着举足轻重的作

① 本文为2018年新疆维吾尔自治区引进高层次人才天池百人计划项目资助。

用。因此，文化传播既是文化自信的表现，也是提高国家文化软实力和中华文化影响力的重要方法和途径。然而，截至20世纪末，我们还在一定程度上依赖西方汉学家或者翻译学家来发现我们的优秀作品。作为新世纪有影响力的大国，我们应该加强文化自觉性，推动我们民族的典籍翻译工作，不断努力创造中国的国家形象，争取话语权。蒙古族口传史诗《江格尔》与藏族《格萨尔》、柯尔克孜族《玛纳斯》被誉为我国少数民族的三大史诗，也是中华民族共同的精神财富。《江格尔》的英译研究目前也呈现出一种上升状态，但英译研究的视角比较少见，从格式塔心理学角度分析《江格尔》英译研究的更是凤毛麟角了。所以本文中作者通过分析吴松林译本和自己的译本作为比较研究对象，深度解析在英译过程中如何运用格式塔心理学理论，并对国内民族典籍翻译提供新的理论基础与思路。

二、《江格尔》流传区域概述

《江格尔》作为一部长篇英雄史诗承载了蒙古族土尔扈特部落的历史与文化，同时也反映了他们的政治、经济、宗教、民俗、语言文学等各方面内容。

目前《江格尔》流传区域集中分布于我国新疆、俄罗斯卡尔梅克共和国、蒙古国西部等地区，因此有人比喻《江格尔》是一部土尔扈特部落的迁移史，它同时也承载着土尔扈特部落横跨俄罗斯、蒙古、中国等三个国家的发展历史。《江格尔》萌生于中国卫拉特蒙古部落(Oilrad)[①]，17世纪随着卫拉特蒙古各部开始向南西伯利亚大规模迁移，《江格尔》也随之在俄罗斯和蒙古国的蒙古族群体之中流传开来，成为一部跨越国界的史诗。在我国境内，《江格尔》主要分布在新疆维吾尔自治区阿尔泰山一带的蒙古族聚居区，具体位置于现在的新疆维吾尔自治区塔城地区和布克赛尔蒙古自治县、乌苏市、新疆巴音郭楞蒙古自治州和静县等。在卫拉特部落的迁移过程中，《江格尔》经典故事不断涌现，也流传到其他省市的蒙古人居地。如17世纪30年代，随部分和硕特人南迁流传到青海大草原(今主要分布在青海、西藏北部、甘肃肃北县及内蒙古阿拉善盟等地)。蒙古国境内的流传地区主要是靠近我国新疆的戈壁阿尔泰省，巴彦洪戈

---

① 卫拉特四大分支：和硕特、准噶尔、杜尔伯特、土尔扈特。

尔省和乌布苏诺尔省；俄罗斯境内流传地主要为伏尔加河西岸的卡尔梅克共和国。

《江格尔》是我国民族典籍英雄史诗的集大成者和宏伟著作，同时最为凸显的是它丰富充实的内容以及历久弥新的生命力。在共建“一带一路”倡导的包容性全球化背景下，《江格尔》也成为推动中蒙俄三国文化交流的桥梁。自此《江格尔》的翻译也成为中华文化“走出去”战略的重要部分。

三、《江格尔》研究背景及现状

《江格尔》在历史的长河中以口传方式流传，在蒙古族人民中间口口相传，代代流传，其内容主要描述了以江格尔为首的 12 位英雄们为了守护他们的家园浴血奋战的一系列故事，声情并茂地展示了远古蒙古社会的经济文化和生活习俗等诸多方面。《江格尔》从最初的口头传唱逐渐发展成手抄文本。欧洲学者对这部史诗的关注始于 19 世纪初期，进入 20 世纪后，苏联的东方学者鲍·雅·符拉基米尔佐夫（Борис Яковлевич Владимирцов，1884—1931）的《蒙古——卫拉特英雄史诗》的出版，引发了欧洲学者对这部史诗的研究兴趣。我国国内对它的关注始于 20 世纪 70 年代，从那时以来，我国政府给予了《江格尔》研究大量的关注和支持，使其搜集、整理、翻译、出版、研究等工作的效率得到极大提升。

从图 1 可以看出我国的《江格尔》研究从 20 世纪 80 年代初呈现逐步上升趋势（从 1983 年 5 篇至 2022 年 25 篇），2006 年《江格尔》被列入第一批国家级民间文学类非物质文化遗产，自此《江格尔》引起了学者们的高度关注和重视。

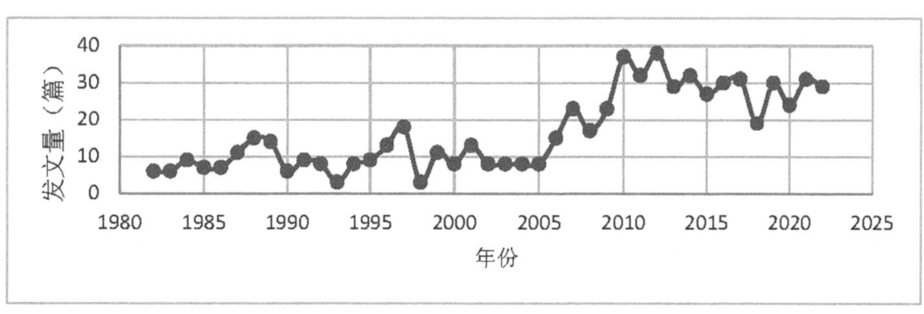

图 1　总体研究趋势分析

而表1则呈现出《江格尔》研究发展过程中，从单一的搜集、抄录以及翻译向着多元化发展，例如：比较研究、发源地研究、传唱者（江格尔齐或江格尔齐传承者）研究等。近年来对文本的研究也逐年增多，例如：角色研究（洪古尔）、女性形象、蒙古马研究等。

表1 《江格尔》主题研究分布表

序号	主要主题名称	文献数（篇）	序号	主要主题名称	文献数（篇）
1	《江格尔》	284	16	英雄史诗	5
2	比较研究	26	17	蒙古史诗	5
3	江格尔	25	18	江格尔奇	5
4	史诗研究	11	19	江格尔齐	5
5	蒙古族	10	20	研究论文	5
6	和布克赛尔	9	21	《玛纳斯》	5
7	洪古尔	9	22	中国少数民族文学	4
8	学术讨论会	9	23	萨满教	4
9	《伊利亚特》	9	24	内蒙古	4
10	《蒙古秘史》	8	25	女性形象	4
11	和布克赛尔县	7	26	研究综述	4
12	国际学术论坛会	7	27	《洪古尔》	4
13	卫拉特蒙古	7	28	卫拉特研究	4
14	卡尔梅克	6	29	研究概述	4
15	卫拉特	6	30	《荷马》	3

在学者们的共同努力下，口传史诗《江格尔》搜集并抄录共60多部，长达10万行左右。从最初托忒蒙古文转写为胡都木蒙古文，后来翻译到汉语，再译为英语等其他语言，《江格尔》经历了半个多世纪的发展，其研究工作也可谓百花齐放，研究理论硕果累累。近年来随着我国学者对翻译研究的不断深入，民族典籍翻译也成为研究热点。而英雄史诗《江格尔》作为我国少数民族传统文化宝库中的一颗璀璨明珠，也成为讲好中国故事、传播中国声音必不可少的组成部分。

四、研究方法

关于《江格尔》的翻译工作，起初有托忒蒙古文、胡都木蒙古文、汉文、俄文版，后来相继出现了德、日、乌克兰、白俄罗斯、格鲁吉亚、阿塞拜疆、哈萨克语等诸多译版。我国最初译介版本是1950年边垣编写的史诗《洪古尔》，它也成为《江格尔》的译介最初介绍版本，也为《江格尔》研究工作有序进行奠定了坚实的基础。截至20世纪末《江格尔》研究多集中在产生年代、版本考证、内容探究和美学特征等方面，很少从翻译角度进行梳理和分析。在英译方面，我国学者朝戈金、仁钦道尔吉、俄罗斯蒙古学者弗拉迪米索夫（B.Ya Vladimirtsov）等曾先后在国际刊物上发表了《江格尔》研究相关英文成果。在贾木查组织译介的两部大部头译本之外，个别学者也在普及译本方面做了大胆尝试。如何德修编撰的小说体《江格尔传奇》汉、英对照本（中国国际出版集团于2011年出版）以及吴松林主编的英汉对照本《中华民族文库·蒙古族系列——江格尔（上下册）》（吉林大学于2012年出版）。这两个版本更强调文学性和大众普及性，特别是针对青少年读者。书中配有与故事情节相一致的插画，语言通俗易懂。从英译情况来看，虽然有了大胆的尝试，但还有很多的进步和发展的空间。其中最为显著的是贾木查先生主编的《江格尔》（Jangar，2010年）和吴松林先生的《江格尔》（2012年），这两个版本都是针对诗歌内容所进行的英语翻译。主要集中于专有名词的规范研究、概念隐喻翻译研究以及少部分学者从关联翻译理论视角和功能对等理论视角展开了一定的程式语研究①。两个英译本都有各自的鲜明特色，译者均显现了它们深厚的文学造诣。

另外，在200多年的《江格尔》研究史上，可供学界研究的大部头英译本太少，目前出现的所有英译本都是中国人自己翻译的，缺乏英语世界译者和海外汉学家的英译本。翻译不仅仅是一种简单的语言转化，更是一种情感交流、意境传达的过程。在笔译的过程中，由静态向动态的意象转化，局部元素的分析向整体综合理解的转化逐渐地被译界所关注。翻译文学作品时，在遵循语言通

① 莫拓宇，史小平．从格式塔心理学看汉语典故性成语翻译的隐喻性建构[J]．湖北开放职业学院学报，2020，33(20)：184．

顺的基础上，译文是否传达出了原文作者想表达的思想，是否体现出原文的整体意象，这也是当今译界不可忽视的课题之一。格式塔（Gestalt）翻译理论强调由整体出发，多感官感知译本，这为学界解读并翻译民族典籍提供了新的思路和理论依据。

（一）格式塔原理概述

格式塔，源自德语“Gestalt”，意思为“整体、完形”。格式塔心理学于1912年诞生于德国，其创始人是德国心理学家韦特海墨、考夫卡和科勒。他主张单个的存在的因素并不会决定整体的构成，而整体的存在却会影响部分的性质和状态。可以通俗的解读为：部分的相加不能代表整体，而整体的分割也不等同于部分，但整体是事先存在的，部分的性质和意义也受限与整体。

而翻译作为一门独立学科在世界范围内成为教学科目也仅有90年的历史，当代西方翻译研究也刚从语音、语法、寓意等的翻译层次提升为把目光聚焦于译者、翻译文本的规范性操作以及接受群体的身上。在这一过程中，也有把翻译投射在宏大的文化观去审视，其中取得了显著成果，成为当代翻译研究的最大突破。而事实上目前我国的翻译研究基本从翻译的目的、特点、技巧和方法等方面对作品展开研究，以大量的翻译理论为基础，然而很少关注源语作者的心理感情因素。本文所聚焦的“格式塔”理论是一种具有创新性的翻译模式，将从宏观的视角解构史诗《江格尔》，深入地分析源语作者的心理特征，突出还原源语文化特色。但《江格尔》的翻译过程也是几经波折，因为其中有些外文翻译作品可能是在某一个汉语版本的基础上翻译过来的，所以在层层翻译的过程中原文的意思和意境也有了少许变化，这也造就了民族典籍翻译的独特性质。

译者在翻译过程中并不是强调源语和目的语的一一对应的关系，而是从宏观的角度出发，整体把握源语所表达的内容和源语作者内心深层的情感态度倾向。格式塔心理学不仅强调整体性，还强调情境性，不是望文生义，单从字面来理解，而是在语言情境中理解文中的含义①。注重心理学渗透于其他学科的研究是当代社会科学乃至自然科学的最显著的特征之一。它给不同学科的发展

---

① 莫拓宇，史小平. 从格式塔心理学看汉语典故性成语翻译的隐喻性建构[J]. 湖北开放职业学院学报，2020，33(20)：185.

带来了新的视角、理念、方法和生机①。

（二）格式塔翻译的三大美学原则

整体性原则：格式塔心理学指出，人类的视觉感知具有整体性，整体是大于个体总和的。整体不能简单地看做是个体集合，它的特性是不包含于元素之内。也可以理解为整体性原则强调的是部分和部分的合成不等于整体，而整体大于部分之和。因此在对《江格尔》英译作品分析过程中，我们要将视角从微观的逐字逐句翻译中解放出来，整体把握原文的内涵，再着手进行翻译。

闭合性原则：人类的视觉系统会自动尝试将敞开的图形关闭起来，从而将其感知为完整的物体而不是分散的碎片，这就是闭合原则。换句话说，就是人类视觉倾向于看到整个物体，即使它们是不完整的。闭合是格式塔趋于完形的重要手段，因此在翻译过程中，译者要强调出自己的经验、情感及其他审美方面去联想、构建以达到完形。闭合性原则对译本的补缺、承接和发展具有重要意义。

异质同构原则：指的是不同内涵的事物具有相同的结构，异质同构原则中谈及，虽然构成世界万物的成分各不相同，但是它们内在结构有很多相似之处。尤其是在那些能够引起人们情绪共鸣的事物上。这些事物特有的结构，当他被人们所察觉的时候，就会在人的大脑里面留下相应的刺激，与此同时，人就会在生理和心理上产生一定的情绪反应。在翻译过程中，我们要把握意象与情感之间暗含的关系，关注源语所传达的信息的同时，要找寻一种与之相契合的格式塔意象。

五、格式塔理论下的《江格尔》译文对比分析

（一）整体性原则下的翻译分析

格式塔整体性原则强调的是部分相加不等于整体，一个事物的性质不决定于任何一个部分，而依赖于整体。局部过程却取决于整体的内在的特性。因此在对《江格尔》英译作品分析过程中要将视角从微观的逐字逐句翻译中解放出

① 朱桂成.格式塔心理学下的翻译理论假说[J].江苏外语教学研究，2008(02)：67.

来，整体把握原文的内涵，再着手进行翻译。

示例 1

原文：江格尔的乐土，四季如春，没有炙人的酷暑，没有刺骨的严寒，清风飒飒吟唱，宝雨纷纷下降，百花烂漫，百草芬芳。①

吴译：

In Jangar's paradise, there was spring all year round,
no burning summer, no chilling winter.
The light wind was blowing,
the fine rain was falling,
the flowers were blooming, the herbs smelt pleasing.

自译：

The spring in Janggar's paradise is all-year-round,
There is no scorching heat or biting cold,
And the gentle breeze whispers so caressing,
With the timely spring rain coming in succession.
Flowers bloom and grass flourish.

整体性原则是注重在整体上去认识外界事物，而格式塔对所谓整体的要求是在知觉基础上去把握对象的整体结构。例如上文部分，是从《江格尔》序言章节当中截取的一段诗词，形容江格尔的故乡—原著当中称为宝木巴乐土，那里四季如春，风调雨顺，是没有严寒酷暑的一片净土。吴松林先生本人的英译部分当中注重了原文的字面意思，从整体性原则上来说缺乏对视觉意境的把握。而后面自译部分当中弥补了这一整体的视觉展现，洋溢着人间仙境的诗意，尤其诗中的“清风飒飒吟唱，宝雨纷纷下降”自译部分使用拟人的修辞方法描写“风”和“雨”，凸显诗歌的意境美，使译文不单单依附于原文且在对象语言中也可以展现优雅的境界。

① 吴松林. 中华民族文库：江格尔：汉英对照[M]. 长春：吉林大学出版社，2011：3.

示例 2

原文：马群奔腾扬起漫天埃尘，那埃尘又把马群惊动。惊动的马群疾驰狂奔，马鬃马尾铮铮响鸣，好像弹奏着琵琶，铿锵动听。①

吴译：

The horses blew soot cloud as they ran,
and the soot startled the horses.
The startled horses were running wildly,
the horse manes and tails were ringing,
like playing a lute,
making musical notes.

自译：

The galloping horses kicks up dust all over the sky,
They are in turn get startled to dash like mad.
Their mane and tail make a brushing noise,
Like a sonorous battle song
Played on a lute.

本段选自《江格尔和阿拉谭策吉的战斗》章节，前段讲到江格尔被蒙根·四克锡力克活捉并看出他气宇轩昂，大有主宰一方的气质，想要除掉小江格尔，但是被他的儿子洪谷尔阻止之后，让江格尔去偷袭阿拉坦策吉的马群。因为阿拉坦策吉持有剧毒弓箭，笃定小江格尔会丧命于毒弓箭。而本段则是在小英雄江格尔奉命找到阿拉谭策吉的马群后对马群厉声嘶喊，马群受惊后四蹄翻腾，长鬃飞扬，呼啸奔腾的场景。

从形合和意合的角度分析英语和汉语的区别，英语作为一种形合语言，如果在翻译过程中简单地将所涉及的意象叠加堆砌起来，可能让读者产生误解甚至无法让读者理解。而通过一系列的翻译手段，将译文以一幅画面的形式呈现在读者面前，其中的思想感情也会随之涌现出来。正如本段诗词中最后一句形

① 吴松林. 中华民族文库：江格尔：汉英对照[M]. 长春：吉林大学出版社，2011：11.

容被惊动的马群狂奔在草原上，把这极为壮观的场面用弹奏琵琶的乐声来描述，在英译过程中也要注重能够让英文读者理解到这一宏伟场面，所以使琵琶的乐声稍微生动地用“战歌”来形容更能够体现整体性。

由此可见，翻译是需要整体把握，如果就从单个的意象或要素展开翻译，那就失去了翻译的意义和价值，译文无法传递出原作的整体认知感觉。

（二）闭合性原则下的翻译分析

闭合性原则：在格式塔心理学中，知觉具有闭合性，人体感官中的意象会趋向于追求完整的整体感，当出现一种知觉结构体的信息时，审美主体会习惯地在大脑中找寻闭合的感知结构。闭合是格式塔趋于完形的重要手段，因此在翻译过程中，译者要强调出自己的经历、情感和审美，以此来构建达到完形。闭合性原则对译本的补缺、承接和发展具有重要意义。

示例 1

原文：“在这危难的时候，你是我翱翔着飞来的雄鹰，你是无敌的英雄，铁臂力士萨布尔哟！你却为小事出走了！”①

吴译：

“At this critical moment, you are my soaring lanneret.
You are an unbeatable hero,
but oh iron-armed strongman Sabul,
you ran away for such a trifle!”

自译：

At this critical moment of life and death,
You are the eagle flying in my destiny me to save.
You are the invincible hero on earth,
Our Iron Arm Hercules, my Sabur!
Yet you left me alone,

① 吴松林. 中华民族文库：江格尔：汉英对照[M]. 长春：吉林大学出版社，2011：59.

For an unknown and trivial misunderstanding!

本段选自《萨布尔的功绩》篇章，本章当中的萨布尔也是江格尔 12 英雄之一，号称铁臂英雄萨布尔，他出身于英雄世家，不幸自幼父母去世。其父母告别人世之前，叮嘱自己的儿子，长大以后，要到那阳光灿烂的地方，去投靠江格尔。萨布尔找到江格尔后便跟随着他，但后来因与大将洪谷尔心生攀比，离开江格尔投奔敌国。本段是在萨布尔投靠敌人沙拉·裕固三汗后决定出征宝木巴乐土的前一夜听到帐外自己心爱的栗色马对他说的一段话中提到江格尔已经被活捉，马儿传达了深陷万难的江格尔是如何呼唤萨布尔，以拟人的手法道出萨布尔内心想法。译者要同时表达出文章内容并捕捉到情感因素来说明萨布尔是因为一点误解离他而去，希望他重新回到宝木巴和英雄们并肩作战。这一段也对萨布尔的回归做出铺垫，萨布尔在听到江格尔的呼唤后立即策马奔回到江格尔身边解救其他英雄于水火。

针对本段中字、词、句、篇章等要进行补充性地解读，即在文本语境的支持下，提取其相关信息，并使其意义完整化。在这样的架构下，对于意象提取补缺达到完形的效果。

示例 2

原文：洪谷尔击碎了宫殿的纹窗，揪着扎木巴拉的头发拖出宫殿，将他掼倒在地，狠击三鞭。①

吴译：

Hongur smashed the striped window,
pulling Jambara's hair,
dragging him out of the palace,
throwing him onto the ground,
giving him three harsh lashes.

自译：

---

① 吴松林. 中华民族文库：江格尔：汉英对照[M]. 长春：吉林大学出版社，2011：76.

Hong-Gul beat to pieces
The striated window of the palace
Before he grabbed Zamubala's hair
And dragged him out of there.
With his spear he knocked him to the ground
And gave him three merciless whips.

本段同样选自《雄狮洪谷尔的婚礼》篇章，此章中江格尔为洪谷尔指婚，让他迎娶扎木巴拉可汗之女参丹格日勒，但遭到阿拉谭策吉的反对，未卜先知的阿拉谭策吉告知参丹格日勒虽然容貌举世无双，但是内心如蛇蝎。洪谷尔坚持去探一个究竟，当洪谷尔见到参丹格日勒后被其接连诅咒，因此这是洪谷尔大为震怒找到她的父亲扎木巴拉算账时的诗句。场面强调洪谷尔力大无比且怒火冲天。在英译的过程中译者有自发的意象闭合能力，理解文本后的文化信息，创造性地对诗歌言外之意的表达和思想内涵进行补缺，达到完形的效果。

（三）异质同构原则下的英译分析

异质同构原则中谈及，虽然构成世界万物的成分各不相同，但是它们内在结构有很多相似之处。尤其是在那些能够引起人们情绪共鸣的事物上。这些事物特有的结构，当它被人们所察觉的时候，就会在人的大脑里面留下相应的刺激，与此同时，人就会在生理和心理上产生一定的情绪反应。在翻译过程中，我们要把握意象与情感之间的暗含的关系，关注源语所传达的信息的同时，要找寻一种与之相契合的格式塔意象。

示例1

原文：江格尔可汗说："这凶恶的魔鬼，他是谁？是谁？我的马群被人赶走，无声无息，真是洗不清的耻辱。生命般的十二勇士，快去追，快把马群追回！"①

吴译：

Jangar Khan says:

① 吴松林. 中华民族文库：江格尔：汉英对照[M]. 长春：吉林大学出版社，2011：96.

"You, an atrocious devil,
who you are? Who?
My flocks are driven away without a sound.
What a shame it is!
The twelve doughty and lively warriors,
act, quick, get back my horses."

自译：

Janggar Khan said, "This damn devil!
Who the hell is he? Who on earth is she?!
My horses were stolen without a trace!
What a huge disgrace!
Hey! My twelve brave and unparalleled warriors,
Go right away to get these horses back!"

本段选自《雄狮洪谷尔追捕窃马贼阿里亚·芒古里》篇章，阿里亚·芒古里来到江格尔的宫殿告诉江格尔等一众英雄他要从江格尔的马群中抢走最好的马匹，并挑衅道如果不是懦夫就来和我一战。本段正是江格尔汗在听到阿里亚·芒古里的挑衅后说出的一段话。

在英译的过程中，加入情感态度变化的词语，有助于把人物的心境传递给读者。Say 是一个比较中性的词，有可能的话把 say 替换成其他具有某种情感态度倾向的词，我认为"inquired"有追究之意，带有着急、生气的情感。使用 inquire 可以表达江格尔可汗着急生气的情感。这样会产生内在情感的和谐统一，符合格式塔心理学在翻译理论方面的异质同构原则。

示例 2

原文：在高高的陶格鲁盖山麓，黑压压的人群遮天盖地，沿着蜿蜒的八十二条山丹河，歌声嘹亮，人声鼎沸。[①]

---

① 吴松林. 中华民族文库：江格尔：汉英对照[M]. 长春：吉林大学出版社，2011：119.

吴译：

At the high piedmont of Mount Togrugay,
the massive throngs blotted the sky and covered the earth,
along the zigzagging 82 Shandan rivers,
sang loudly and babbled.

自译：

At the foot of the towering Togalogai mountains,
The crowd was overwhelming as far as you can see.
Along the winding eighty-two Shandan Rivers,
There echoed the loud and clear songs,
Coupled with a great deal of noises.

本段选自《西拉·胡鲁库败北记》章节，本段描述了江格尔的臣民来到江格尔宫为可汗祝贺新春时的场景，人山人海，在宝木巴乐土迎接春天的到来时人们放声歌唱，本段注重感情的输出，让读者能够感受到宝木巴乐土的欣欣向荣以及可汗受到人民的爱戴。

示例 3

原文：这里居住着五百万人民，人们相亲相爱，彼此不分。在主人的洪福照耀下，吉祥如意，欣欣向荣。①

吴译：

Here resided 5 million people,
who loved each other and set no distinction between themselves.
Under the aegis of their master,
their life was auspicious and prosperous.

自译：

① 吴松林. 中华民族文库：江格尔：汉英对照[M]. 长春：吉林大学出版社，2011：116.

The five million people who are living here
Love others and are loved by others
Like it is in a big family.
Under the blessing of their masters,
People are all happy and prosperous.

本段内容描述宝木巴是一片美丽平和的乐土，这里人民欣欣向荣，仿佛世外桃源，也承载着牧民心之向往。典籍翻译中的异质性和同构性是文本的感知结构、接受结构和文本召唤结构之间"共振"产生的效果。从而，源文本的格式塔意象可以完美地构建在目标文本中，使翻译效果更加明显，符合读者阅读诉求。感知结构是指在解读经典文本时，受语言能力、翻译能力、文化目的、文化态度、文化立场、价值观、判断等因素影响，具有特定翻译倾向的结构形式。它是作用于翻译参与者的外力的集合。接受结构是指行为主体在一定的知识和能力的基础上，对原文意义的语言和文化表征进行结构化认知，并最终通过信息处理和吸收，实现文本意象的重构和传递。文本召唤结构是指文本的每个结构块所携带的信息和图像被投射到译者身上，从而产生与文本的原始图像相匹配的格式塔意象。

在翻译过程中尤其要注意对"洪福""吉祥如意"这些词的把握，这些词表明了文化态度、文化立场、文化认知。通过对这些信息加工与吸收实现文本意象的传输。

六、结　语

英译《江格尔》是让我国蒙古族人民的这一部史诗逐步走向世界的一个关键，也是新时期我国外宣工作的一个重要内容。格式塔理论是一种心理学翻译模式，本文从宏观的视角解构史诗《江格尔》，深入地分析源语作者的心理特征，从格式塔翻译的三大美学原则对比吴松林先生和自己的英译版本，可以发现符合格式塔翻译准则的译文词语愈加精确，人物抽象愈加活泼丰满，译文也显得愈加调和流利。因此，格式塔理论可以对民族典籍翻译开辟出一条新的道路。

参考文献

[1] 莫拓宇，史小平. 从格式塔心理学看汉语典故性成语翻译的隐喻性建构[J]. 湖北开放职业学院学报，2020，33(20)：184－186.

[2] 朱桂成. 格式塔心理学下的翻译理论假说[J]. 江苏外语教学研究，2008(02)：67－72.

[3] 李爽. 格式塔意象再造理论视角下《念奴娇・赤壁怀古》的两个英译本分析[J]. 今古文创，2021(32)：114－115.

[4] 吴松林. 中华民族文库：江格尔：汉英对照[M]. 长春：吉林大学出版社，2011.

[5] 贾木查. 江格尔[M]. 乌鲁木齐：新疆大学出版社，2010.

[6] 欧・台文. 江格尔齐朱乃演唱的《江格尔》章节简述[J]. 西部蒙古论坛，2011(3)：96－100.

[7] 朝戈金. 口头诗学问题——文艺研究笔谈[J]. 中国民俗学网，2003－09－27.

[8] 黄适远.《江格尔》：草原上的歌，马背上的诗[J]. 丝绸之路，2010(19)：31－34.

[9] 色道尔吉. 蒙古民间史诗《江格尔》[M]. 北京：人民文学出版社，1983.

[10] 冯海霞. 丝绸之路文化背景下蒙古族史诗《江格尔》的对外传播[J]. 三峡大学学报：人文社会科学版，2017(S1)：135－138.

[11] 娜仁格日乐.《江格尔》中的江格尔世代研究[D]. 呼和浩特：内蒙古大学，2013.

[12] 玉折.《江格尔》社会制度研究[D]. 呼和浩特：内蒙古大学，2012.

A Diversified Exploration of Text Interpretation

—— A Study of the Cross-cultural Communication of the Chinese Epic "Janggar"

Abstract: With the continuous promotion of the "Belt and Road" Initiative, the translation of ethnic classics in China has attracted more attention from academia and society. Meanwhile, it has also effectively promoted the overseas dissemination of many ethnic classics, including the epic *Jangar*. As an excellent classic in China, since the 1980s, it has been translated into English, Russian and many other foreign languages successively. This paper attempts to analyze the linguistic and artistic characteristics of the existing English versions of *Jangar*, analyzes the importance and strategies of the external communication of national classics, and uses the theory of Gestalt image reconstruction to combine the whole and artistic conception to analyze the important enlightenment of the English translation of the epic *Jangar*.

Key words: Jangar; ethnic; classics; translation; Gestalt

（萨如拉，刘鹏　中国石油大学（北京）克拉玛依校区）

由“象”生“境”

——也谈中国古典诗歌与英美意象派

吴　欣

摘　要："中国古典诗歌与英美意象派"似乎是个老生常谈的话题。学者赵毅衡也曾呼吁不应该仅仅就"意象派"来谈中国诗歌对英美现代诗的影响。笔者在注意到这些问题的同时，尝试用"旧题"发起一次新的讨论，也就是在新诗运动的环境中重新审视中国古典诗歌对英美意象派的启发。在此基础上，文章进一步探索英美"意象派诗学"与中国诗论"意境说"可能存在的联系，以期为揭示中国古典诗歌的价值提供一种不同的视角。

关键词：英美意象派；中国古典诗歌；新诗运动；庞德；意象；意境

一、引　言

谈及中国古典诗歌，除了要回归李白、杜甫等一大批杰出诗人的佳作，同时也应该兼顾中国传统的诗论，以及现当代学者们在中外互鉴过程中对诗学批评的新发展。本篇虽然是重拾"中国古典诗歌与英美意象派"的经典话题，却试图在中外文学关系中重新审视中国古典诗歌的美与价值。具体而言，本文尝试在现有研究基础之上发起一场中外文本、诗人、评论家以及文学思潮的对话。全文主要分为三部分：在新诗运动的背景下分析意象派兴起的缘由及其诉求；讨论中国古典诗歌对英美意象主义的启发作用;探索庞德等人所推崇的"意象"与中国古典诗歌的"意境"具有何种关联。文章结论指出,虽然意象派对中国诗歌的理解和借鉴在很大程度上仍停留在"意象"层面,但意象派的代表人物庞德却已经在更深层次上逐渐体会到了中国诗歌的意境之美。庞德后期所主张的意象主义已经非常贴近中国诗论中的意境说——"由象生境""意与境会"。

二、立意求新的意象派

"意象主义"(imagism)或称"意象派诗歌"(Imagist Poetry)是20世纪初美国新诗运动中最引人注目的一个流派。虽然历时短暂,这个流派却对美国现代诗歌影响巨大。事实上,大部分美国现代诗人都是在此后开始成名,文学史上通常也将意象派诗人的涌现视为英美现代诗歌的起点。参考当代学者们的意见,意象主义运动大致兴起于1910年,主要阵地是英国伦敦,核心领导人物是英国哲学家、批评家和诗人T.E.休姆和当时旅居伦敦的美国年轻诗人埃兹拉·庞德。休姆在伦敦创建了意象派俱乐部,庞德是其常客之一,他们在此结识了一大批诗人一起从事意象主义诗歌创作。虽然休姆和庞德后来对意象主义诗歌的发展方向持不同见解,但二人总体都致力于寻找新的诗歌语言来表达现代生活体验(Gillies,2013/2014:146)。意象主义的另外一个重要阵地是哈丽特·蒙罗于1912年年底在芝加哥创办的《诗刊》(poetry)。这份杂志被视为新诗运动的代表性刊物,而且有不少学者认为该刊物的创建标志着意象派的真正兴起。受蒙罗之托,庞德担任这份杂志的海外编辑,帮助蒙罗发现了许多新诗人并鼓励他们在《诗刊》上发表新诗,比如与"意象派"这一命名有直接联系并被庞德最先称为"意象派诗人"的希尔达·杜利特尔(Hilda Doolittle,亦称H.D.)。

需要注意的是,"意象派"并不指称一个内部整齐划一的派别。意象派诗人们的创作手法各有不同,有些诗人所持的观点甚至彼此互斥,比如庞德和艾米·洛威尔,两人竟互不承认对方在意象派中的合法地位。学者吉利斯将这种矛盾性解释为"对于休姆、庞德以及其他大多数与意象派相关的诗人而言,意象主义只不过是这些诗人诗歌创作和美学追求路上的一个阶段而已"(Gillies,

2013/2014:146)。当这个内部充满了差异的诗歌流派最终可以被清晰地描述和定义之时,它也就由盛而衰了。1913 年,蒙罗在《诗刊》上发表了庞德等人的文章,并将这些诗人的诗歌理念正式宣称为"意象理论"。但此时休姆已经转向了艺术和美学研究,庞德也开始同刘易斯一起致力于漩涡主义运动。1915 年,最初的意象派诗人已经四下分散,艾米·洛威尔接手的意象派则被视为意象主义求新运动的终结。

不过,这个仅持续了数年的诗歌流派仍然存在些一致性,即诗人们对"新"的追求。20 世纪初,在美国诗坛占据主流的"高雅派"诗人以模仿英国维多利亚浪漫主义末流为能事。在庞德等人看来,这种在英美诗坛占据主流的维多利亚诗风,虽打着后期浪漫主义的旗号,却是"伪浪漫主义"——在内容上因循承袭,无病呻吟,满布陈腐说教,在艺术上追求华丽词藻,意象模糊,抒情奢侈(潘利锋,2015:180)。意象派诗人则力图开创 20 世纪新的诗风,为此广泛吸收了外国诗歌的影响。庞德认为 20 世纪的诗歌将无须再"借助华丽词藻的喧嚣以显得似乎铿锵有力"或使用"浓妆艳抹的形容词来削弱诗歌的影响和感染力",而是要"更接近骨头"(戴维·洛奇,1987:119-121)①。为此,他提出了意象三原则:①对于所写之"物",无论是主观的或客观的,要用直接处理的方法;②绝不使用任何对表达没有作用的字;③关于韵律:按照富有音乐性的词句的先后关联,而不是按照一架节拍器的节拍来写诗(戴维·洛奇,1987:107)。②

有趣的是,在提出上述三原则的同时,庞德也指出意象派诗人是"传统主义者"——以最优秀的传统为典范,从希腊、罗马、法国、日本、中国等诗歌传统中汲取创作灵感和技巧③。的确,与休姆相比(从法国的柏格森直觉和德国的沃林格尔那里汲取他发展意象理论的灵感),庞德的意象主义理念明显在更广泛范围内受到异国影响。学者谢丹通过追溯意象派的发展轨迹指出庞德是在 1913 年 9 月初遇中国古诗,并于 1914 年年底译出《华夏集》,而此时意象派早已诞生。因此,她认为庞德是在自己诗歌创作的基础上逐渐发展出了他的意象

① 原文参考:Eliot T.S. & Pound.E. *Literary Essays of Ezra Pound*[M]. New York: New Directions Book,1968, pp.11-12.

② 原文参考:Eliot T.S. & Pound.E. *Literary Essays of Ezra Pound*[M]. New York: New Directions Book,1968, p.3.

③ 参考 Flint. F.S. Imagisme[J]. Poetry, March 1913(01): 199.

派诗歌理论，而且其理论和创作明显受到了希腊诗歌和日本俳句的影响，但并非受到中国古诗的启发或直接影响（谢丹，2019：127）。这一论证不仅惊人，也似乎有根有据。但是，若将这个结论置于更广阔的新诗运动中，便立刻显示出局限性来。学者赵毅衡指出，“中国诗对英美现代诗歌的影响是一个时代性的热潮”（赵毅衡，2013：16），因而在分析意象派与中国诗的关系时，一方面要注意到意象派本身的混杂性，另一方面则需要避免过度拘泥于线性时间，毕竟意象主义并不是一个起始时间分明或内部井然有序的诗歌运动。

事实上，如果以 1912 年《诗刊》的创立为起点，以 1922 年《诗刊》创刊十周年为高潮，那么整个新诗运动的轮廓便是如此，而意象派诗歌以及意象主义理论的发展则贯穿了整个新诗运动。即使庞德后期转向了漩涡主义，他也并未停止对意象主义的探求。庞德曾于 1915 年 6 月指出，只要读一读他翻译的中国诗即可明白什么是意象主义（转引自赵毅衡，2013：15）[①]，而其他成员，比如蒙罗、弗莱契也都认为中国诗与意象派有直接关系，甚至直言意象派就意味着中国诗（赵毅衡，2013：15）。美国当代杰出作家、编辑和译者艾略特·温伯格也曾指出“20 世纪的每一位美国诗人都读过中国古诗，而且许多人受到了巨大的影响”[②]。可以肯定的是，中国古诗不仅影响了以庞德为代表的意象派诗人的理论和创作，更因此影响了整个 20 世纪的英美诗歌。若着眼于这一特定时代和关系背景，今日对中国古诗与英美意象派的探讨或许仍具有些许价值。

三、来自中国古典诗歌的启发

学者赵毅衡在《诗神的远游》一书中提供了一些关于英美新诗运动期间受各国影响的数据，并指出中国诗歌对新诗的影响是广泛存在的。他所提供的数据中有两条极具参考价值，其一是自 1913 年起编辑出版的美国诗歌年鉴性刊物《刊物诗选》，在 1913—1923 年期间，该刊对中国诗的评论总体上远远超过除法国外的其他任何国家；其二是意象派以及新诗运动的代表性刊物《诗刊》，十

---

① 原文参考：“Ezra Pound to Wyndham Lewis”，June 24，1915，(ed.) D. D. Paige，*The Letters of Ezra Pound*：1907—1941[M]. London：Faber & Faber，1951，p.133.

② 艾略特·温伯格.艾略特·温伯格谈中国诗的翻译[OL]. 澎湃新闻，2018，3.11. 艾略特·温伯格谈中国诗的翻译（baidu.com）.

年内该刊物上发表的中国诗翻译和中国式诗歌创作超过了其他国家，占据第一位（赵毅衡，2013：75－76）。即使数字不能代表一切，但这却足以说明中国诗歌对新诗运动发挥着不小的作用。鉴于意象派诗歌通常被视为新诗运动的起点，而且对整个新诗运动乃至20世纪英美现代诗歌都具有重要影响，下文将以意象派代表人物庞德为重点，具体分析中国古典诗歌如何启发和影响了其诗歌理论和创作。

如前所述，意象派的两位主要发起人休姆和庞德在意象理论和诗歌创作方面各有其心得和方法。前者主要从法国哲学家柏格森的直觉主义和德国艺术家沃林格尔的抽象与移情美学汲取灵感，后者的意象派主张则呈现出更多元的构成且明显受到东方诗学的影响。若以发展的眼光来看待庞德的意象主义思想，可以看出他的诗风和创作理念是在他接触到中国诗歌后，即在1914—1915年翻译《华夏集》（或称《神州集》）的这段时间发生了明显变化。借用利维斯的话，庞德的诗“越来越精巧，古词消失了，诗的陈腔滥调消失了，现代的语汇出现了”（Leavis，1950：132）。在1912年之前，庞德的诗风仍是普罗旺斯式的。虽然他参加了休姆的“诗人俱乐部”，但与休姆和弗林特等人相比，他的诗写得仍偏旧式。到了1912年，庞德同杜利特尔、阿尔丁顿意两位意象派诗人一起达成了三点共识，即前文提及的“意象三原则”。1913年3月，庞德在《诗刊》上又发表了关于意象主义的“几条禁例”，并明确指出，“一个意象是在瞬息间呈现出的一个理性和感情的复合体”①（戴维·洛奇，1987：108－109）。庞德是从伯纳德·哈特等心理学家那里借来的这个术语，表达一个成功的意象可以“给人突然解放的感觉”“不受时空限制的自由的感觉”，以及一种在欣赏最伟大作品时油然而生的“突然长大了的感觉”②。

可以看出，在短短一两年之内，庞德对于“意象”的描述已经从具体的“教条”变成了更模糊也更富有诗意的表述。若结合庞德于同年4月在《诗刊》上发表的《地铁车站》一诗，这种转变则体现得更为明显。

The apparition of these faces in the crowd（人群中出现的那些脸庞）：

① 原文参考：Eliot. T.S. & Pound E. *Literary Essays of Ezra Pound*[M]. New York：New Directions Book，1968，p.4.

② 同上。

Petals on a wet，black bough.（潮湿黝黑树枝上的花瓣）（赵毅衡，1985：46－47）

据学者们考察，庞德的这首诗最初写就的时候共有几十行，但后来却被他修改为两行（潘利锋，2015：181）。由引文也可以看出诗句中明显有较多实词，显示出一种名词或者说意象并置的手法，比如第一行出现的人群和脸庞，第二行出现的花瓣和黑树枝。赵毅衡等学者认为此诗是“运用中国技巧的代表作品”（潘利锋，2015：181），体现出了中国古典诗歌中常见的并置和意象叠加的技巧。但是，也有一些学者持异议，比如学者谢丹就指出庞德的这首意象诗明显是一首“仿俳诗”，而庞德其实是受到日本诗的“俳句并置”（haiku juxtaposition）影响而提出了他的“意象叠加”（super-position）：“‘单意象诗’是意象叠加的一种形式，即一个思想置于另一个思想之上。我认为意象叠加的方法帮助我走出地铁情感留下的困境……”①（转引自谢丹，2019：129）。谢丹学者还特别提醒要注意诗句第一行末尾的冒号，认为这个符号是庞德为凸显意象叠加而设置的。谢丹大胆假设——“若将第一行诗重建成两行，这首诗就变成了5－7－5三行17个音节的结构，即庞德其实是在有意模仿俳句的节奏模式”（谢丹，2019：129）。这样的推理的确展示出一种新颖且可信的解读，尤其是考虑到休姆等意象派诗人最初推崇和模仿地是日本的俳句而非中国古诗。

但是，正如前文所强调的，对任何文学事件的解读都应该回归其历史语境和发生现场。谢丹学者的论述中至少有两处或可商榷：首先，日本俳句其实也是受到中国古诗中的绝句影响发展而来，即意象叠加的技巧并非日本俳句独有；其次，庞德或许并非恪守俳句传统，毕竟他没有直接创作俳句诗体，而是把《地铁车站》创作为两行诗的独特形式。退一步来看，即使此时的庞德还未投入中国古诗的翻译工作，也未曾直接接触到中国古诗，但他对于意象的模糊而富有诗意的描述，却已经非常逼近中国传统诗论中对古典诗歌的意象和意境的分析。或许正是透过日本俳句与中国古诗的“隔”，庞德敏锐地觉察到了他所追求的意象应该是什么样子的，而这也为日后他对中国古诗及其翻译产生浓厚兴趣奠定了基础。

---

① 原文参考：Pound E. *Gaudier-Brzeska*：*A Memoir by Ezra Pound*[M]. New York：New Directions，1970，p. 106.

在谈论庞德的意象诗歌时，还需要注意他的翻译和创作的相互关系。庞德的意象主义主张与他对中国古诗的翻译关系密切，因此无法将二者割裂开来进行考察。1913 年 9 月，在读完诗人艾伦·阿普沃德发表在《诗刊》上中国风格系列诗之后，庞德开始转向了对中国诗的研究和翻译。他先是改译了四首由翟里斯英译的中国古诗，分别为《九歌·山鬼》《刘彻》《题扇诗，给她的帝王》以及《蔡姬》。谢丹学者认为这四首英译诗明显呈现出希腊诗歌和日本俳句的风格，但她也承认这些诗"与其说是翻译，不如说是庞德根据意象原则创作的意象诗"（谢丹，2019:131）。事实上，庞德在翻译中国古诗的时候经常大胆"改写"，而这与他所坚持的意象主义诗学是紧密相关的。1913 年末，庞德得到了恩内斯特·费诺罗萨的中文诗笔记，后于 1914 年 11 月开始着手翻译这部遗稿，并在 1915 年 4 月发表了他的《华夏集》。如果说庞德的中国诗风具有一个逐渐显化的过程，那么这本诗集则真正体现了他的中国诗风，并且帮助他进一步完善了对意象主义诗歌的思考。

美国当代批评家劳伦斯·W.契索尔姆曾指出，庞德在翻译《刘彻》这首诗时使用了一种"脱体法"(disembodiment)（赵毅衡，2013:230），即通过省略冠词、指示代词、主语等来突破正常英语句法规则，从而达到凸显意象的效果。在《华夏集》中，庞德不仅延续了这种技法，还更加清晰地意识到了中国古诗语言的独特性。他曾以李白的诗句为例，来说明他在选译过程中尽量避免了那些在措辞上无法让读者接受的诗：

Drawing sword, cut into water, water again flows.（抽刀断水水更流，

Raise cup, quench sorrow, sorrow again sorrow. 举杯浇愁愁更愁。）(Pound, 2019:53.)

这个极端的例子体现出庞德对于中国古诗的总体认知是"简约"，即中国古诗具有一种适合现代诗歌"求新"的"化简诗学"①（赵毅衡，2013:194）。庞德曾通过分析李白的《玉阶怨》指出，此类诗歌不仅具有暗示，而且使用了类似数学的化简过程来达意②。诚然，不懂中文的庞德是借助费诺罗萨及其日本老师的转译来认知和翻译中国古诗，但是他仍可以透过这些被挑选和阐释过的诗句体

① 原文参考 *Today*, June 25, 1915.

② 原文参考 *Today*, June 25, 1915.

会到中国古诗的简约诗风。通过学习意象的并置和叠加，以及改进英语传统句法，庞德也逐渐在更深层次上体会到了中国古诗的美感。

四、由“象”生“境”

在翻译完《华夏集》之后，庞德曾谈及只要读一读他翻译的中国古诗就能知道什么是意象主义，而这不由得让人想起他在 1912 年提出的意象三原则以及他在 1913 年指出的作为“理性和感情的复合体”的意象。一个有趣的问题是，为什么越接近中国古诗，庞德的意象主义就显得越发模糊且随意呢？是因为庞德逐渐偏离了最初的“意象派”，还是因为他最终寻找到了真正的“意象主义”？实际上，东西方诗学中都有“意象”一说，但意象派究竟是在何种意义上使用“意象”(image)一词，却很难考证。休姆的确是从西方哲学和美学理论中发展出他对意象主义的阐释，然而，与此同时他的诗人俱乐部中已经充斥着日本诗的影响，而且早在 20 世纪初法国诗人，例如库苏等，就热衷于写俳句了(赵毅衡，2013:81)。或许连意象派诗人们自己也说不清楚他们所追求的意象到底来自何方，又最终走向了何处。但是，意象派对于诗歌语言的大胆实验，以及他们对新的诗学的执着追求却展示了意象主义的许多可能性。甚至可以说，意象派诗歌所追求的意象本就是一种动态的存在，不仅依赖于意象派诗人的解释，也有待读者去感受和做出阐释。

在中国古典诗学中，意象是一个历史悠久且极为重要的概念。《周易》中已谈及意与象这对相互联系的概念，比如“象生于意，故可寻象以观意”;《老子》有“大音希声，大象无形”，指人们可以通过把握象来体会道的精神。刘勰的《文心雕龙》首次将意象一词用于文学批评，提出“神用象通”“突见意象而断”。在分析唐宋诗歌以及书法时，意象也是一个常用术语，比如王昌龄《诗格》有 “久用精思，未契意象”，司空图《诗品》有“意象欲出、造化已奇”，张怀瓘《文字论》提到“探彼意象，入此规模”。及至明代，意象一词被普遍用来评价作品之得失，其内涵也逐渐丰富起来。清代诗论中常常用到意象一词，并且关注到了 “象”的心理机制和心理过程，比如阮葵生的《茶余诗话》提到“作者当时之意象，与千古读者之精神，交相融洽。”(转引自王先霈、王又平，1999:75)不过，诗歌中的意象具体指什么呢?

一般而言,读者可以通过寻找诗句中指代具体事物的实词来确定诗歌的意象,比如《静夜思》中的"月亮"和"床"。但意象又不仅仅是客观物象,诗歌的意象还可以是虚拟的、想象的、模糊的、情感性的,即一种客观形象与主观情感的结合,比如《静夜思》中的"霜"和"故乡"。这一点不禁让人联想到庞德在1913年对意象的表述——"瞬息间呈现出的一个理性和感情的复合体"①(戴维·洛奇,1987:108)。显然,中国文论中是不太可能借用心理学术语"复合体"等词来描述这种主客观意象相交融的情况,而是经常使用与意象息息相关的"意境"一词。刘禹锡在《董氏武陵集纪》中提到"境生于象外,故精而寡和",指出读者可以通过诗句中的物象体会到未被直接描绘的无限意境。他的这一看法后来被诗学评论普遍接受,并被后世论者不断完善和补充。王国维所作《人间词话》也将意境称为"境界",而境界也有高低之分:境非独谓景物也。喜怒哀乐,亦人心中之一境界。故能写真景物真感情者,谓之有境界(王国维,2007:13)。王国维对境界高低的区分与庞德后期对意象主义的描述有异曲同工之处。漩涡主义时期的庞德继续着他对意象主义的探索,而此时他已经意识到仅有精确的描绘并不足以写出理想的诗。他认为诗应具有"一种流体的力量冲击环境……而不是仅仅观察、反映"②(转引自赵毅衡,2013:260),或者借用赵毅衡学者的话,庞德此时认为诗歌的意象应该具备更多的内涵、深度和动势(赵毅衡,2013:260)。

与休姆不同,庞德对于意象主义的探索更多地是以服务诗歌创作为目的,所以他的思想也更为零散,始终未能清晰地说明意象主义和象征主义的区别。不过,庞德多次强调"意象主义不是象征主义",因为"象征主义主要是靠联想,也就是说,靠暗指,几乎类同寓言……几乎每个人都知道,使用有意加上意义的象征写出来的不会是好作品。"(转引自赵毅衡,2013:261) 他曾以鹰为例,指出最完美的象征是"自然事物",可以使得那些不懂得象征手法的人也能读懂诗中的诗意③(转引自赵毅衡,2013:261)。其实,庞德并不完全排斥象征主义,就像

---

① 原文参考:Eliot. T.S. & Pound E. *Literary Essays of Ezra Pound*[M]. New York: New Directions Book,1968, p.4.

② 原文参考:Lewis Wyndham. Blast[J].1915:153.

③ 原文参考:Eliot T.S. & Pound E. *Literary Essays of Ezra Pound*[M]. New York: New Directions Book,1968, p.9.

他并不是真的反对浪漫主义。庞德和其他意象派诗人所坚定反对的是弥留在20世纪初的维多利亚旧诗风——过度的情感滥觞和咬文嚼字已经把浪漫主义诗歌原有的活力折磨得奄奄一息。当庞德等人通过日本诗歌的媒介体会到了中国古典诗歌的韵味(尤其是中国的山水诗),他们立刻就认为中国诗最主要的特征是“具体性”,即诗歌语言的具体以及象形汉字的表意功能。比如,意象派的大部分诗人最初都将日本诗和中国诗浅薄地理解为一副栩栩如生的图画,《诗刊》的早期副主编阿丽思·柯尔宾·汉德森就把除庞德之外的意象派诗人全称作“图画式印象主义”[①](转引自赵毅衡,2013年:259)。漩涡主义时期的庞德则在更深层次上理解了中国诗,体会到中国诗是“言外有意”的,其联想也是自然的,并坚持诗歌应该使用“超越比喻的语言”即“中国式的意象”(转引自赵毅衡,2013:261)。此时的庞德也许并未意识到他所追求的或许并不是中国诗歌的“意象”,而是意象自然地携带着的“意境”。再者,考虑到意象派乃至整个新诗运动主要接触到的大多是中国山水诗和经典诗人(李白、杜甫、王伟、韦应物等),这些意象派诗人们实际上也机缘巧合地体会到了具有较高境界的中国古诗。

五、结　语

概而言之,在新诗运动的背景下重新审视1912年发起的意象派诗歌运动,可以看出旨在反抗英国维多利亚诗风的意象派诗歌是一场“立意”且“求新”的诗歌现代化和民族化运动。为了开创二十世纪新诗风,英美意象派诗人们大量吸收了国外影响,而中国的影响尤甚。虽然意象派对于中国诗歌的理解和借鉴在很大程度上仍是停留在“意象”层面,认为中国古诗可以直接呈现物象,因而不同于深谙象征主义的西方诗,但是意象派的代表人物庞德通过翻译中国古典诗歌以及创作中国式诗歌,已经在更深层次上逐渐体会到了中国诗歌的意境之美。庞德后期所主张的意象主义,其实已经非常逼近中国诗论的“由象生境”说。凭借中国诗论一体的传统,意象与意境不仅早已成为古今学者们用来分析中国古典诗歌的专业术语,更成为中国古诗的灵魂和精髓的重要部分。致力于

① 原文参考:Poetry, Nov.1918, p.340.

寻求“意象主义”的庞德等人也许并不知道“意境”一词的存在，但他们对中国古典诗歌的学习和借鉴，不仅丰富了意象主义的内涵，更为后期英美现代诗人了解中国诗的“意境”本质奠定了良好基础。

参考文献

[1] Eliot T.S. & Pound E. *Literary Essays of Ezra Pound*[M]. New York: New Directions Book, 1968.

[2] Flint. F.S. Imagisme[J]. Poetry, March 1913(01).

[3] Gillies, Ann Mary. The Curious History of Imagism: Of Hulme, Bergson, Worringer, and Imagism's Readers. A Response to Andrew Hay[J]. *Connotations*, 2013/2014(23).

[4] Leavis. F. R. *New Bearings in English Poetry*[M]. London: Chatto & Windus, 1950.

[5] Paige D D. *The Letters of Ezra Pound*: 1907—1941[M]. London: Faber & Faber, 1951, p.133.

[6] Pound E. *Cathay. A Critical Edition* [M]. New York: Fordham University Press, 2019.

[7] Pound E. *Gaudier-Brzeska: A Memoir by Ezra Pound*[M]. New York: New Directions, 1970.

[8] 艾略特·温伯格. 艾略特·温伯格谈中国诗的翻译[OL]. 澎湃新闻, 2018-3-11. 艾略特·温伯格谈中国诗的翻译 (baidu.com).

[9] 戴维·洛奇. 二十世纪文学评论[M]. 上海：上海译文出版社，1987.

[10] 潘利锋. 论中国古典诗歌对西方意象诗歌创作与理论的影响[J]. 社会科学，2015(12).

[11] 王国维. 人间词话[M]. 上海：崇文书局，文汇出版社，2007.

[12] 王先霈，王又平. 文学批评术语词典[M]. 上海：上海文艺出版社，1999.

[13] 谢丹. “中国古诗启发庞德发起了意象主义运动”论辨正[J]. 四川师范大学学报，社会科学版，2019 (46).

[14] 赵毅衡. 诗神远游·中国如何改变了美国现代诗[M]. 成都：四川文艺出

版社,2013.
[15] 赵毅衡.美国现代诗选(上)[M].北京:外国文学出版社,1985.

From “Image” to “Conception”: Revisiting Classical Chinese Poetry vis-à-vis Imagism

Abstract: It seems to be a cliché to refer to Classical Chinese poetry vis-à-vis Imagism. The scholar Zhao Yiheng has also urged that the influence of Chinese poetry on modern British and American poetry should not be discussed only in relation to the imagist poetry. While noting these issues, the author attempts to initiate a new discussion using the “old topic”, namely, to re-examine how imagist poets are inspired by classical Chinese poetry within the context of the Anglo-American New Poetry movement. On this basis, this article explores further the possible relation between “imagist poetics” and the “artistic conception” of Chinese poetry, providing a different perspective on the value of classical Chinese poetry.

Key words: imagism; classical Chinese poetry; new poetry; Pound; image; artistic conception

(吴欣　上海外国语大学文学研究院)

网络仙侠小说的海外传播

——以 Wuxiaworld 网站为例

苗　萍

摘　要：讲好中国故事，传播好中国声音，展示真实、立体、全面的中国，是加强我国国际传播能力建设的重要任务。近年来，网络文学国际传播越来越受重视，网文出海形式愈加丰富多样。而网络文学中的仙侠小说，因其蕴含了丰富的中国传统文化元素，成为向世界讲述中国故事、传播中华文化的一个重要途径。本文介绍了仙侠小说的定义、特点及其体现的中国传统文化，以武侠世界(Wuxiaworld)网站为例探讨了仙侠小说海外传播的现状以及传播中存在的问题，根据"文化折扣"理论为仙侠小说更好地"走出去"提出对策和建议。

关键词：仙侠小说；网络文学；海外传播；文化折扣；Wuxiaworld

一、引　言

2021 年 5 月 31 日，中共中央总书记习近平在主持中共中央政治局就加强我国国际传播能力建设进行第三十次集体学习时强调，讲好中国故事，传播好中国声音，展示真实、立体、全面的中国，是加强我国国际传播能力建设的重要任务。他同时指出，要更好推动中华文化走出去，以文载道、以文传声、以文化人，向世界阐释推介更多具有中国特色、体现中国精神、蕴藏中国智慧的优秀文化。

在此背景下,“出海”不断掀起热潮的中国网络文学以其日益增长的海外影响力成为对外传播中一支不可或缺的力量。而网络文学中的仙侠小说,因其蕴含了丰富的中国传统文化元素,成为向世界讲述中国故事,传播中华文化的一个重要途径。

二、仙侠小说的定义、特点及其体现的中国传统文化

(一)仙侠小说的定义

《汉语大词典》中,“仙侠”的定义为“仙人与侠士”,即为其字面上的意思。而现在这个网络时代给其赋予了新的涵义。

根据维基百科(中文版)的定义,仙侠是中国文学和影视的一种体裁。该类作品为虚构作品,受道教影响,融合了大量中国民间传说或神话。

维基百科英文版的定义如下:“Xianxia (simplified Chinese: 仙侠; traditional Chinese: 仙俠), directly translated to ‘immortal heroes’ is a genre of Chinese fantasy heavily inspired by Taoism and influenced by Chinese mythology, Chan Buddhism, Chinese martial arts, traditional Chinese medicine, Chinese folk religion, Chinese alchemy and other traditional Chinese elements.” 即仙侠是一种中国玄幻体裁,深受道教启发,受中国神话、佛教禅宗、中国武术、中医、中国本土宗教、中国炼丹术和其他中国传统元素影响(本文作者译)。

从众多仙侠小说的实际内容来看,英文版的定义较为全面、详细。仙侠小说虽以道教思想和设定为主,但许多作品都包含佛教和炼丹等内容。例如,《大道独行》中将“烂陀寺”描述为“天下第一寺院,天下佛门圣地”。《凡人修仙传》中的主人公韩立就是炼丹高手,并且得到过佛门功法。《一念永恒》这部作品以大量的笔墨描写了主人公白小纯是如何从新手开始一步步精通炼丹术,并且因此而引发一段段令人匪夷所思的精彩剧情的。

维基百科还指出了仙侠与玄幻和武侠的区别:“仙侠在一定程度和玄幻相似,当作品涉及道教、阴阳、神仙等元素时,可以被分类到仙侠类型。对比武侠,

仙侠作品中有着更多的奇幻设定。”因此，仙侠的显著标志就是中国传统道教、神仙等文化元素。

（二）仙侠小说的特点

仙侠小说，其特点就在于“仙”和“侠”二字。

仙，与中国本土道教、神话故事和民间传说有关。《宗教大辞典》将神仙定义为“道教徒理想的一种修炼得道、超脱尘世、神通变化、长生不死之人，又称‘神人’或‘仙人’”。仙侠小说，尤其是古典仙侠小说和修真仙侠小说，无不围绕着神仙或者修仙这一主题而构建剧情，其中包含众多道教思想和神话元素，如道法、阴阳、五行、八卦、星象、炼丹等。

侠，则有两个层面的涵义。《汉语大词典》中，“侠”的定义为：①旧时指有武艺、见义勇为、肯舍己助人的人。②指见义勇为、肯舍己助人的性格、气质或行为。中国的侠文化深受儒家文化影响，以行侠仗义、救国救民、匡扶百姓为精神内核。但在以《诛仙》《仙逆》为代表的仙侠小说中，为了自我理想而奋斗，“逆天改命”成为侠文化的另一个意义层面①。

仙侠小说，因融合了神话、宗教元素和侠义精神，展开了一幅充满着神奇幻想的恢弘画卷。其特点本文作者总结如下：

1. 世界观宏大

可涉及人界、仙界、神界、妖界、魔界、冥界等六界，侠之大者，可牺牲自我而拯救一个世界或位面。

2. 情感丰富

爱恨情仇交织在一起，让读者为之所动，或心神激荡，或悲痛流泪，或唏嘘感叹，或咬牙切齿，或义愤填膺。

3. 励志向上

主人公追求得道成仙，目标高远，心志坚定，不为各种欲望所动，历经重重磨难，步步升级，终成正果。

4. 剧情精彩

跌宕起伏，悬念不断，引人入胜，主人公的各种历练和奇遇，让人欲罢不能。

---

① 引自《2021 中国网络文学发展研究报告》，http://sky.cssn.cn/wx/wx_yczs/202204/t20220407_5402451.shtml

5. 具有趣味性和新鲜感

作品中的各种门派、境界、法术、丹药、法宝、仙器、妖魔鬼怪、珍禽异兽等层出不穷，新奇多样。

6. 代入感强

仙侠作品满足了读者的“仙侠梦”。跌宕起伏的剧情和生动细腻的描写使其有身临其境之感，主人公的经历、遭遇和情感容易引发读者的共情，让读者感同身受，似乎自己变成了主人公，在作者架构的世界里御剑飞行，斩妖除魔，行侠仗义，快意恩仇。

7. “爽”感爆棚

主人公的金手指、主角光环和剧情的爽度让人大呼过瘾。

总之，网络仙侠小说以奇妙的幻想征服读者，以精彩的剧情吸引读者，以生动的人物和情感描写给读者以代入感，引发读者强烈的共鸣，因此深受读者的喜爱。

（三）仙侠小说所体现的中国传统文化

仙侠小说主要体现的是道教文化，而儒家文化、佛教文化、古典文学等也常被作者借鉴。

1. 道教文化

仙侠最崇尚的教派是道教。仙侠小说中的修仙者是为了得道成仙而进行修炼。他们的一生，就是求道的一生。能够一朝悟道，就有机会飞升仙界，成就真仙。

道教中的一些概念和专有名词也常在仙侠小说中出现，例如太极、两仪、三清、四象、五行、八卦等。《周易》中的部分内容也被借用，例如“大道五十，天衍四九，人遁其一”。还有《道德经》，例如“道生一，一生二，二生三，三生万物。”

2. 儒家文化

仙侠小说中儒家文化不占主导地位，但由于传统仙侠小说一般以古代或架空历史为背景，常涉及仙界或人界的国家和皇朝，因此不可避免地会涉及儒家文化。

3. 佛教文化

仙侠小说中，提起各大门派和势力，少不了佛教的宗门，而且常在门派势力中排名居于前列。佛教中的思想和专有名词也频频在仙侠小说中露面。例如，《遮天》中用到了释迦牟尼、须弥山、大雷音寺等专有名词，并且有“佛教讲因果，主修未来，相信有来生”等表达。

4. 古典文学

仙侠小说，特别是古典仙侠小说和修真仙侠小说借鉴了许多古典文学作品，如《山海经》《淮南子》《搜神记》《聊斋志异》《封神演义》等。多数古典仙侠小说和修真仙侠小说中形形色色的神兽名称都来自《山海经》，例如鲲鹏、独角兽、青龙、白虎、朱雀、玄武、麒麟等，都是我们在仙侠小说中经常见到的。另外，古诗词也被频繁使用在仙侠小说中。

当然，许多作品是融合了以上文化元素的，不是单纯地只体现一种文化。例如，梦入神机的《佛本是道》结合了道教、佛教和中国古代神话故事，借鉴了《封神演义》《山海经》《西游记》等经典，创建了一个完整的洪荒封神体系，开创了“洪荒流”。

三、网络仙侠小说海外传播的现状

目前，包括仙侠小说在内的中国网络文学，国际传播成效显著。《2018 中国网络文学发展报告》数据显示，2018 年，向海外输出中国网络文学作品的数量已达 11 168 部。其中，玄幻、仙侠题材畅销欧洲、美洲（辛凤，2019：108）。中国作协网络文学中心发布的《2021 中国网络文学蓝皮书》显示，2021 年，网络文学国际传播更受重视，网文出海形式更加丰富多样。“网文出海”形成共识；中国网络文学全球影响力不断扩大；海外读者构成多元，学历层次较高，女性居多；海外本土化传播体系初步建立。2021 年网络文学海外市场规模突破 30 亿元，海外用户 1.45 亿人。截至 2021 年，中国网络文学共向海外输出网文作品 10 000 余部。其中，实体书授权超 4 000 部，上线翻译作品 3 000 余部。网站订阅和阅读 App 用户 1 亿多，覆盖世界大部分国家和地区（中国作家协会网络文学中心，2022：5－6）。本部分以 Wuxiaworld 网站为例探讨网络仙侠小说海外传播的现状。

网络仙侠小说在海外火起来的契机是 Wuxiaworld 网站的建立。该网站是由美籍华人赖静平于 2014 年成立的，主要由粉丝自发翻译武侠、仙侠、玄幻等体裁的网络小说。自此，具有神秘东方特色，蕴含丰富中华文化的玄幻和仙侠小说的英译版陆续在该网站上线。Wuxiaworld 迅速成为北美最具有影响力的中文网络文学翻译与传播网站，但却于 2021 年被韩国 Kakao Entertainment 公司收购。2022 年 9 月，Alexa 的数据显示，Wuxiaworld 的全球排名为 4 210 位，在美国排名为 3584 名，日均访问量为 168.4 万，日均独立访客量 43.2 万。虽然排名和访问量有所下降，但其影响力仍不容小觑。

截至 2022 年 10 月，Wuxiaworld 网站中译自中文的作品共计 82 部，其中玄幻作品 60 部。仙侠作品包含在玄幻类别中，明确带有“Xianxia”标签的作品一共 12 部。按照评分从高到低顺序，前 5 名仙侠作品如表 1。

表 1　Wuxiaworld 前 5 名仙侠作品

排名	作品	作者	译者	状态	来源	评分	评论数
1	《一念永恒》(*A Will Eternal*)	耳根	Deathblade	已完结	起点中文网	93%	163
2	《仙墓》(*Necropolis Immortal*)	七月雪仙人	etvolare	连载中(原作已完结)	17K 小说网	85%	164
3	《我欲封天》(*I Shall Seal the Heavens*)	耳根	Deathblade	已完结	起点中文网	84%	175
4	《仙逆》(*Renegade Immortal*)	耳根	Rex.	已完结	起点中文网	83%	93
5	《凡人修仙传》(*A Record of a Mortal's Journey to Immortality*)	忘语	Johnchen & DoubleDD	已完结	起点中文网	82%	233

除了连载中的《仙墓》以外，这几部作品都是近年来在国内炙手可热的高人

气作品，可谓网络仙侠小说中的经典之作。其中的《凡人修仙传》开创了凡人流修仙小说，根据其改编的动画正在哔哩哔哩（bilibili）独家热播中，并被改编为人气网络游戏和动画大电影，成为名副其实的大 IP。2017 年 7 月，《凡人修行传》荣登“2017 猫片 · 胡润原创文学 IP 价值榜”第三名。2018 年 12 月 20 日荣登“2018 猫片 · 胡润原创文学 IP 价值榜”第二名。2021 年 9 月 16 日，《凡人修仙传》被列入“中国网络文学影响力榜（2020 年度）IP 改编影响力榜”。而另外三部均为是“网文之王”五大至尊之一作家耳根的长篇仙侠小说。其中《一念永恒》荣获 2016 年度福布斯中国原创文学风云榜第三名，2021 年 9 月 16 日被列入中国网络文学影响力榜 IP 改编影响力榜。根据其改编的动画正在腾讯视频平台热播中，该作品也正在被改编为漫画、电视剧和大电影。

讲好中国故事，传播好中国声音，对外话语体系建设十分重要。中国故事能不能讲好，中国声音能不能传播好，关键要看受众是否愿意听、听得懂，能否与我们形成良性互动，产生更多共鸣。习近平同志提出，要着力打造融通中外的新概念新范畴新表述。这为我们加强对外话语体系建设指明了方向（蔡明照，2013）。

在这一方面，Wuxiaworld 网站的做法非常值得借鉴。网站中有一个页面为 General Glossary of Terms，即术语总表，将武侠、仙侠和玄幻小说中常见的蕴含中国文化的独特表达进行翻译、解释、定义，消除了读者理解的障碍，成为沟通中西文化的一座桥梁。此外，有些作品在开头部分也包含了该作品的人物简介和术语表。例如《一念永恒》（*A Will Eternal*）在第二页将众多人物按照宗门分类一一进行简要介绍，并且列出军衔、炼魂师品级、物品、法术等，有助于读者对于作品的理解。

四、网络仙侠小说在海外传播中存在的问题及对策

虽然网络仙侠小说的海外的传播取得了一定的成功，建立了数个具有一定海外影响力的网站和平台，拥有大量的用户甚至粉丝，涌现了大批优秀的译者，但同时也存在一些问题和挑战。网络仙侠小说在对外传播的过程中，不可避免地会出现“文化折扣”现象。

"文化折扣"(Cultural Discount),最初是指因文化背景差异,国际市场中的文化产品不被其他地区受众认同或理解而导致其价值的减低。文化结构差异是导致出现"文化折扣"现象的主要原因(喻国明,2020:62)。就传播的过程逻辑而言,传播全过程中的三个关键性节点:"信息触达"—"信息认知"—"信息认同",对于传播价值的实现是至关重要的(喻国明,2020:63)。本文将参照喻国明关于文化折扣在传播过程中信息触达、信息解码和信息认同三个节点,以 Wuxiaworld 网站为例,对网络仙侠小说在海外传播中存在的问题进行分析,探讨消除"文化折扣"的方法和对策。

(一)信息触达:平台竞争

Wuxiaworld 网站初建时,只是粉丝自发翻译传播《盘龙》等来自阅文集团旗下的起点中文网的玄幻和仙侠小说,当时 Wuxiaworld 并没有这些作品的版权。2016 年 12 月,Wuxiaworld 与阅文集团达成了一份长达 10 年的翻译和电子出版合作协议,首批涉及 20 部作品。2017 年阅文集团在海外成立的 Webnovel(起点国际)网站上线后,阅文便收回了 20 部作品的版权,并要求 Wuxiaworld 尽快下线 11 本未经授权的起点小说。这是在不同发展阶段的资本和不同文化传统的粉丝之间的矛盾,也是以原创和中国本土为立足点的阅文和以翻译与英语世界为根本的 Wuxiaworld 之间发展逻辑难以调和的冲突(吉云飞,2019:103)。2021 年 12 月,Wuxiaworld 被韩国公司收购后,网站译自韩文的小说数量逐渐增多。截至 2022 年 10 月,网站译自韩文的作品共计 41 部。传播中国文化的两个平台之间的竞争,演化为中韩文化输出之间的竞争。Alexa 的数据显示,2022 年 9 月,起点国际的全球排名为 2420,日均访问量为 430.4 万,日均独立访客量为 60.8 万,远超同期 Wuxiaworld 的全球排名和访问量。

平台之间的相互争夺使得部分仙侠译作陷入版权争端,导致作品下架。信息触达,解决的是"看得到"的问题(喻国明,2020:62)。为了保证信息能够有效触达用户,需要建立更完善的平台和商业模式,鼓励良性竞争,合作共赢,保障各平台的协同发展。

(二)信息解码:文化差异与翻译难题

信息解码,解决的是"看得懂"的问题。内容产品的接受与解读是一个信息的“解码”过程。(喻国明,2020:64)在网络仙侠小说的解码过程中,中外的文化差异导致的世界观认知不同,翻译质量的参差不齐让读者难以理解,使得文化的传输效果打了一定的折扣。

1. 文化差异

由于中外语言和文化之间的差异,国外读者对具有鲜明中国传统文化特色的词汇、概念、观念、习俗等难以理解或缺乏认同感。虽然 Wuxiaworld 提供了仙侠小说的常见术语,但毕竟有限,而且网站首页没有明显的链接指向该页,可能许多读者看不到,或者没有去看。如果读者在阅读初期未能克服因文化障碍而带来的理解困难,也许就会望而却步,知难而退。

此外,仙侠小说中最崇尚的道教思想,和西方宗教思想大相径庭。读者即使能够看懂文字,对思想和理念可能也难以理解或认同。因此,在读者群中,真正懂中华文化的占少数,而多数读者只是对神秘的东方仙侠世界感到新鲜好奇,或者被主人公的离奇经历所吸引。一旦读过的作品多了,对仙侠小说的套路熟悉了,就会丧失新鲜感,逐渐失去兴趣。

本文作者认为,这一问题的最好解决方法是 IP 改编出海。改编为动漫、影视、游戏、有声读物等形式的仙侠作品,其中的文化元素通过视听、交互等方式直观地呈现给受众,消除了他们的理解障碍,加深了他们对中华文化的了解。影视和动画,画面精美,特效华丽逼真,给观众带来强大的视觉冲击。恰到好处的配乐常常能调动观众的情感变化,而仙侠作品中的配乐也经常是用中国传统乐器演奏的,旋律具有鲜明的中国特色,这同样也是一种文化输出。游戏的互动性让玩家产生很强的代入感,以沉浸式体验不知不觉中接受了东方文化。

当前,仙侠作品改编的影视动画在 Youtube 上成绩显著。例如,截至 2022 年 9 月 25 日,哔哩哔哩动画发布的《凡人修仙传》动画第一集点击量高达 113 万次,中英双语字幕《凡人修仙传之凡人风起天南》全合集点击量为 60 万次。IP 改编的火爆反过来又会带动小说的阅读量,形成良性循环。从“出海”走向“出镜”,以跨媒介传播推进跨文化传播,不仅延伸了中国网文的传播链条,也进一步放大了网文内容的价值传播(欧阳友权,2021)。

2. 翻译难题

各大平台外译作品很多,每部作品的世界观和设定不尽相同,比如耳根的几部仙侠作品中，主人公诞生的世界都是不同的，因此修炼体系随之不同，都有自己特有的物品、法术、种族等，更不用说不同作者的作品了。因此每一部作品都有超出 Wuxiaworld 术语表的新颖词汇和概念，有不少还是作者杜撰的。这不仅给读者带来了困扰，同样给译者也带来了烦恼，翻译过程中时时陷入困境，又无先例可参考。并且，译者文化背景不同，由于语言文化的影响和限制而对作品的理解和解码产生了差异：要么对原文的理解较为深入透彻，却难以用地道的英语表达出原文的含义和意境；要么容易出现因对原文的理解偏差而误译的现象。虽然有精通双语的译者，但语言和文化博大精深，语言能力和文化知识的差异也会造成译者的理解和表达的差异。因此即使是同一概念或类似名称也可能被不同译者翻译得五花八门，再加上译者的水平差异，整个文本的翻译质量也参差不齐，语言表达不地道、不规范，以及误译、漏译等现象屡见不鲜。

本文作者认为，要想达到理想的解码效果，让海外读者更好地理解和接受网络仙侠作品，译者和各企业平台的努力缺一不可。首先，译者要尽力提高自己的双语水平，加深文化修养，扩大文化知识范围，尤其是道教文化和历史知识。译者也需要和原作者保持联系，遇到对原文理解不了或没有把握的地方需及时向原作者请教并确认。同时，技术支持方要进一步完善网文翻译数据库，提高机器翻译的准确率。网文平台应制定翻译规范，出台官方术语总表，或编纂为词典，供译者参考。平台也要提高译者门槛，培养优秀译者，提高翻译质量；完善审核机制，确保对机器翻译和人工翻译都进行认真审核，对翻译质量严格把关；不应只着眼于更新效率和眼前利益，而要致力于长远发展。

（三）信息认同：寻找文化共识

网络仙侠小说本来是最受海外读者青睐的网文类型之一，但随着网文出海规模的扩大，其地位日益下降。在中国网文对外传播的各大平台，无论是外译作品，还是本土化原创作品中，仙侠作品都相对较少。承载着中国传统文化的仙侠小说，其地位如何得到提升，如何让更多的海外读者喜爱中国的网络仙侠小说，除了各平台需采取措施，扩大仙侠作品的外译规模和宣传以外，我们还要通过分析中国网络仙侠小说哪些地方容易被海外读者接受，哪些地方最不被接受，来寻找文化共识，在海外获得更多的社会认同。

喻国明认为，不同文化倾向之间的对冲和博弈会大大增强社会在观点冲撞中找到社会共识，寻求社会的“最大公约数”（喻国明，2020：65）。这对于未来的中国网络仙侠小说的海外传播乃至中国的传统文化对外传播提供了参照。

下面本文作者通过主要仙侠作品的好评和差评分析来尝试寻找文化共识。以 Wuxiaworld 网站的网络仙侠译作为例，《一念永恒》（*A Will Eternal*）评分最高，为 93%。163 条评论中，好评 151 条，差评 12 条。

好评主要集中于以下几点：

1. 喜剧效果

作者耳根在写《一念永恒》之前已经成功连载了《仙逆》《求魔》《我欲封天》等三部作品。不同于前三部作品，《一念永恒》几乎从开头就充满了喜剧效果，轻松诙谐，笑点频出，令人捧腹不已。Wuxiaworld 网站中《一念永恒》几乎所有的好评都提到了这一点。不少海外读者表示比起耳根的前三部作品，他们更喜欢《一念永恒》，认为作者一直在进步。这和国内许多耳根粉丝的评价恰恰相反。后者认为《仙逆》《求魔》是神作，为耳根的巅峰之作，而其后的几部作品越来越商业化，前期好看，后劲不足，结尾无力。由此可以看出，海外读者大多对于小说的趣味性和娱乐性更为看重。

2. 精彩剧情

多数给出好评的海外读者都表示喜欢这部作品的剧情，认为叙事流畅，剧情扣人心弦，风格独特，令人耳目一新，富有戏剧性，情节没有重复性，几乎没有剧情漏洞。有评论认为该作品是一部悲喜剧，让读者沉浸其中，随着剧情时而欢笑，时而落泪；主人公的升级节奏好，没有拖沓或者突兀的感觉；战斗场面精彩。不少读者认为作者耳根是个天才，称赞《一念永恒》为一部必读的杰作，是他们最喜爱的作品（之一）。

3. 人物设定

对《一念永恒》给予好评的海外读者中，多数认为作品的人物塑造是很成功的。

关于主人公白小纯，他们认为可爱，聪明伶俐，爱动脑筋；装腔作势，喜欢吹嘘和公众关注；生性善良，胆小怯懦，贪生怕死，但为了保护他所关心的人会变得英勇无畏，毫不退缩；他现实，脚踏实地，心志坚定，追求长生，并为了这个终极目标而努力奋斗。同时，他又是个祸星，到哪里都惹得天怒人怨，因此每当他离开一个地方时,人们都会敲锣打鼓地庆祝。他本身是一个矛盾统一体,这也正是作品喜剧效果的来源之一。

同时,白小纯对于实现长生这个终极目标而付出的不懈努力,以及胆小怯懦的他为了保护他所关心的人而变得英勇无畏所产生的强烈反差,让这个角色鲜明、励志,深入人心。从评论可以看出,一个健康励志、积极向上的人物形象,会对读者的现实生活和心态产生正面影响。而努力奋斗,则与"美国梦"所代表的价值观是一致的。仙侠小说,因其"仙"之一字,决定了主人公为了求道成仙而付出不懈努力,而"侠"之一字,决定了作品的主人公是具有侠肝义胆的正面形象。因此,可以说,仙侠小说的主人公设定是容易得到西方读者认同的。

给《一念永恒》点赞的部分海外读者也对配角的安排和处理进行了高度评价,认为配角性格鲜明,存在合理,与主角保持相关性,没有随着主角的成长被淘汰和遗忘;反派也很有趣,令人印象深刻。这在升级流的修仙小说中较为罕见,独树一帜。从这里可以看出,成功的作品,主角和配角的塑造同样重要。

除以上 3 个方面外,好评还集中在两个点,其一为《一念永恒》的世界观构建(world building)详细、连贯,具有原创性;其二为译者 Deathblade 的翻译到位。

差评主要集中在以下方面:

1. 主人公的人物设定

有些给《一念永恒》差评的海外读者不喜欢主人公白小纯,认为他过于胆小,幼稚,喜欢自吹自擂,傲慢自大,愚蠢,是小白、懦夫和花花公子,令人讨厌。也有读者认为主角光环过于强大,白小纯战斗取得胜利或者获得宝物和奖励都是依靠主角光环,没有逻辑性。还有读者认为主人公自始至终性格一成不变,没有性格发展。然而,好评也是大多集中在主人公的设定上,因此成也主角,败也主角。一种设定想满足所有读者的喜好是不可能的,能获得多数读者的喜爱和认可,即是一部成功的作品。

2. 开放式结局

相当一部分给差评的海外读者表达了对作品后期发展和结局的不满,认为是烂尾。他们认为《一念永恒》前期搞笑有趣,后期就崩了,失去了喜剧元素,也失去了吸引力,让人出戏,导致读者弃文。故事的最后是开放式结局,有的读者认为结局很悲惨，有的读者表示结局不完整、不明确，让人有种未完结的感觉，因此不喜欢这种结局。

3. 刻意搞笑

与喜欢《一念永恒》喜剧效果的读者相反，有些海外读者认为作者是在刻意搞笑，或者过度搞笑，喜剧元素烂俗且幼稚。

4. 循环套路

有海外读者认为，《一念永恒》也是升级流，脱不开升级流的套路。有一位读者将主人公的成长过程总结为一个循环套路：白小纯遭遇险境—战斗—同阶无敌—在喜剧场景中过着悠闲的生活，祸害大家，然而受害者都对他无害，就这样循环往复。

5. 感情线平淡

不少读者，包括给好评的读者，都表达了对感情线描写的不满。爱情较为平淡，女主们与主人公的羁绊不深，恋情发展较为突兀。

此外，有一位读者的评论较为独特，表示不喜欢《一念永恒》的两个方面：性别歧视、同性恋恐惧症。但这是比较小众的观点，不能代表大部分读者的想法。

通过以上分析，海外读者容易接受的作品特点总结归纳如下：世界观构建出色，剧情引人入胜，有特色和新鲜感；战斗场面精彩，搞笑适度合理；人物设定讨喜，性格塑造成功，略有反差萌；主人公励志向上，努力奋斗；主角光环适当，主角配角一起成长，升级节奏合理；感情线饱满，爱情深刻感人；无剧情漏洞，无循环套路；前期有趣，中后期有力；结局清晰，皆大欢喜。

由此可见，海外读者容易接受的作品，和本文作者在第二部分中分析归纳的仙侠小说的特点大多不谋而合。如果国内仙侠作家和海外本土化原创作家能够创作出具有以上特点的仙侠作品，再加上对国内作品外译质量的严格把关，达成文化共识，最大限度地降低“文化折扣”所带来的价值损耗，相信更多优秀作品会被海外读者看到、接受并喜爱。而仙侠作品中包含的中国优秀传统文化，也将随之传播到世界更远的角落，产生更积极、广泛、深远的影响。

五、结　语

目前看来，我国网络仙侠小说的海外传播已经取得了显著的成绩，在中国传统文化输出方面起到了举足轻重的作用。但同时也不可避免地面临一些问题和挑战。讲好中国故事，传播好中国声音，离不开国家政策的扶持和作者、译者、平台、技术支持方的共同努力，让世界更多人通过网络仙侠小说及其 IP 改编作品更好地了解中国，了解中国传承了五千年的灿烂文化。

参考文献

[1] 蔡名照. 讲好中国故事，传播好中国声音——深入学习贯彻习近平同志在全国宣传思想工作会议上的重要讲话精神 [EB/OL]. http://politics.people.com.cn/n/2013/1010/c1001-23144775.html，2013-10-10.

[2] 2021 中国网络文学发展研究报告[EB/OL]. http://sky.cssn.cn/wx/wx_yczs/202204/t20220407_5402451.shtml，2022-04-08.

[3] 吉云飞. “起点国际”模式与“Wuxiaworld”模式——中国网络文学海外传播的两条道路[J]. 中国文学批评，2019(02)：102-108+159.

[4] 罗竹风. 汉语大词典[Z]. 上海：汉语大词典出版社，1998.

[5] 欧阳友权. 中国网络文学海外传播的形态、动力与屏障[J]. 贵州师范大学学报(社会科学版)，2021(06)：115-123.

[6] 任继愈. 宗教大辞典[Z]. 上海：上海辞书出版社，1998.

[7] 辛凤. 中国网络文学海外传播现状、问题与对策研究[J]. 卫星电视与宽带多媒体，2019(10)：108-110.

[8] 喻国明. 跨文化交流中的三个关键性传播节点——关于减少和消除“文化折扣”的传播学视角[J]. 新闻与写作，2020(03)：62-65.

[9] 中国作家协会网络文学中心. 2021 中国网络文学蓝皮书[N]. 文艺报，2022-08-22(003).

[10] General Glossary of Terms.[EB/OL]. https://www.wuxiaworld.com/page/general-glossary-of-terms.

Overseas Dissemination of Online Xianxia Novels: Taking Wuxiaworld.com as an Example

Abstract: A significant task in strengthening China's international communication capacity is to tell the China story and spread the voice of China effectively, showing the real, panoramic and comprehensive China to the outside world. In recent years, greater and greater importance has been attached to the overseas dissemination of Chinese online literature, the forms of which have become more and more diverse. Xianxia novels, a genre of online literature, filled with various elements of Chinese traditional culture, have become an important way to tell the China story and spread the Chinese culture to the world. This paper introduces the definition and characteristics of Xianxia novels as well as the traditional Chinese culture they convey, discusses the current situation and problems in the overseas dissemination of Xianxia novels with wuxiaworld.com as an example, and puts forward countermeasures and suggestions for further and better overseas dissemination of Xianxia novels based on the theory of "Cultural Discount".

Key words: Xianxia novels; online literature; overseas dissemination; Cultural Discount; Wuxiaworld

（苗萍　上海外国语大学新闻传播学院）

美国版舞台剧《白蛇》的跨文化改编策略探析

朱　科

摘　要：白蛇传作为中国民间传说和传统文化经典，一直在中国文化的对外传播中扮演重要角色。2011年，美国戏剧最高奖托尼奖获得者玛丽·辛默曼执导的《白蛇传》在美国首演，广受好评，2014年又作为有广泛影响力的中国乌镇戏剧节闭幕作品面对中国观众，获得中国观众的热烈欢迎。本文以此美国版舞台剧《白蛇》为研究对象，对改编剧本和舞台剧进行细读和比较，分析辛默曼对待跨文化文本采取了什么样的改编出发点和角度，运用了怎样的策略对跨文化文本进行叙述和改编；情感策略和幽默元素的运用又怎样有效加强了观剧体验并丰富了中国传统白蛇故事的意蕴。

关键词：跨文化改编；文化融合；情感策略

白蛇传作为中国著名的民间故事之一，千百年来在民间不断流传和讲述，还经历代作家不断地重述和提升，民间文学和作家文学互动发展，可谓千锤百炼，早已成为中国人耳熟能详的文化经典和对外文化传播的重要代表作品之一。比如日本江户时代流行对明代小说的“翻案”创作，就是中国文化对外传播的一个典型案例；上田秋成的《雨月物语》是其中影响力比较大的一部，其中最长的一篇《蛇性之淫》以明代冯梦龙“三言二拍”之《警世通言》卷二十八《白娘子永镇雷锋塔》作为改写蓝本，被称为日本《白蛇传》。以这个故事为改编主体，

1953年，日本著名导演沟口健二拍摄电影《雨月物语》，并获得当年的第18届威尼斯电影节最佳影片银狮奖，1956年参与第28届奥斯卡角逐，在世界范围发行；近代，1956年日本拍摄电影《白娘子之妖传》，同年日本出品动画《白蛇传》，都体现出白蛇传的国际化传播影响力。近几十年来，尤其进入21世纪，随着我国国力和国际地位的提升，提高文化影响力也势所必然，白蛇传又一次展现出巨大的能量，活跃在国际舞台上。2010年华裔作曲家和美国歌唱家合作的歌剧《白蛇传》获得很大成功；2011年舞台剧《白蛇传》由美国著名导演玛丽·辛默曼执导，由美国演员演绎，在著名的俄勒冈莎士比亚戏剧节首演，反响很大，好评如潮，并且在美国巡演；2014年来到中国，作为乌镇戏剧节闭幕大戏，又获得了中国观众的欢迎和喜爱。本文拟聚焦于玛丽·辛默曼执导的舞台剧《白蛇》，从跨文化传播的角度探讨其改编策略，通过微观比较和细读，审视白蛇故事在跨文化语境中的变化，分析这一在中国和国际上取得广泛成功的剧目获得成功的原因。

一、从易懂性出发的改编策略

一部面向异国观众的舞台作品，创作者让观众能看懂、能理解，是首要和基本的要求。怎样使中国古代民间传说为美国和全世界观众所理解，是改编时的重要着眼点。辛默曼充分考虑到观众的接受度和基于不同文化背景对故事的理解，做了卓越的工作。

（一）创作蓝本的选择

辛默曼选择了女作家赵清阁于20世纪50年代创作的小说《白蛇传》作为主要蓝本，这部小说多次再版，是一篇高水平的成功作品。尽管篇幅不长（八万多字），但情节细腻流畅，语言优美，尤其在人物塑造和戏剧冲突方面极为出色。作为民间传说，故事流传过程中由于时代变化和创作者的理解不同，处在不断发展变化中；白蛇故事在大致情节框架一致的情况下，情节取舍、细节表现，尤其是人物性格方面在不同的作品中呈现出多元化的面貌。作家赵清阁在写作时，对人物性格有清晰的定性和合理的分析①，改编者辛默曼在人物性格塑造上基本忠实于这个版本，塑造出性格清晰鲜明同时又立体丰富的人物，大大有利于外国观众的接受和理解。

（二）情节编排

赵清阁小说中情节合情合理、戏剧冲突精彩，在采用大部分情节的情况下，辛默曼也根据舞台剧的特点和主题表现进行了成功的改编。比如删除了原著中小青盗库银许仙吃官司遭发配一章，只为了情节连缀的需要，提到开药铺的本钱是小青偷盗的贪官库银；情节更加简洁集中，故事主要在白蛇、小青、许仙、法海之间展开，不必再花精力表现许仙的姐姐姐夫和县衙审案等情节，也免去外国观众对中国古代的审案过程、司法刑狱制度等不够了解可能产生的疑问。还有，删除了原小说中的蕊芝仙姑这个角色，以观音替代，方便西方观众理解。在整剧结尾处辛默曼也进行了明显的改编：赵清阁小说中小青归来大战塔神、扯倒雷峰塔拯救白蛇的情节基本删除，原小说结尾情节“白素贞和小青胜利地笑了②”改为许仙和白蛇优美、梦幻般的重逢场景。

（三）为了观众的充分理解增加更多诠释性表达

西方观众和中国观众观剧观赏白蛇传是有很大差别的。西方观众绝大部分是第一次接触这个异域传说，由于缺乏背景了解和文化差异，有可能不能完全理解或是有疑问。辛默曼的《白蛇》以观众的充分理解接受为追求，除了整体情节的编排外，还从多个角度用丰富、新颖的方式有效解决了跨文化理解问题，可以说是特别“观众友好”的改编。①设置叙述者。整剧共设置了五个叙述者，以灵活多变的方式在剧中进行旁白、歌唱、评论，有效帮助观众了解故事。②代表观众提问。剧中还出现了一些其他版本中没有出现过有趣细节，比如，观音和白蛇对话，告诉她前世和许仙的缘起时，白蛇（代表观众）问观音：“为什么一个商人的心会为路边的一条蛇所动？我想人类憎恨蛇。”观音给出回答：“没有

---

① 赵清阁.白蛇传[M].上海：上海文化出版社，1956：2.“关于《白蛇传》故事中的人物，白素贞是一个热情、智慧、坚强、勇敢的女性，她为了追求美好的理想而不惜牺牲一切……小青是一个纯真、爽朗、理智、爱憎分明和有强烈正义感的少女……许仙是一个忠诚老实、品质善良的青年，不过他具有一定程度的软弱和动摇性…虽然他曾对白素贞有过怀疑，但经白素贞解释后，也就坦然地坚定了……法海阴险狠毒、冷酷残暴……”

② 赵清阁.白蛇传[M].上海：上海文化出版社，1956：130.

人能解释。世上很少有什么东西比男人的心还动荡不定。”由于宗教和文化背景的不同,西方观众可能对前世的许仙花钱救一条小蛇这样的行为有疑问。这样的对话,明显是为了给出观众一种解释而设。③弹性叙事。剧中有的情节,以叙述者口吻做了两种交代,给观众选择权,帮助西方观众解决心中可能的疑问,甚至为矛盾的版本给出调和的答案。比如,白蛇深山修炼成人形后,辛默曼展现了白蛇遇观音的情节,可紧接着,叙述者对观众旁白:“这只是一种版本。还有人说那个月夜她根本没有遇到观音,也根本没有听说前世的故事,她遇到的是小青。”接着叙述者自问自答:“怎样调和这两个不同的版本?让我们这样达成和解:她只是在梦中遇到了观音,这个梦她随即就忘了,可我们(观众)要记住。”这种情节上的弹性丰富了对故事的诠释,满足了观众对情节合理性的需求。④在对比语境中展现原著国文化。直接向观众标明这是异域文化元素,有利于观众投入更多的注意力,在有心理准备的情况下对异域文化有更好的理解。剧中有两处由叙述者直接读出一本叫做“《中国戏剧的秘密》(*The Secret of Chinese Play*)……”的书,演员按照叙述者的指示进行走位,做相应的动作,观众在“宣讲”的帮助下理解了情节,又用新颖,有趣,幽默的方式传播了中国戏剧文化。

二、两种戏剧传统表现手法结合使用:文化的巧妙融合

作为跨文化改编,辛默曼自然而自觉地充分应用了西方戏剧传统中的表现手法,使这版改编具有西方戏剧的突出特点,并且极大地丰富了这一版《白蛇传》的舞台表现手段,使整个舞台剧成为一台精彩纷呈、别开生面的盛宴。同时,恰当运用中国戏剧的传统表现手法,实现中西戏剧文化的有机结合。

(一)巧妙、充分运用歌队

歌队的使用是从古希腊戏剧开始的,两千多年来已经成为西方戏剧深厚传统的重要组成部分。“歌队从戏的开始到结束,始终在舞台上,任务不比主要角色弱,而且很强调歌队表演的整一性,因此古希腊戏剧中的歌队形式本身就是

一门表演艺术。”[①]辛默曼舞台剧《白蛇》中大量地使用了歌队这种艺术手法，在不同的情节和场景中起到极重要的作用，非常出彩。以下仅举出剧中几种功能和运用：①介绍剧情和戏剧背景。前文说过，整剧设置了五个叙述者，和演员一起，从多个角度向观众“讲故事”。有时扮演旁白，有时向剧中人提问，有时一人，有时多人，运用手法纯熟灵活。②抒发感情和烘托剧情，营造气氛。在盗仙草一场中，歌队以独唱和合唱的方式，表达了紧张的气氛和对白素贞忠贞爱情的颂扬。③外化人物的心理活动和思想感情。剧中几次出现许仙对白素贞的怀疑时，十指带着长长卷曲指甲的歌队成员上台，在许仙头上身上抓扯，表现出许仙疑惑焦灼的情绪。④通过歌队的舞蹈或演唱，转换场景。⑤展现布景，操作道具。西湖上的雨、水漫金山的水、元宵节的月亮…… 都由歌队成员演示。

（二）以多样化道具表现“变形”

辛默曼对舞台媒介有着非同一般的掌控力，有创造性地使用道具，最大程度地发挥舞台剧的优势，也是本剧的一个突出特点。对白蛇故事来说，蛇和人身的“变形”是剧情的关键点，也是舞台表现的一个核心元素。辛默曼采取了多种多样的方式表现这种“变形”，创造出白蛇和青蛇多样化形体呈现：完全以人的形象出现；由演员操纵的蛇布偶（用织物包裹软管做成可以弯转的蛇身，“嘴”里安装磁吸装置，用来表现吃老鼠和衔仙草的情节）；演员裙底露出蛇尾；用边缘弯曲起伏的白伞代表白蛇；竹子做成的小蛇。这些不同的形象根据情节需要灵活运用，出色地突出了“变形”主题，增加了观众的观剧体验，也为结尾处突破形体界限的爱情主题进行了很好的铺垫。

（三）借鉴中国传统戏剧表现手法

中国传统戏剧中的表现方式也被辛默曼很好地用在剧中。同样具有悠久灿烂传统的中国戏剧有许多优秀的表现手法，辛默曼善于吸取应用：比如西湖泛舟场景、水斗法海情节，都通过简单的象征性道具，用简洁的象征手法表现情节、空间和意境；在许仙取伞会白蛇片段，直接用叙述者朗读《中国戏剧的秘密》，演员按照朗读指示表现两人移步进入餐厅的情景，这是中国戏剧传统中特殊的空间调度模式。西方戏剧的传统表现手法和中国戏剧传统表现手法在辛

---

① 罗锦鳞. 古希腊戏剧传统中的歌队的作用和运用[C].2008 年国际戏剧研讨会上的发言. https://page.om.qq.com/page/OUm5QtVSzbWx_oW2coZEFkEQ0.

默曼的《白蛇》中有机结合，是跨文化改编的范例，体现了文化交流和融合的意义。

三、对原作的改变和提升：情感策略的运用

反封建和爱情是赵清阁版《白蛇传》的主题，辛默曼舞台剧《白蛇》则把对爱情的讴歌作为主题。在赵清阁原作的基础上，辛默曼基于对故事的理解，基于对舞台媒介的深刻把握，进行了适当的改动，使线索更集中，节奏更清晰，高潮“引爆”更突出，达到了催人泪下的舞台效果。

相对于中国白蛇故事中许仙在爱情关系中相对被动甚至有些让观众憎厌的性情和行为，辛默曼的《白蛇》把许仙这个人物处理得更合情理，在爱情关系中两人的地位也更加平等。辛默曼剧中增加了许仙的语言表达，把“许仙的怀疑”当作情节的重要线索组，使他的性格和行为逻辑显得十分清晰合理，也满足了观众对爱情双方的期待。在水漫金山寺后三人断桥会面的情节中，在白蛇对许仙伤心失望、小青恼怒质问的时刻，许仙极为愧疚，他清楚坦诚地表达了他的真实思想历程：他无论是西湖相遇还是和白蛇成亲时都是心存怀疑的，正因为此，他在法海出现时才产生动摇；对于端午节看到巨蛇吓死又复生的经历，许仙也没有完全相信白蛇和小青编造蒙混他的话，这怀疑一直以来困扰和折磨着他，但他因为爱，选择无视和躲避自己的怀疑；而许仙在经历了白蛇不惜一切解救自己以后，他认识到，白蛇对他的爱才是世间最宝贵的，他清楚地表达了自己：“但是现在，我以自己的眼睛看到你为我所做的一切，我再没有一点怀疑。”“我绝不怀疑世上再没有人像我这样被爱着。我清楚地知道真实的你是什么样，我清楚你一半是蛇一半是灵，请原谅我曾经的怀疑。无论你属于哪个世界，那就是我想去的地方。请饶恕我的脆弱和错误，让你觉得你需要隐藏自己；带我回家，你在哪里，哪里就是家”。

这段对话，直接表明水漫金山后许仙已经清楚无误地知道白蛇的真实身份，和原著中许仙还认为白素贞和小青是人，只因为向蕊芝仙姑学艺才会法术，是完全不同的。这种处理，使许仙成为一个更有勇气的人物，增加了许仙爱情的分量，也由许仙自己，解决了两人爱情的最大困境——“人与妖”、不同类属不

同形体之间的爱情困境,给了白蛇一个对等的深情的回应。观众看到这里,纷纷被感动得潸然泪下。这个情节,也可以看作全剧的最大高潮和实际的结局。后面的情节,辛默曼没有做重点呈现,而是主要通过叙述者用旁白表现的,结尾处把重点放在白蛇和许仙如梦如幻的重逢上,并且进一步升华了爱情主题,并由许白两人的爱情讴歌了一切真挚的、超越形体界限的不朽爱情。最后一句话为"不要害怕。没有人会孤独地死去①"观众由欣赏故事进入抒情的高潮和精神的净化,进入对生命的深思,余音袅袅,意犹未尽。

四、结 语

辛默曼以易懂性为出发点,充分利用西方戏剧传统文化,学习和吸取中国戏剧传统文化,又基于对主题的透彻理解,对原作进行了适合舞台媒介的有益改动和提升,创作出白蛇故事的一部别开生面的出色版本,易懂、流畅的同时深刻丰富,轻松幽默的同时感人至深。辛默曼的《白蛇》向外国观众成功传播了中国文化,可以说是跨文化作品改编的成功范例。

参考文献

[1] Mary Zimmerman. *The White Snake*[M]. Northwestern University Press, 2013.

[2] 马凤绮. 中国明清小说对雨月物语对影响[J]. 散文百家,2021(12):28-30.

[3] 罗靓. 白蛇传说在当代美国文化中的转世与重生[J]. 东吴学术,2022(1):92-138.

[4] 赵清阁. 白蛇传[M]. 上海:上海文化出版社,1956.

① Mary Zimmerman. *The White Snake*[M]. Northwestern University Press, 2013: 138.

Study on the Cross-Cultural Adaption Strategies of Mary Zimmerman's *the White Snake*

Abstract: Legend of the White Snake, renowned as the representative of classic Chinese folklore and Chinese traditional culture, is always playing an important role in the international cultural communication. The Tony Award winner Mary Zimmerman specializes in cross-cultural adaptions of the classics and traditional stories of different countries and cultures and *the White Snake* is one of her masterpieces. The paper focuses on Zimmerman's script and the play by close reading, doing comparative study on the play and the original novel by Zhao Qingge, draws upon the cross-cultural strategies Zimmerman employs and the cultural consciousness the adaptive version reflects in different context. Affective strategy also enhance the communication with audiences and enrich the artistic value of the original story.

Key words: cross-cultural adaption; cultural integration; affective strategy

（朱科　上海外国语大学新闻传播学院）

中篇　对外话语与翻译研究

讲好中国故事语境下的对外翻译交际效果

张　健

摘　要：讲好中国故事，重要的是要了解和把握国外受众的思维特点，处理好对外话语与交际效果的关系。有效的对外传播，就是要让外国受众真正了解中国，认识其发展状况、成就、独特的文化等事实，需要译者发挥主观能动性，确保译文处于受众可以认同、可以接受的范围内，用外国受众听得懂、能够理解的理念来讲述好中国故事，传播好中国声音，使之传出去，传准确。

关键词：中国故事；对外翻译；交际效果

中外双方的文化传统不一样，思想观念不一样，发展阶段不一样，自然存在着诸多差别，需要译者在对外话语传播过程予以细心观察与高度关注。讲好中国故事，重要的是要了解和把握国外受众的思维特点，处理好对外话语与交际效果的关系。同时，译者必须掌握对外翻译的基本原则，熟悉对外话语翻译的特点，懂得如何融入全球化背景下的国际传播领域。

一、讲好中国故事，争取国际话语权

讲好中国故事语境下的翻译活动，其特点在于它是跨国界、跨文化、跨语言的国际传播，必须承担传递信息、澄清事实、开展舆论战的多重功能，代表国家的形象和利益。然而,国际传播实践中存在一个较为普遍的误区,以为把中文材料翻译成英文等外文就是对外翻译了,其实不然。讲好中国故事视阈下的对外翻译具有严肃性、准确性和灵活性等特点,需要译者在对外传播的翻译过程中将这些多元特征有机地结合起来,以提高国际传播的交际效果。

中国正面临一个有史以来最好的向外表达自己的新时代。这个新时代,是在新中国成立以来,特别是改革开放 40 多年来我国取得重大成就基础上得来的,是承前启后、继往开来、在新的历史条件下继续夺取中国特色社会主义伟大胜利的时代,是我国日益走近世界舞台中央、不断为人类作出更大贡献的时代,举世瞩目、影响深远。这就意味着我们急需一批深谙国际传播话语的外宣行家,能够几句话打动外国人、说到外国人心坎里的国际传播人才。就这一点而言,每一位对外翻译工作者必须明确讲好中国故事的重要意义,把握中国故事的深刻内涵,掌握新时代讲好中国故事的有效方法,积极争取国际话语权。

讲中国故事,就是讲中国的事情,特别是中国的现实,就是对外解困释疑。崛起的中国,需要展示自己;变革中的世界,需要了解中国。如果说过去我们更多的是"多做少说""只做不说"的韬光养晦,那么今天,走向世界舞台中心的中国有责任也有条件向世界传播自己的主张、弘扬自己的价值、报道自己的故事,以获得更多理解和支持。随着综合实力的日益增强,中国融入全球化的程度越来越深,对全球政治、外交、金融等方面影响越来越大,中国到了需要来树立国家形象的阶段。良好的国家形象对内可形成强大的凝聚力,增强民众的自信心、向心力;对外则能够凭借其吸引力、号召力,吸引投资、开拓市场,促进国际合作与交流。

然而,在国际舞台上中国的国家形象仍然受到部分国家的质疑,全面客观地向世界展示中国是对外翻译工作者的当务之急,也是"中国梦"所赋予的历史重任。近年来,我国对外翻译的规模、渠道、技术、影响都取得了跨越式进步,但翻译理念、翻译策略、话语体系、技术手段等与国际水准、现实需要和时代要求相比,仍存在比较严重的滞后和不适。"有理说不出""说了传不开""传开叫不响"的问题依然存在。简言之,对外话语翻译的交际效果尚不甚理想。

二、翻译与话语：中国故事的国际表达

世界上使用汉语的人最多，但使用汉语的国家却很少。我们国家的“文化走出去”无疑是国家战略的另一种表达。但是，中国文化能否走出去？走多远？走多少？怎样走？或者说得具体些：中国文化如何才能走出国门，为世界其他民族所了解，所接受，并在其他民族文化中产生应有的影响和作用？在文化研究中有一个“文化折扣”的概念，指在跨文化传播中，由于文化差异造成理解的难度，传播会打折扣。那么，文化走出去如何少打“折扣”？帮助文化“走出去”的实践者——翻译工作者，又扮演着怎样的角色？是“拐杖”“桥梁”，还是“瓶颈”“门槛”？生态翻译学认为，译者是翻译过程中一切“矛盾”的总和①。如何讲好中国故事、传播中国声音、做好桥梁纽带？如何让全世界都能听到并听清中国声音，让中国声音传得更准、更快、更远、更响，赢得国际社会理解和认同？换言之，中国文化既要“走出去”，更要“走进去”，促使中外民心相通，才能实现中国故事的国际表达。

凡此种种都需要注重翻译生态环境对译者行为的影响与制约。可以这么说，对于翻译而言，译者以外的一切都可以看作是翻译的生态环境；同时，每个译者又都是他人翻译生态环境的组成部分②。

一个走向世界的中国，需要重视我们的对外话语的翻译生态环境，需要提高我们的国际表达水平，需要确保我们的对外翻译质量。中国话语的国际表达既要译得出又要译得好，才能有效传递原语信息，使译语读者愿意看，乐于听，从而更好地了解中国，理解中国。译者应发挥主体性意识，在忠诚于原文精神的前提下，在了解受众阅读习惯，接受心理以及审美倾向的基础上，灵活地构建译文话语，最大化地实现中国话语国际表达的交际效果。

说到翻译生态环境，受众群体也是决定交际效果的要素之一。需要明确的是，当今翻译生态环境下的受众群体发生了变化。四十多年前，改革开放初期，或七十多年前，新中国建国初期，哪些人是中国对外话语的受众呢？那时，中国

---

① 胡庚申．生态翻译学的研究焦点与理论视角[J]．中国翻译，2011(2)：5.

② 胡庚申．生态翻译学解读[J]．中国翻译，2008(6)：13.

的国际影响力有限,海外受众主要是为数不多的研究中国的专家学者或略知中国情况的友好人士。他们以研究中国为职业,对中国的政治、文化和历史都有一定的认知,对当时的中国的国情和话语体系有所知晓。进入21世纪后,特别是过去十几年,中国的海外受众群体大幅拓展。受众多是好事,但是也带来新的挑战,即广大普通读者散落在各个行业领域,他们不是中国问题专家,对中国的了解可能比较肤浅,甚至是一张白纸。生态翻译环境发生变化了,如何处理翻译与话语的关系,如何做好中国话语的国际表达,就成为译者需要面对的挑战,以求赢得受众认可。

评判对外翻译的交际效果,受众是最有话语权的。事实上,话语权指个人或群体占有的话语资源,并使之达到预期言语效果的能力,如政治话语权。首先,“争夺话语权”是一门需要灵活沟通的艺术,这和仅仅是“发出中国的声音”截然不同。中国可以发出声音,但如果没有接受所发出的声音的忠实受众,你只是在面对旷野呼喊,充其量只有一丝回音,却没人应声。其次,“争夺话语权”更不是自己对自己喊“我要话语权”的口号:那样只是自娱自乐,自欺欺人。译文要想赢得认可,必须满足受众的需要。

三、解困释疑:夯实交际效果

对外话语翻译的对象是外国人。这些国家的历史背景各异,其社会制度、文化传统与中国也不相同。在中国发生的事情,如果不加上必要的语用背景,则外国读者很难懂得它的价值。而且,对于很多外国读者而言,中国是一个十分遥远的国度,他们对于中国的了解是非常有限的。许多我们中国人习以为常的事情,外国人却一无所知,更不用说那些连很多中国人自己都知之甚少、解释不清、带有中国特色的事情了,比如一国两制、“一带一路”、三农问题、四项基本原则、菜篮子工程,等等。因此,需要译者运用背景材料解困释疑,加以交代和说明。

一方面,对外宣传工作者不可低估外国读者或听众的智力,另一方面也切勿高估国外受众对我国的了解水平①。有鉴于此,对于“中国味”特别浓厚的话

① 段连城.对外传播学初探[M].北京:中国建设出版社,1988:91.

语,包括国俗词语,译者首先应考虑的是译文一定要让外国人士理解。所谓国俗词语,就是别的语言中无法对译的词语,或者说是别的语言中很难找到与之完全对应的“等值词语”①。

让人费解或不能理解的译文等于没译。为了帮助外国受众加深理解,需要我们为外国受众翻译过程中酌情解困释疑,夯实交际效果,从而实现良性平衡的生态翻译环境。“坐月子”“三甲医院”“独立二级学院”等这些极具中国特色的习俗或国俗词语,不经一番解释变通,恐难以令外国人所理解。否则,对外话语翻译就失去意义了,同时也失去了传播中国文化的良机。这种对中国故事的解读编译过程是必不可少的,可以弥补故事的平庸,扩充故事的内涵,提升故事的传播价值,优化文化外译的生态环境。对外传播中有许多原始而素白的中国故事,需要提升抽象的叙事和国际表达,从而拉近与海外受众的距离。这恰恰是讲述中国故事,实现其传播意义的过程,是一个产生长远效应的重要环节。可见,对外传播有关中国文化等方面的新闻内容时作一些适当的解困释疑和合理变通是必不可少的,不仅能提高对外传播的效果,将准确的信息传递给不太了解中国的受众,还能在一定程度上提高中国的国际形象,使他们更深入地了解中国,消除偏见与误解。当然,阐释与否各有利弊,一经解释,可能显得不够简洁,但是“内容为王”应该是首选的策略,以期达到对外传播理想的交际效果。

目前,我国既受过对外传播专业训练又精通翻译的人才还不等,有必要大声疾呼指出一种“危险的”误解,即只要懂英语就能做对外传播的英译工作。这是对英语对外传播工作的误解,缺乏对这项工作的性质、意义、难度及特点的了解与研究。讲好中国故事语境下的英语对外传播有别于单纯的汉译英,并非是对汉语文本的逐字英译,两者不能简单地等同视之。中国故事讲得成功与否,首先取决于传播效果,而翻译质量如何直接影响到传播效果的清晰度,因为对外传播的读者对象是国外广泛的各阶层人士,为了使翻译材料能适应国外一般读者的接受能力,我们在英译过程中有必要时刻牢记“以读者为中心”,力求给国外受众提供易于接受的译文,确保对外翻译的交际效果,从而最大限度地提升中国话语的国际表达力。

---

① 梅立崇.汉语国俗语词刍议[J].世界汉语教学,1993(1):33.

四、连译带改，实现合理变通

长期以来，惯用形容词、修饰词已成为我们对外传播中的一大痼疾。凡新闻报道中，会议开幕没有不“隆重”的，闭幕没有不“胜利”或“圆满”的，讲话没有不“重要”的，掌声没有不“热烈的”，贯彻没有不“坚决”的，成绩没有不“巨大”的…… 这类“美文”现象，国内读者已见怪不怪，不过，若站在译语文化的立场看，这种“官样文风”不宜强加于西方读者，它会与西方的意识形态格格不入，强行输出只会造成文化上的剧烈冲突，破坏和干扰文本意欲达到的交际功能和社会效应，得不偿失①。任何民族、国家要达到对外来文化的准确理解与全面认识，均需要一个长期过程，不可能一蹴而就②。文化交流需要一个过程，要站在文化输出方的立场，考虑对象国的接受，因此，面对外宣报道及其翻译中存在的某些“译释并举”或“连译带改”等现象，不必大惊小怪。由此可见，翻译是两种语言间的转换过程，既是一种语言活动，又是一种思维活动，是同时运用两种语言表达思维内容的活动。翻译并不是简单的机械运动，它兼有艺术和科学的双重特征。

当今世界，对外传播已演变为一种新兴的跨语言、跨文化的信息服务业。既然是服务，必须引入服务对象（即受众）的概念。对外传播的最终英译稿不仅取决于原文，还取决于它的“服务对象”及其语言习惯、审美口味、公众心理等非语言层面的因素。或许，只有从根本上认识这一点，卡在中国文化“走出去”途中的障碍才能消失。换言之，对外传播绝非逐字英译，这从理论上还是实践上讲都是不无根据的。如对内宣传中经常会有这样的报道：

广大消防指战员一不怕苦二不怕死，发扬愚公移山的精神……

国内的受众对以上写作手法可能不会陌生，随之而来的联想意义也会是积极肯定的，即消防指战员都是“正面典型”，作为正能量宣传一下是有很必要的，其壮举会使国人潸然泪下。消防指战员的举动无不体现了中华民族舍己为人

---

① 胡芳毅，贾文波．外宣翻译：意识形态操纵下的改写[J]．上海翻译，2010(1)：25．

② 谢天振．本土化——跨文化交流的基本规律——兼谈中国文化“走出去”的两个误区[EB/OL]．http://www.cssn.cn/zx/bwyc/201705/t20170526_3531565.shtml．中国社会科学网，2017-05-26

的精神和舍小家为大家的价值取向，在国人心中会引起强烈共鸣。凡事都有个"度"，做过了都不好，对外传播更是如此。这种文风国内读者已见怪不怪，却不宜直接对外输出，它会与西方的意识形态和诗学观格格不入，强行输出只会造成文化上的剧烈冲突。这样"另类"的语言表达要拿来对外，必须做语言文字上的调整和修改，尤其要注意思维方式的转换，否则事倍功半。试想，倘若将上述宣传材料逐字逐句地硬译为如下英文，又会有何传播效果：

The broad fire-fighting officers and soldiers feared neither hardships nor death, displaying the spirit of the old foolish man who removed the mountain…

这样译，就成了死译，可能起到反作用，甚至对国外受众产生负面影响，其心理反应恐怕就不是共鸣，而是疑惑，甚至愤慨了，因为消防队员们"不怕死"的想法和"傻老头搬家"的做法，在西方读者看来不过是"玩命""不可思议"，不仅要成为"负面例子"，还会受到"不通人性"的指控，这样一来，其对外宣传的交际效果就可想而知了，导致翻译生态环境失衡。遇到这种情况，我们必须要考虑到国外受众不同的价值观念，在翻译中弱化与国外受众核心价值观念冲突的地方，提取该"正面典型"中不畏艰险、知难而上和不为私利、舍己救人的正面意义，建议将上述相关材料连改带译，合理变通为：

The firemen braved hardships and risks, displaying the spirit of perseverance and tenacity.

以上例证说明，讲好中国故事语境下对外话语的国际表达无论是作为翻译的一种特殊形式，还是作为一种国际传播，它都是为受众而存在的，失去受众、脱离翻译生态环境的对外传播无疑是孤芳自赏。溯本求源，翻译生态环境是生态翻译学的核心之一，对于翻译文本的产生至关重要。对于具体翻译而言，大到内容风格，小到选词造句，总会与翻译生态环境有关联，只是这种关联可能表现为不同的形式或者不同的程度等(胡庚申，2011)。对外宣传必须处理好翻译与价值观的关系，以及价值观的个别性与普遍性的关系。直译、意译、音译等都是翻译手段和形式层面的，而价值观则是语义层面的。如中国故事如何讲？给中国人讲中国故事，还是给国际社会讲中国故事？中国故事人类化、世界化、普遍化才有可接受性，才有可传播性。换言之，讲述中国故事时必须触及人类共有价值观,满足人类普遍道德标准,符合人类普遍认知规律,满足人类基本逻辑关系,才能赋予中国故事普遍价值和全球意义。因此,在对外传播中,提高译者的受众意识对于提高对外传播的交际效果至关重要。受众意识,也是一种国际视野。译者要问自己这样的问题:我们这样讲述或翻译外国读者是否能够准确理解?他会不会理解歪了?译者应时刻保持警惕,充分认识所肩负的重大责任,以兢兢业业、认真负责的态度对待对外传播,让我们的国际表达能够入眼、入耳、入脑、入心,取得最佳交际效果。

五、内外有别,以求动态等效

讲好中国故事,需要了解和熟悉海外受众,要讲究“内外有别”。对外传播不是对内传播的机械翻版,对外传播要研究其受众在心理状态以及世界观等方面的差异。对外传播不分受众,开大锅饭是行不通的。

例如,在我国股市中“红”这一颜色词代表股价上升,如当日收盘价高于上日收盘价称作“红盘报收”,“开出红盘”是指销量非常好的意思,股票“开出红盘”就是指开盘上涨。股市中,红,代表 股价上升,当日收盘价高于上日收盘价称作红盘报收。与“红盘”相对的是,“绿盘”指证券交易市场电子显示屏上用绿色数字显示的下跌的价格或指数。但是,在欧美股市行情的语境中,“red”和“green”这两个词和汉语的同行语义截然相反,“red”表示赤字、亏损,即下跌,而“green”则表示通行无阻、盈利,即上涨。因此,英译汉语股市语境中的“红盘”和“绿盘”则应分别译为:turn green 和 turn red。不言自明,英译“红/绿盘报收” 和“开出红/绿盘”时可微调变通为:turn green/red at close,和 turn green/red at opening。当然,在具体的语境中,还可根据“红/绿盘报收” 和“开出红/绿盘”的基本内涵分别简化释译为:end higher/lower 和 open higher/lower。回译过去就是收盘/开盘时股价上涨/下跌,通俗易懂,达到了动态等值的交际效果。

这样译,兼顾了受众之别,貌虽离神犹在,比较理想地达到了预期的动态对等之效,利于生态翻译的良性平衡与动态互动,或曰动态平衡。基于此,讲好中国故事语境下的对外翻译还需处理好准确与流畅的对立统一的辩证关系。准确与流畅，即忠实与通顺，是一对矛盾，既相辅相成，又相得益彰。准确是目标，通顺是手段。当译文与原文发生矛盾时，便不得不灵活地变通一下，但变通又不是任意为之，而是为了更好地忠实于原文，表达原文的意义。这样，才能适应外国人的口味，也才能达到很好的传播效果。故翻译既需要忠实，又需要通顺，有时还需要灵活变通，变则通，通则达。

当然，必须承认，在当今的国际传播市场，中国文化的话语权依旧薄弱，这种貌似连改带译或动态等效的国际表达是话语权薄弱的中国话语信息为了走进国际市场，不得已而采取的一种“变通”，其终极目标就是最大化实现翻译的交际效果。

要而言之，成功的对外传播，要求我们讲述好中国故事，解读好中国梦想，阐释好中国价值，传播好中国情怀。有效的对外传播，就是要让外国受众真正了解中国，认识其发展状况、成就、独特的文化等事实，而这些事实最终能否被接受，能是否产生积极正面的影响，很大程度上取决于对外传播的内容和手段是否在受众可以认同、接受的范围内。为此，外宣译者要站在受众的角度思考，发挥主观能动性，确保译文处于受众可以认同、可以接受的范围内。从传播手段方面来讲，应该更加多样化。这就要求新时代对外翻译工作者还要转变受众观念，用外国受众听得懂、能够理解的理念来讲述好中国故事，传播好中国声音，使之传出去，传准确。换言之，中国文化既要“走出去”，更要“走进去”，还要“接地气”，实现中国故事的国际表达，促进中外民心相通。

参考文献

[1] 段连城．对外传播学初探[M]．北京：中国建设出版社，1988.

[2] 胡芳毅、贾文波．外宣翻译：意识形态操纵下的改写[J]．上海翻译，2010(1)：23-28.

[3] 胡庚申．生态翻译学的研究焦点与理论视角[J]．中国翻译，2011(2)：5-9.

[4] 胡庚申．生态翻译学解读[J]．中国翻译，2008(6)：11-16.

[5] 梅立崇．汉语国俗语词刍议[J]．世界汉语教学，1993(1)：33-38.

[6] 谢天振．本土化——跨文化交流的基本规律——兼谈中国文化“走出去”的两个误区[EB/OL]．http://www.cssn.cn/zx/bwyc/201705/t20170526_

3531565.shtml. 中国社会科学网,2017-05-26.

On the Communicative Effect of Global Translation in the Context of Telling Chinese Stories

Abstract: To tell Chinese stories well, it is important to understand and grasp the mentality of foreign audiences and handle the relationship between foreign discourse and communicative effect. Effective global communication means that foreign audiences can really understand China, know its development, achievements and unique culture, etc. It requires translators to exert their subjective initiative and ensure that the translated text is within the acceptable range of the audience so as to see that Chinese stories are told in an intelligible concept for foreign audiences for the accurate transmission of China's voice.

Key words: Chinese stories; global translation; communication effect

（张健　上海外国语大学新闻传播学院）

翻译家孔慧怡对西西小说《我城》的翻译效果研究[①]

孙会军　龙　堃

摘　要：孔慧怡是当代香港知名才女翻译家，西西是香港当代作家中的佼佼者。《我城》[②]作为西西的代表作，被奉为香港文学经典，其最突出的一个特点是小说中的多声效果。本文尝试聚焦孔慧怡翻译的《我城》——*My City: A Hong Kong Story* 考察译本和原文在声音效果方面的异同。笔者发现，原文是一部由各种声音汇聚而成的"交响乐"。由于原文和译文目标读者不同、语言文化差异以及文学翻译可译性的限制，译者在翻译过程中面临很大挑战。孔慧怡呈现给英语读者的译作算不上是对原作的完美再现，有些声音消弭，还有的声音被翻译家进行了调控，融入了译者的声音，但各种声效大多得到呈现，未能呈现的也在一定程度上得到弥补。总体而言，*My City: A Hong Kong Story* 堪称一部与原作异曲同工、旗鼓相当的"交响乐"。

关键词：孔慧怡；西西；《我城》；多声效果；英译

---

① 本论文是北京市社会科学基金项目（项目编号：19XCB011）的阶段性研究成果，于 2021 年发表在香港《翻译季刊》第 4 期（总第 102 期），略有修订，当时文章的题目为《西西小说〈我城〉多声效果在英语译本中的传递》。

② 《我城》在香港《快报》连载之后二十多年时间里，先后出过五个单行本：①香港的素叶出版社（1979）；②台北允晨文化实业公司（1989）；③香港素叶增订本（1996）；④台北的洪范出版社（1999）；⑤广西师范大学出版社（2010）。第五个版本是获得台北洪范出版社授权、仅限在大陆出版发行的洪范版。

一、引　言

孔慧怡不仅是著名翻译研究学者，还一度担任香港 *Renditions*（《译丛》）的主编，而且亲自翻译了不少知名作家的作品，其中香港作家西西尤其受到她的青睐。西西是香港知名当代作家，2019 年以诗作摘得美国第六届“纽曼华语文学奖”，但主要还是靠小说确立自己在文学界的地位。林以亮在《像西西这样的一位小说家》中这样分析西西的创作：“西西固然也写诗和散文，但她的作品毕竟以小说为主。”（林以亮，2001：92）西西小说曾先后多次在中国台湾、香港以及马来西亚的文学大奖中脱颖而出获得奖项，更有研究西西的学者认为，仍然健在的中国作家中，西西最有资格摘得诺贝尔文学奖（艾晓明，2001）。但是，西西作品在内地介绍、研究的不多，英译研究更为罕见。笔者 2021 年 9 月 1 日在知网上输入“西西”和“翻译”两个主题词，只看到香港大学徐秀娟撰写的《论“文字游戏”的翻译——以西西小说〈飞毡〉及余丹译 *Flying Carpet* 为例》一篇期刊论文和一篇硕士学位论文《〈飞毡〉英译的文学性再现研究》。另外，王颖冲在《山东外语教学》上发表过的一篇论文也涉及西西。

西西是在香港成长起来的作家，《我城》被奉为香港文学经典（陈平原、陈国球、王德威，2015：6）。1975 年 1 月 30 日至 6 月 30 日《我城》在香港《快报》连载，在王德威看来，这是香港文学史上具有里程碑意义的事件。

广西师范大学出版社的《我城》的腰封上，梁文道这样推介西西和《我城》：

曾经有一段日子，每有人问起，香港有文学吗？香港有了不起的小说家吗？我就说：“有，西西。”如果有人再追问西西有什么代表作的话，我就说：“有，《我城》。”

作为西西的代表作，《我城》展示的是中五毕业生阿果等人眼中 20 世纪 70 年代的香港，描述了香港居民百姓的生活百态，涉及香港社会多个重要历史瞬间，反映了新一代居民对香港的热爱及把香港建成美丽新世界的美好愿望。《我城》1999 年入选《亚洲周刊》20 世纪中文小说一百强，发表三十周年之际，香港报纸曾设专版纪念。小说出版后，深受读者喜爱，作为香港本土城市文本的开山之作，在海峡两岸暨香港、澳门出过多个版本。

《我城》是西西最早被译成英文的小说,文本里面各种"声音"此起彼伏,形成多声的文本特色,给英文翻译带来困难。著名才女学者、翻译家孔慧怡如何面对这一挑战?本文尝试以小说的多声效果为切入点,研究孔慧怡在翻译过程中如何再现多声效果,分析译作与原作之间的出入,相信无论是对未来的译者还是翻译研究者都会有启示意义。

二、多声效果的再现

对大陆普通读者来说,西西的名字或许有些陌生。西西原名张彦,祖籍广东,1938 年生于上海,1950 年定居香港,是殖民时期在香港成长起来的第一代本土作家。特殊的成长经历以及语言天赋,使西西很自然地掌握了上海话、粤语、普通话和英文。除此之外,她还学习了法语和西班牙语(Hung,in Xi Xi 1993,xii),通晓多种语言和方言。对文学的热爱和大量的多语种阅读,使她对当代世界文坛的各个流派都很熟稔,外语能力使她比单语作家更深入地了解外国文学与文化。当代拉美文学、魔幻现实主义文学以及法国的"新小说"都对她产生过重要影响,使其在文体实验方面得风气之先,最终能"与刘以鬯等作家一起被视为香港纯文学最高成就的代表"(赵稀方,1997:51)。

"声音"是本文的一个核心概念。"声音"可以定义为构成个体的主体或是集体身份特征的文本线索(Taivalkoski-Shilov,2015:60)。有时候,"声音"还用来指代作品中人物和叙事者的声音,以及译文中译者在译文中添加的声音。在本文中,我们既倾听原文的"声音",也考察译文呈现的各种"声音",其中包括译者的声音。

下面,笔者着重考察《我城》的多声效果及其在英语译文中的处理。

(一)普通话、粤语以及英语的混声效果

香港漫长的殖民地经历使其形成了多元的地域文化特色。学校、家庭和社会中市民通用粤语,而写作时则使用以普通话为基础的白话文,此中矛盾已经造成语言文字混杂的情况,而英语作为香港官方语言之一,又进一步强化了香港语言、方言杂合现象。与语言杂合密切相关的是文化杂合,港人浸淫在中西两种文化之中,文化认同问题首当其冲。在《我城》第 12 章,阿果有这样一段

独白：

如果，生长在更早的年代，我看我或者可以见着黄帝。我喜欢黄帝，他发明指南车，人又勇敢，我能够做他的子孙，觉得很高兴。要是有人问我，你喜欢做谁的子孙呢，亚历山大大帝、彼得大帝、西泽还是李察狮王，我当然做黄帝的子孙（西西，2010：155）。

西西 12 岁到香港，属于随着香港成长起来的一代，对香港有着深厚感情和深切认同感，拥抱香港的多元文化，倾向于在作品中让不同的语言和方言自然发声，客观展示这座国际都市的多元文化特点。西西在 1989 年允晨版《我城》作者序中提道："《我城》是地方色彩浓厚的小说，有些方言保留下来，不然的话，《我城》会变成《他城》了。"其实，除了普通话和粤语杂合之外，英语的痕迹在小说中也非常明显。

外语、方言和普通话的杂合带给读者的感受到底如何在译文中传达出来？比如说下面这一段：

例 1. 原文：坐在阿探旁边的人正在替自己的脸抹上防蚊油，即起来唱了一首粤语歌谣。是这样的：打开蚊帐，打开蚊帐，有只蚊，有只蚊，快的攞把扇嚟，快的攞把扇嚟，拨走佢，拨走佢（西西，2010：156）。

这里的粤语在行文中显得非常突出，具有前景化的效果，展示出"我城"浓厚的地域文化特色。英语译文是这样的：

译文：And so we start with the fellow sitting next to Tec，the one who is rubbing mosquito repellent on his face. He sings a Cantonese nursery rhyme：Behind the net，behind the net，a mosquito，a mosquito. Go and get a fan，quick；go and get a fan，quick；chase it out，chase it out.（Xi Xi 1993，119）

在上面的译文中，译者翻译出了歌谣的内容和童趣，但是普通话和粤语的杂合这一地域文化特色显然没有办法传递出来。就这个例子而言，原文的多声效果有所损失。

再看下面的例子：

例 2. 原文：在这个城市里，当你的意思是指公共汽车，你说，巴士；当你的意思指的是鲜奶油蛋糕，你说，鲜忌廉冻饼。因此，在这个城市里，脑子、嘴巴和写字的手常常会吵起架来了。写字的手说，你要我写冰淇淋，但你为什么老是说雪糕雪糕。脑子、嘴巴说,我的意思明明是告诉你这二人是足球裁判员和巡边员,你却把他们写成球证和旁证(西西,1989:156)。

译文:In this city, when you mean the bus, you say ba-see; when you mean fresh cream cake, you say fresh ke-leem cold biscuit. Since this is the case, in this city, the mouth is always quarrelling with the hand that writes. The hand says: You want me to write ice-cream, then why do you keep saying snow-cake, snow-cake? The mouth says: I'm telling you these two people are a football judge and a borderline guard, how come you write them down as referee and linesman? Note: The whole paragraph refers to differences between the spoken language (Cantonese) and the written language (Mandarin) used in Hong Kong. One of the major differences is vocabulary as indicated here. A large number of Hong Kong Cantonese words are transliterated English words. (Xi Xi 1993, 119)

在香港这个众声喧哗的多元文化社会里,一个所指有时对应多个能指,上面例2就是一个非常典型的例子,译者面临的挑战显而易见。作者在元语言层面讨论一些概念的多语表达,译者用直译和音译的办法分别处理,生动再现了语言杂合现象,让读者听到了不同语言、方言一起营造的多声效果;与此同时,译者添加了脚注,通过脚注这一"画外音"方式,向读者呈现香港普通话、粤语和英文外来词混合使用的语言杂合现象。

(二)句法层面的混声效果

在香港,英文的痕迹不仅在词汇层面有所体现,在句法层面也时常可见。小说叙述者在使用普通话为基础的白话文时,时而流露出句法层面的英文负迁移,构成小说中的另一种"声音"。林以亮在讨论西西的《感冒》时曾经指出,西西带有西化倾向的行文有时让读者感到困惑。"例如《感冒》开始时,女主角去看医生,连用两次'我点点我的头'来表示她明了医生的解释……读者看不出理由为什么第一次要增添'我的'两字,而事实上'我点点头'已足以达到目的。"(林以亮,2000:108)。《我城》也以非常类似的一句开篇:

例3."我对她们点我的头。"(西西,2010:7)

这句话的汉语惯常表达应该是:"我对她们点了点头。"西西在行文中添加了所有格，改成“点我的头”。大部分读者乍一读觉得很不习惯：“书中诸如‘我对她们点我的头’之类模仿小孩口气的文字，也显出了刻意，易给人虚假的感觉。”（赵稀方，1997：54）这里添加“我的”两个字，的确不是常规的汉语表达，却是作者刻意而为：一方面，是小说主要人物、叙述者阿果的一个语言手段，用以表达其对于“荷花们”——他的三个姑姑不认同的态度，是人物性格塑造的需要。正如何福仁所言：这种划分，即是情感与态度的表现，所以起句“我对她们点我的头”，不能简化为“我对她们点头”（西西，2010：264）。另一方面，这个所有格的使用，也折射出香港作为英国殖民地在语言上受到的影响：香港汉语不同于大陆汉语，已经被打上英语烙印，添加了英语的腔调。这是香港作为“我城”的特色。译文是这样的：

译文：I nod my head to them. Well, except for nodding my head, what can I say?（西西，2010：1）

翻译不难，翻译出原文的意蕴很困难。原文中的陌生化表达到了英文中就变成了惯常表达，而微妙的、陌生化的效果在译文中已随风而逝、化为乌有了。有什么好的解决办法呢？相信大家都能够体会译者的难处。

（三）插话

打破单一叙事声音的还有行文中放在括号里的文字，形成对前文叙述的评论、补充或应和，构成了文本叙事之外的另一种声音。这一现象在《我城》第二章特别明显，比如下面的例子：

例 4. 原文：这四个人在一起耍牌的一层楼是很小的。说是这么说的，整整的一层哪，其实，不过是个三百呎的大房间（不过是个三百呎的大房间，又不是三百呎的错）……（西西，2010：22）

这段文字非常口语化，“说是这么说的”“其实”以及“哪”的使用，都拉近了叙述者与读者之间的距离，读起来亲切自然。括号里面的文字尤其值得注意，附在前文后面，读起来像是叙述者的自言自语，更像是插进来的一种声音，好像从什么地方冒出来一个人，调皮地插话，对叙述者进行评论，叙述者的声音和插话者的声音，一个前景、一个背景，一个原声，一个响应，使文本叙事获得了多声效果。来看英语译文：

译文：The flat where these four are playing mahjong is very small.

Though it is called a flat, in fact it's just a 300-square-foot room (the fact that it's a 300-square-foot room is of course not the 300-square-feet's fault). (Xi Xi 1993, 13)

上文中第二句对应的译文是这样的："Though it is called a flat, in fact…""说是这么说"似乎找不到对应的句法层面的直译，但细心的读者注意到，意思没有损失，通过 though it is called 传递出来了：called 一词使用了斜体，在这个句子中突显出来，简洁、有效地向读者传递了原文叙述者的"弦外之音"。再看括号里插话，读起来非常调皮；按照英文的衔接习惯，括号里的文字可以简化为：the fact that it's a 300-square-foot room is not its own fault，但译者重复了 300-square-foot，此外还增加了 of course 一词来传达原文中的口气，很好地再现了原文的声音效果。

（四）插画

文本中另外值得一提的一种叙述"声音"，是作者自绘的插图。尚必武教授在《当代西方后经典叙事学研究》中引用了盖瑞特·斯图亚特（Garrett Stewart）发表在当代美国知名期刊《叙事》2003 年第 2 期的论文——《图像的读者，叙事的递归》（*Painted Readers, Narrative Regress*）。盖瑞特·斯图亚特通过对 58 幅图画的仔细研读，提出"图画就像书本，用一种无声的方式讲述故事。"这些图画和文本中的叙述文字一样，虽然没有声带的振动，但叙述的声音是客观存在的——当然这里是在隐喻的意义上使用"声音"一词。

《我城》2010 年广西师范大学出版社的版本里面一共有 117 幅配图，作者自己的画作，漫画风格，放在单页页面的右下角，图画叙述与文字叙述互补交融，此地无声胜有声，打破了本来较为单一的叙述模式。

西西热爱艺术，早年在香港《中国学生周报》文艺版，曾经以南南、西西两个笔名分别在"画家与画""画家与画小插曲"两个栏目撰写文章，算起来有 60 篇之多，向小读者介绍西方绘画史。她之后所尝试的文本实验之一，是从艺术中汲取灵感。西西说过：

我觉得我们现在所写的文字因为写来写去都是那副模样就变得暮气沉沉毫无生趣了。所以我们必得想一点办法出来给文字一种新的生命或者给它换上一副新的脸谱。……我于是想我们不如到那些现代的书里去寻找一些"能源”或者想想,为什么画的世界是那么的灿烂多姿多彩而偏偏文字并没有较多奇异缤纷的线条。我想我们实在可以学学画家们尝试一些较新的形式及与众不同的色彩与形象,比如就拿毕加索秀拉或夏加尔先来试一试。(西西,1995:164)。

如艾晓明所言,“她把图片引入文字,其实就是在作者的叙述之外引入了另一位作者的声音,每一幅图片都代表了另一位发言者;所有的文字都是在与这位发言者的交流中产生的,而角色化的叙述不过是对话中的一种表演方式。图文并置的体例,决定了作品复调多声的性质。”(艾晓明,1998:191)

在英语译文中,我们可以找到 53 幅图画。并非原文中所有图画都进入了英语译文,有时候原来分布在不同页面的几幅图画集中出现在一个英文页面上。为什么没有把所有图片都放进来呢? 1993 年出版,或许当时计算机排版技术还不像现在这么发达,而且原文译成英文,字数乃至页数都有差别,很难完全照着原文的样子安排这些图画,但图画传递的话语效果在一定程度上得到了传达。

(五)互文带来的声音叠加

除了各种语言和方言之外,《我城》的读者在阅读过程中,由于文中的互文指涉,还能听到其他作家的声音,抑或是其他作品中人物、叙事者的声音。众所周知,“互文性”的概念归功于著名符号学家克里斯蒂娃。“互文性”用通俗的话说,是对其他作家作品的引用、戏仿或指涉。由此,读者在阅读的过程中,除了文本本身传递的声音之外,还可以听到相关作家或作品中人物、叙事者的声音。“本文互涉是西西小说的一个重要的示意手段,在西西小说中运用得非常普遍。”(赵稀方,1997:52)在赵稀方看来,“西西对本文互涉手法的兴趣实非偶然,她一直就惯于在现实之外的本文中寻求意义,我们可以找出她的很多小说与外在本文的对应的关系……”(赵稀方,1997:55)《我城》中有多个跟其他中国文学作品互文的例子。比如下面的例子:

例 5. 原文:天井里有树(一棵是番石榴,另外一棵不是番石榴)。树上的枝叶正在细心地剪裁由日光白描好的纸样,打算糊在地面花砖格子的鼻子上(番石榴花的香味会留在鼻子上)。(西西,2010:9)

译文:There were trees in the skywell (one was a guava tree, the other was not a guava tree). The tree meticulously cut out patterns traced out by the sunlight with the intention of pasting them onto the noses of the patterned tiles in the courtyard (the fragrance of guava blossoms would stay in the nose). (Xi Xi 1993, 3)

有现代文学常识的人,看到上面这两句中文,都会想起鲁迅散文集《野草》中的《秋夜》:在我的后园,可以看见墙外有两株树,一株是枣树,还有一株也是枣树。西西对这句话进行了戏仿:天井里有树(一棵是番石榴,另外一棵不是番石榴),与鲁迅《秋夜》形成互文。

如何翻译?中文读者可以看出其中的互文,英文读者呢?译文在一定程度上再现了原文前景化的特点:There were trees in the skywell (one was a guava tree, the other was not a guava tree)。众所周知,英文一般尽量避免名词的重复,使用指代、替代或是省略等衔接手段,指代前面出现过的名词。在英语译文中,译者没有将其翻译为常规的英文表达:There were trees in the skywell (one was a guava tree, and the other was not),而是重复了 a guava tree 这个短语,通过这个前景化的表达,让读者注意到其不同寻常之处。具有一定中国现当代文学功底的人看到这一句,或许有似曾相识之感,并注意到其与鲁迅作品的互文。如果译者添加一个脚注,指出小说与《秋夜》的互文,效果或许更好。

再看下面的例子:

例 6. 原文:他说他是一个很笨的人。有一次一个很有学问的人发了一个问题,问:蝴蝶是什么变的呀?所有的人都答:庄周。而他答的却是毛虫。(西西,2010:57)

译文:He says he is a dumb fellow. There was this time when a very well-read man asked a question: What turns into a butterfly? Everyone answered: Zhuang Zi. But he answered: A caterpillar. Note: A famous ancient philosopher who dreamt that he had turned into a butterfly, and on waking, asked: Did I dream that I was a butterfly, or is the butterfly dreaming that it is me? (Xi Xi 1993, 120)

原文读者大多了解庄周梦蝶这个典故,但是翻译成英文,除了汉学家,普通读者很可能看不懂，译者于是在这里加了一个注释，通过“画外音”的方式说明英语读者了解这里蕴含的中国文化，同时说明读者明白上下文的逻辑。

三、讨论与结语

孔慧怡在译本前言中谈到自己翻译《我城》的思考。她开宗明义地指出，“所有的翻译都是对原作的不同阐释。如果说原作是一幅大自然的风景画，译文读者看到的，是摄影师拍好之后呈现在胶片上的风景画。译者就是摄影师。”（XiXi 1993，xiii）换言之，由于目标读者的不同、语言文化的差异以及文学翻译可译性的限制，译者要想在译文中完美传递原文中的多声效果是不可能的。从本文中给出的六个译例来看，译例 4 和 5 照直翻译原文，基本上传递出了原文中的多声效果；译例 3 也是直译，但是原文中的陌生化效果没有了，属于欠额翻译，声音效果略有损失；译例 1、2、6 中，译者添加了注释，在译文中留下了译者的声音，为译文读者理解作品架设了沟通的桥梁，对原文中不能传递的声音效果起到了弥补作用；就插图的处理而言，有些插图没有进入译文，应该是有所损失的，但是整体来看效果类似。除此之外，孔慧怡提到译文对《我城》中方言的处理：粤语是香港的通用语言，小说中大量使用粤语词汇和句法，目的是为了捕捉香港的地方特色，如果没有粤语方言，“我城”就变成“他城”了（XiXi 1993，xv）。孔慧怡不赞成用英语中的地域方言来替代原文中的广东方言，而是选择用英式英语来翻译小说中的主体语言——普通话，偶尔穿插一些美式英语来传递原文中的语言杂合现象。

德国学者 Katharna Reiss（2000：33）在她著名的 *Translation Criticism-The Potentials and Limitations* 一书中提到，在以形式为主的文学作品翻译中，译者不是机械地翻译原文的语言形式，而是从原文形式中获得灵感，然后到译入语中去找寻与其旗鼓相当的表达方式，从而在译文读者中取得类似于原文读者的反应。总的来说，西西《我城》的英译本，就多声效果的传递而言，算不上完美的译本，但英语译者凭借高超的双语能力和双语转换能力，在充分考虑目标读者接受能力的情况下，对原文的各种声音进行了传递、调控，甚至添加了新的声音，总体上较好地传递文出原中的多声效果，取得了与原文旗鼓相当、异曲同工的文学效果,值得学习和借鉴。

参考文献

[1] Hermans, Theo. The Translator's Voice in Translated Narrative[J]. Target, 1996, 8 (1): 23 - 48.

[2] Reiss, Katharna. *Translation Criticism-The Potentials and Limitations* [M]. London and New York: Routledge, 2000.

[3] Taivalkoski-Shilov, Kristiina.Friday in Finnish: A Character's and (Re) translators' Voices in Six Finnish Retranslations of Daniel Defoe's Robinson Crusoe. In Voice in Retranslation, ed. by Cecilia Alvstad and Alexandra Assis Rosa, special issue[J]. Target, 2015, 27 (1): 58 - 74.

[4] Xi Xi. *My City*: *A Hong Kong Story*. *Eva Hung* (*trans*.)[M]. Hong Kong: The Chinese University of Hong Kong, 1993.

[5] 艾晓明. 我喜欢西西[J]. 南方周末,2001 - 07 - 26.

[6] 艾晓明. 看图讲故事//艾晓明.从文本到彼岸[M]. 广州:广州出版社,1998.

[7] 陈平原,陈国球,王德威. 香港:都市想象与文化记忆[M]. 北京:北京大学出版社,2015.

[8] 程光炜. 如何理解"先锋小说"[J]. 当代作家评论,2009 (2):4 - 19.

[9] 林以亮. 文思录[M]. 沈阳:辽宁教育出版社,2001.

[10] 凌逾. 西西研究综述[J]. 广东社会科学,2006 (5):176 - 182.

[11] 尚必武. 当代西方后经典叙事学研究[M]. 北京:人民文学出版社,2013:171 - 172.

[12] 西西. 我城[M]. 台北:允晨文化实业公司,1989.

[13] 西西. 我城[M]. 桂林:广西师范大学出版社,2010.

[14] 西西. 画/话本[M]. 台北:台北洪范书店,1995.

[15] 赵稀方. 本土意识与文学形式——西西小说论[J]. 台港与海外华文文学评论和研究,1997 (2):51 - 55.

A Tentative Approach to the English Translation of Xi Xi's My City: A Hong Kong Story by Eva Hung

Abstract: Eva Hung, who worked as editor-in-chief of the journal of Renditions, is also an established translator of Chinese literature, showing great interest in the works of Xi Xi. The latter being one of the foremost writers of contemporary Hong Kong, is well known as a stylist who has constantly been exploring new frontiers in literature. Being the winner of various literature awards including Newman Prize for Chinese Literature, she is highly recognized among her readers especially in Taiwan, Hong Kong and Malaysia. So far, some of Xi Xi's works have been introduced into the Chinese Mainland, but research in the English translation of her works is very limited. My City: A Hong Kong Story is Xi Xi's representative work featured by multiple voices, regarded as one classic of Hong Kong literature. The paper examines the similarities and contrasts between Xi Xi's original work and Eva Hung's English translation My City: A Hong Kong Story. It is found that the original work is a symphony harmonizing all kinds of voices. The translator was faced with the challenge to bridge the difference in readership of the original and English translation, linguistic and cultural differences, as well as the high degree of untranslatability of literary works. Despite the fact that some voices of the intervening translator are added, while others helplessly disappear, Hung's English translation succeeds in representing most voices. On the whole, the English translation My City: A Hong Kong Story is also a symphony that can to a great extent match the original work as far as the voice effect is concerned.

Key words: Eva Hung; Xi Xi; My City: A Hong Kong Story; multiple voices; English translation

（孙会军，龙堃　上海外国语大学）

国际组织专业书籍的跨文化传播

——联合国教科文组织系列丛书翻译策略研究

李　美　汤仁彬

摘　要：国际组织公开出版物，从措辞造句到行文风格，都会自成特点，如语言正式程度高、选词造句风格庄重、句式结构复杂且信息密度大、书写立场相对客观、措辞造句相当规范严谨等。这些特点导致了在翻译过程中从理解阶段到表达阶段的各种难度。本文基于联合国教科文组织系列丛书翻译实践，从词、句、篇三个维度，研究探讨跨文化传播背景下的国际组织专业书籍翻译策略。

关键词：联合国教科文组织；跨文化传播；翻译策略

一、引　言

2019年及2020年，承蒙联合国教科文组织信任，笔者完成了该国际组织两本书的英汉翻译工作。这两本书（原文及译文均可在联合国教育科学及文化组织官网 www.unesco.org 免费获取）分别是：《联合国教科文组织互联网普遍性指标：互联网发展评估框架》（*UNESCO's Internet Universality Indicators: A Framework for Assessing Internet Development*）和《引领人工智能与先进信息传播技术构建知识型社会：权利—开放—可及—多方的视角》（*Steering AI and Advanced ICTs for Knowledge Societies: A Rights, Openness, Access and Multi-stakeholder Perspective*)。本文将以这两本书的翻译实践为例，分析探讨跨文化传播背景下的国际组织专业书籍的英汉翻译策略。

在国际事务中，国际组织引导全世界不同国家和地区的政府关注与人类命运有关的共同话题，客观、全面地组织交流并达成国际共识。显然，由国际组织公开发布的语言文字，从措辞造句到行文风格，都会自成特点。由曹菡艾、赵兴民编写的《联合国文件翻译》一书（曹菡艾 & 赵兴民，2006：109）指出："总的来说，准确（accuracy）、清晰（clarity）、精炼（conciseness）和一致（consistency）是联合国文件起草者追求的目标。"作者同时指出，语言简单不是指内容简单，简练的文章风格可以传达复杂的思想和信息。而且，"词语繁琐冗长是联合国文件中一个最突出的问题。"国际组织公开出版发行的书籍或文件的语言特点可以从其读者群的特点来加以了解：这些资料的读者，除了各国代表及相关领域的专家之外，也包括普通大众。所以，面对文化和语言背景不同、受教育程度不同、专业知识层次不同、阅读目的不同的读者，文本本身无论是从写作的角度，还是从翻译的角度来说，都不是一件容易的事。

2011 年外文出版社出版的、由就职于联合国日内瓦办事处语文处中文翻译科资深审校赵兴民先生所编著的《联合国文件翻译案例讲评》一书的封面上，以醒目的文字明确了联合国翻译部门六项业务守则：

(1)完整：译文完整，不随意减译或增译。

(2)准确：意思准确，忠实于原文。

(3)通顺：语句通顺，符合现代汉语习惯。

(4)术语：沿用固定用语的固定译法，避免制造一些新的译法。

(5)一致：术语、专有名词及其他固定用语在译文里需前后一致。

(6)风格：译文风格应与原文风格相符。

事实上，在为联合国教科文组织进行汉英翻译的过程中，笔者深切体会到了原文本的诸如语言正式程度高、选词造句风格庄重、句式结构复杂且信息密度大、书写立场相对客观、措辞造句相当规范严谨的特点。这些特点导致了在翻译过程中从理解阶段到表达阶段的各种难度，尤其是对大量术语及程式化表达的处理、译文的逻辑性严谨性及可读性以及语序问题和长句的整合等，不一而足。

二、翻译策略梳理

我们知道,要做好翻译,首先必须梳理正确的理念。

译者的最基本职责,是帮助别人进行语言沟通。翻译不是单纯的文字转换,译者必须首先自己正确理解原文,才能把意思准确表达出来。毋庸置疑,对于大型国际组织的英文出版物而言,其实际翻译中最困难的部分,恰恰是如何正确理解原文的句式结构和言语要旨。细细品味,这些出版物都带有自己的权威印记:文体角度,它们都属于信息型文本,句子长且结构复杂,很少使用修辞手法,大量句子采用动词的抽象名词做主语,而不是施动者+动词的结构。这些文字短句少,专业性强,信息密度大,正式程度高,多有修饰补充成分,包含并列转折等复杂的逻辑关系。

因此,作为一名国际组织专业书籍的译者,翻译过程中最重要的不是斟字酌句,而是立足背景信息,具备正确分析原文语法结构,尤其是解读内容较为敏感、复杂或技术性较强的原文的能力。译者需要在把握中英文行文特点尤其是信息型文本组句谋篇的基本原则与技巧的前提下,将双语的显著区别谙熟于心,多查阅相关领域的文献和词典,充分理解原文细节,理清句子的成分和结构,正确选择词义,恰当地表达原文信息,追求译文语言的准确性,即通常所说的"信"。在此基础上,尽力梳理译文,提升译文语言的流畅度和简洁性。

(一)词汇层面

词语是文本最基础的组成部分,是翻译中的最小单元,也是翻译的起点。词汇的翻译对于整个翻译过程起着基础性的作用,犹如垒砌墙面的一块块砖石,墙体的整体质量由这些看似不起眼的砖石个体决定。因此,翻译实践中每一个词语的选择都需要精挑细选、匠心经营,在充分理解原文语意的前提下发挥译者主体性,调动一切知识储备,找出适合该语境下的最佳选择,保证译文的严谨性。

阅读国际组织出版物时,读者都会点赞原文在选词方面的准确与严谨。因此,为了确保译文的严谨性,译者必须结合上下文拿捏原文说法的细致涵义,避免以偏概全、夸大或缩小原文语意的表达程度，导致传递谬误信息。

要选好词用准字，首先要准确地确定原文词语所表达的意义，然后在译文中再选择恰当的词语。英汉两种语言中都存在一词多类、一词多义的现象，因此在确定英语词义时不仅要根据词类来确定词义，而且还要依据词语所处的上下文来选择词义。同时，措辞严谨并不意味着在不同语境中出现同一个词时，译者也可以如原文般一概而论，直接译作同样的表达方式。以下表格的举例中，原文都包含 arrangements 一词，但初译文有的照搬词典释义，有的虽然做了变通，但都与修改后的译文相比，欠缺措辞的准确和严谨。

原文	初译	改译
例 1. Do **arrangements** for intellectual property protection balance the interests of copyright holders and information users in ways that promote innovation and creativity?	知识产权保护的**布局**是否平衡了版权所有者与信息使用者间的利益，从而促进创新？	知识产权保护的**规定**是否平衡了版权所有者与信息使用者间的利益，从而促进创新？
例 2. Participation data for national IGF or other fora, aggregate and disaggregated by sex and stakeholder group, with particular attention to participation by selected groups (e. g. education ministries, SMEs, NGOs concerned with children, trades unions), and including **arrangements** for remote participation.	国家 IGF 或其他论坛的参与数据，按性别和利益相关群体汇总和分类，特别关注指定群体的参与情况(如教育部、中小企业、与儿童有关的非政府组织、工会等)，包括远程参与的**安排**。	国家层面互联网治理论坛(IGF)或其他论坛的参与数据，按性别和利益相关群体汇总和分类，特别关注指定群体的参与情况(如教育部、中小企业、与儿童有关的非政府组织、工会等)，包括远程参与的**设施**。
例 3. Data protection **arrangements** are important in ensuring that open data sets do not undermine individual privacy.	数据保护**布局**对确保个人隐私免受公开数据损害至关重要。	数据保护**制度**对确保个人隐私免受公开数据损害至关重要。

（续表）

原文	初译	改译
例 4. Some of the indicators in the framework are concerned with the existence of particular constitutional or legal arrangements and the performance of government agencies and other ‘competent’(i.e. responsible) authorities in implementing or enforcing them.	本框架的一些指标涉及是否具有特定的宪法或法律**安排**，以及政府机构和其他“主管”(即负责)当局在实施和执行这些**安排**时的表现。	本框架的一些指标涉及是否具有特定的宪法或法律**制度**，以及政府机构和其他“主管”(即负责)当局在实施和执行这些**制度**时的表现。
例 5. Legal framework concerning access to publicly-held data sets, including arrangements for anonymisation, and evidence of implementation by government and other competent authorities.	关于公共数据获取的法律框架，包括匿名的**布局**，以及政府和其他主管部门实施法律框架的证据。	关于公共数据获取的法律框架，包括匿名化**处理**规定，以及政府和其他主管部门实施法律框架的证据。
例 6. Are there adequate arrangements in place for monitoring and assessment of the development of the Internet and its impact on society?	是否有充分的**安排**来监测和评估互联网的发展及其对社会的影响？	是否有充分的**措施**来监测和评估互联网的发展及其对社会的影响？

以上六组举例中，arrangements 都不应想当然地译作“安排”或“布局”，而是根据上下文语境，分别用“规定”“设施”“制度”“处理”“措施”等来再现其在原文中的语意。

同样地，在以下举例中的 support 及 preparation，也不是“支持”“支撑”或“筹备”“准备”，而是要求译者根据英汉语言差异，进行译文措辞的适当调整，从而达到使译文更加地道、进而符合目标语读者阅读习惯的跨文化传播目的：

例 7. 原文：Open data policies are concerned with making publicly available data that are gathered by governments (and, sometimes, other stakeholders) so that they can be used by individuals, businesses (including both local and foreign businesses) and civil society organisations to undertake their own analysis and support their own objectives.

初译：数据开放政策关注政府(有时是其他利益相关方)收集的数据的可及性，以便个人、企业(包括本土和外国企业)和公民社会组织对这些数据进行分析并**支撑**各自的目标。

改译：数据开放政策关注政府(有时是其他利益相关方)收集的数据的可及性，以便个人、企业(包括本土和外国企业)和公民社会组织对这些数据进行分析并**实现**各自的目标。

例 8. 原文：Evidence that government encourages and facilitates multistakeholder preparation for international meetings.

初译：有证据表明政府鼓励并帮助多方利益相关者**筹备**国际会议。

改译：有证据表明政府鼓励并帮助多方利益相关者**参与**国际会议。

由此可见，作为译者，应该适时地合理怀疑自己的译文，识别出表意不当的选词，并学会注重对原文的逻辑分析，严谨、准确地再现信息间的关系。同时，我们还应从现实层面出发，对原文表意未尽明确之处，结合上下文或背景信息剖析原文，找到其实质涵义，保障译文表述严谨，最大限度地准确呈现原文信息，助力文本的跨文化传播功能。

概言之，对于国际组织专业书籍的英汉翻译而言，在词汇层面，译者要学会精挑细选、匠心经营，要准确掌握与英文对应的中文表达，尽量使用简短的词汇避免繁冗表达，即用尽可能少的文字突出主旨，避免臃肿与累赘，提倡译文清晰、正确、正式、准确、简明，摆脱原文有可能引起的译文的僵化表达，进而更加符合时代发展和跨文化传播要求。

(二)句子层面

在句子层面，汉英两种语言在组句习惯及结构样式上都有较大差异。英语是一种偏静态的语言，多使用介词和名词，而汉语则属于一种动态语言，多使用动词。英语句子往往逻辑严密，句式嵌套，复杂长句较多；汉语则多短句和分句，很多地方可断可连(吕叔湘，1979:27)。

由于信息型文本在语言组织方面注重严谨性、简洁性、规范性和客观性，文体较庄重，逻辑性较强，一句话所含信息量较大，所以，基于英语重形合而汉语重意合的本质特点，译者在进行英汉翻译前应当通读并理解各关键概念的相互作用，再将单个句子的各个成分分析到位。如若译者自身对于原文本一知半解，就根本无法准确传递原文信息。只有在彻底理解并对原文有了整体的把握后，才能根据英汉语言差异以汉语读者较容易理解的方式将原作"葡萄串"上"葡萄"一样排列的信息点按照汉语"竹节"一般的线性句式发展铺陈开来。

首先，正确理解原文各成分间的修饰、从属及呼应关联，是做好句子翻译的第一步。例如：

例 9. 原文：Is there a <u>framework</u> for the investigation of cybercrime and other crimes involving computer systems which is consistent with international and regional rights agreements, laws and standards?

初译：是否存在<u>**调查框架**</u>调查网络犯罪和涉及计算机系统的其他犯罪，并且该框架符合国际和地区权利协议、法律和标准？

改译：是否存在调查网络犯罪和涉及计算机系统的其他犯罪的<u>**法律框架**</u>，并且该框架符合国际和地区权利协议、法律和标准？

该句中的"framework"一词无论是在语法作用还是实际语意方面都至关重要。初译文误读为与"investigation"是修饰与被修饰关系，译文拗口且不能传达作者本意。

再看下例：像初译文中对原文的理解失误和由此带来的想当然的翻译，也应该给译者敲响警钟：

例 10. 原文：At the same time, they pose major challenges, especially with regards to free expression, privacy, online disinformation, the safety of journalists, transparency, accountability, <u>deepening inequalities, gender and other divides</u>.

初译：与此同时，尤其是在自由言论、隐私、网络谣言、记者安全、透明、责任、加剧不平等、性别等方面，数字技术也带来了巨大的挑战。

改译：与此同时，尤其是在自由言论、隐私、网络谣言、记者安全、透明和问责方面，数字技术也带来了巨大的挑战，<u>**而且加剧了不平等和扩大了性别等方面的数字鸿沟**</u>。

英语句子是树状结构，通过运用定语从句、状语从句、后置定语、介词短语等，将丰富的信息纳入一句，"表态判断为主，事实背景为从"这一主从句框架十分常见;而由于汉语语言的竹状特点,几个意义有联系的短句常用逗号隔开,形式上显得松散,符合汉语意合的特点。为了实现译文的有机连贯,在英汉互译时要有切分或搭建的意识。在初译稿完成之后,还要学会将译文进行组织优化,提升译文的简洁性和地道性。如:

例 11. 原文:Therefore, it is important to assess AI programs, even if they have social missions, in order to protect all women, including the most marginalized women.

初译:因此,为了保护所有女性,包括最边缘化的女性,即使人工智能项目赋有社会使命,但评估它们也是很重要的。

改译:因此,为了保护包含最边缘化女性在内的所有女性,对肩负社会使命的人工智能项目进行评估,也是非常重要的。

信息型文本结构严谨、用词精确、客观周密的语言风格,对我们的英文理解能力和中文措辞水平提出了比寻常英汉翻译更为苛刻的要求。作为译者,我们既要快速识别句子的主干结构,结合上下文反复理解原文主旨,以确保译文语言的简洁与灵巧;又要努力使译文结构、措辞和搭配更加符合汉语的习惯,为读者带来更加理想的阅读体验。

谈及英汉翻译在句子层面如何提升读者的阅读体验,还有一种重要的语言现象不容忽视,那就是:英文常用一些无生命事物或者概念的非人称作主语来表达,着重强调物对人的作用,对人思维、行为的影响及其产生的结果。中文则较常用人称作主语,注重主体思维,以人来叙述客观事物。在英译汉时,如果采用直译的策略,一方面会使译文违背中文的思维习惯,显得很别扭、不地道或不自然;另一方面,译者受到负面牵引,保留物称主语会导致两句话主语不一致,句子不通顺。为使译文更加地道通顺、清晰易懂且符合汉语的表达习惯,译者往往应当把物称主语改为人称性质的词语做主语。例如:

例 12. 原文:However, since many instances of AI software are not audited and examined to see if they are biased, discrimination against women can creep into algorithmic decision-making without being noticed.

初译:然而,**由于许多人工智能软件没有得到审查**以确定它们是否存在偏见,对女性的歧视可能悄悄潜入算法决策过程而不被察觉。

改译：然而，**由于人们并没有对许多人工智能软件加以审查**以确定这些软件是否存在偏见，所以，对女性的歧视可能已然悄悄潜入算法决策过程而不被察觉。

该例也是一个以主动语态翻译原文被动结构的典型举例。英文中被动语态使用的范围之广及数量之大都是汉语无法比拟的，尤其是在此类信息性文体中。因为在这样的语言环境中使用被动语态会显得客观、翔实、公正，避免给人以主观臆断、啰嗦冗长的感觉，但是译作中文时更多场合主张转换语态以提升可读性。

在为联合国教科文组织进行丛书翻译的过程中，笔者深感最为困难的是对长句的处理。这无疑和中英文语言差异相关：英语重形合，为“葡萄型”结构，造句常用各种形式的连接手段、注重显性接应、注重句子形式和结构完整，以形显义；而汉语重意合，为“竹节型”结构，造句少用甚至不用连接手段，注重隐形连贯，注重逻辑事理顺序和功能意义，以神统形。在翻译时，只有了解了英汉语言的上述本质差异才能将译文处理得更为地道，才能“说人话”。举例如下：

例 13. 原文：According to some studies，on average women are 25 per cent less likely than men to know how to use ICT for basic purposes，such as using simple arithmetic formulas in a spreadsheet；men are around four times more likely than women to have advanced skills such as computer programming；and just 2 per cent of ICT patents are generated by women globally.

初译：根据一些研究，在掌握如何将信息传播技术用于基本目的方面，女性平均比男性低 25%，比如在电子表格中使用简单的算术公式；在拥有计算机编程等高级技能方面，男性大约是女性的四倍；全球只有 2%的信息传播技术专利由女性获得。

改译：某些研究表明，平均而言，在掌握如何将信通技术用于基本目的方面——比如在电子表格中使用简单的算术公式，女性比男性低 25%；在计算机编程等高级技能方面，男性大约是女性的四倍；全球信通技术专利中，只有 2%由女性获得。

面对类似以上这个长达 63 个词的长句，我们会手足无措，不知该从哪里翻起，经常会出现译文欠通顺或不符合中文习惯的情形。这主要是因为英语为主语显著的语言，主语突出，除省略句以外，一般情况下每个句子都有主语，句法重形合，要求句子各成分特别清楚，以免结构混乱，影响句意。而汉语则是主题显著的语言，主题突出，主语不突出；句法重意合，指代关系在形式上不明显。因而在英译汉的过程中，确定主语，调整语序往往是一个需要动脑筋的问题。

有时由于英语主干生长出的旁枝比较繁杂，整个句子像一棵枝繁叶茂的树，这时如果不对树作切割，将一整棵树直接放倒拖到汉语中会显得句子冗长费解。因此为了使得译文更符合目的语表达习惯，在树枝的节点作切割调整，将句子灵活地化长为短，信息的呈现会更加条理清晰。例如：

例 14. 原文：Amazon's AI-powered recruiting software was found to downgrade resumes that contained the word 'women' because it had been trained on men's resumes, even though the creators had no intention of discriminating against women.

初译：亚马逊的人工智能招聘软件被发现会低估包含"女性"一词的简历的质量，因为它是针对男性的简历而设计的，尽管开发者并没有歧视女性的意图。

改译：尽管开发者无意歧视女性，但由于亚马逊的人工智能招聘软件是针对男性简历而设计的，它会贬低包含"女性"一词的简历的质量。

英语句子具有句尾开放性，句子可以顺线延伸，无限延长，用介词短语、同位语从句、插入语等方式，形成一直向右延伸的句子结构。而汉语句子具有句首开放性和句尾紧缩性，所以往往将句子核心放在句尾，而将条件、目的、原因和起解释说明和修饰作用的成分放在句子核心之前，按照信息的相关度由远及近地组织句子（刘宓庆，2006：275－310）。但英语和汉语的信息传递方向相同，都是从已知向未知过渡。所以，译者在进行英译汉时，应对根据英语句子展开的习惯，在句首寻找原文的信息焦点，而译成汉语时，则应将信息焦点放在句尾突出该信息焦点，便可实现有效的信息传递。例如：

例 15. 原文：Among other issues, male predominance in AI education and workforce, algorithmic bias and discrimination, 'outing' LGBTI individuals in violation of their rights to privacy, stereotypes in the creation of 'female' voice assistants, issues around the sex robot industry, and the invention of 'deepfake' pornography are some of the concerns that arise with the advent of AI technologies.

初译：男性对人工智能教育和劳动力的主导，算法的偏见和歧视，暴露LGBTI人士身份，侵犯他们的隐私权，对“女性”语音助手的刻板印象，性爱机器人行业的问题，创作换脸假冒的色情作品等其他问题随着人工智能技术的产生而出现。

改译：随着人工智能技术的产生，男性在人工智能教育和劳动力中的主导地位、算法的偏见与歧视、暴露LGBTI人士身份及侵犯其隐私权、在创建“女性”语音助手时的刻板印象、性爱机器人行业的种种问题，以及“深度伪造”的色情制品等其他问题相继出现。

在翻译此句时，必须要设法将原文意群重组，按符合中文逻辑顺序、表达习惯的方式进行“改写”，便于读者理解。

总之，长句翻译的难点，主要源于英汉双语在句式表达和叙事重心等方面的巨大差异。为了得到通顺的译文，提高译文可接受度的最有效策略，就是把长句进行拆分，并根据中文阅读习惯，进行语序调整以实现信息重组。具体方法如下：理清句间逻辑关系，对意群进行拆分，将原英文长句拆分成单独或用逗号隔开的汉语短句，按照译入语的语言习惯，对原文句子进行重组编排，或根据逻辑关系调整译文语序，以使译文更加流畅。需要说明的是，对语序进行调整的前提有两点：其一，充分把握文意及句子各成分间的逻辑关系；其二，注重译文简洁及语句流畅。

（三）语篇层面

语篇是翻译中的最大单位，在翻译时我们不应该仅仅斟酌词句，还要用整体的眼光去审视整个篇章。

我们知道，对于翻译而言，“能够理解”“能够解释”和“能够表达”是完全不同的概念。在这两本书的翻译过程中，笔者深切感受到：很多时候哪怕能够百分百理解作者的意思，却很难用流畅的中文表达出来。每当此时，本人的处理方案如下。

首先，反思自己是不是真的理解了作者的语意，此时可以试着解释难以翻译的句子，如果解释不清，可能并没有真正理解，此时就要再通读前后文、查询背景资料等。

然后，在做到能够清楚解释却难以用中文表达时，试着提取句子中的关键词，进行语序的调整、词汇的替换，甚至增加一些解释性的内容等，尽量不被原文的结构限制思维，当作是自己在重新写作，最后再检查与原文是否有出入。

最后，若能够用中文表达，但句子好像有些拗口、却又找不出问题时，可以说服自己先放一放，等这种纠结的感觉差不多被抛至脑后的时候，再回过头来继续完善。

通过这两次翻译任务，笔者认为在语篇层面要注意整篇的通顺连贯，注意与上下文的衔接。英语强调逻辑关系，因而要在初译文相对松散的中文逻辑中找到因果、并列、承接等关系，并使用恰当的连接词将逻辑关系显化。请看如下举例中的译文对比：

例 16. 原文：Given that sexual harassment is a reality disproportionately affecting women and has great impact on women's well-being, normalizing an answer such as "I'd blush if I could" when being told "You're a slut" reinforces the idea that women should not problematize this type of comments. When Siri was presented with more explicit sexual requests and demands, "her" answers were sometimes "I'd blush if I could" or a playful "Now, now" and "I'm not THAT kind of personal assistant." That a digital assistant with a female voice can flirt with abuse is a step backward in the fight against sexual harassment.

初译：考虑到性骚扰对女性的影响是不成比例的，而且对女性的幸福感有很大的影响，固化当被告知"你是一个荡妇"时，回答"如果我能，我会脸红"，将会强化女性不应该质疑这类评论的观点。当 Siri 被问到更直白的性要求时，"她"的回答有时是"如果我能，我会脸红"，或者开玩笑地说"现在，现在"或"我不是那种私人助手"。在与性骚扰的斗争中，拥有女性声音的数字助手可以调戏他人，这是一种倒退。

改译：性骚扰现象在现实中对女性都有或多或少的影响，而且极大地影响着女性的身心健康。因此，听到"你是个荡妇"就回答"如果我能，我会脸红"强化了女性对此类谈话不应该提出质疑的观点。当用户对 Siri 提出更直白的性要求时，“她”的回答要么是“如果我能，我会脸红”，要么开玩笑地说“现在，现在”或“我不是那种私人助手”。女性语音助手竟然可以和骚扰对象调情，这在打击性骚扰方面是一种倒退。

在篇章翻译中，发挥译者主体性，大胆断句，并根据逻辑顺序厘清翻译顺序至关重要。这要求我们一定要避免僵化思维，灵活使用翻译技巧，通过破长句为短句、调整语句顺序等方法使译文的表达更加符合中文读者的阅读习惯。而且，在确定初始译文在内容上没有遗漏后，学会撇开原文，只看译文，进行以语篇为单位的修改润色，最后通读译文，与原文一段一段进行对比，针对不通顺及与原文不一致的地方，以及粗心造成的内容遗漏、误译和拼写错误进行纠正和完善。

三、结　语

国际组织专业书籍的内容会涉及各个领域，各种专业词语层出不穷，作为译者我们可能对有些领域的知识比较陌生，而对于自己不甚熟悉的原文内容，我们要格外谨慎处理，通过查找词典、百科，弄懂原文含义；对于一些看上去熟悉的词语和用法更是不能大意，要小心求证，切忌望文生义。回望这段翻译经历，总结如下几个要点供读者借鉴：

第一，译前准备要做充分。拿到原文后要先大体地了解一下原文的整体风格和基本内容，从而定下翻译的基调。

第二，双语基本功要扎实。要吃透原文意思，实现翻译的准确性，一定要反复揣测作者意图，争取译出最准确的版本，不要因为理解错误而造成误译。此外，对于术语一定要抱着严谨的态度去查证，找到正确译法。

第三，要发挥译者的主动性和创造性。翻译的本质是转化。作为译者，我们应该足够大胆，只要调整是必要的，或者是有利于接受者理解和欣赏的，就要敢于在译文中去对原文作出调整。当然，这一定要建立在准确表意的基础上，这是前提和原则。

第四，好译文是改出来的。修改和润色是翻译过程中非常重要的一环，应给予足够的重视。反复推敲、精益求精，不但译文质量会显著提高，译者的翻译技艺也会变得日益精湛。

修改的步骤包括：首先，确认译文是否通顺，若仍存在语句杂糅、不好理解的地方，则还需重新切分、重组句子，并酌情添加适当内容以保证句子的连贯和通畅；其次，认用词是否准确恰当，可以结合词典、语料库等工具进行参考；再次，确认是否需要删去一些不必要的字词，以尽力追求译文的简洁；最后，与原文进行核对，检查是否存在错译、漏译或过度发挥的问题，是否与原文风格保持一致。

翻译之事无小事。正如作家的创作需要潜心"坐冷板凳"，精心打磨，面对任何一个翻译任务，或大或小，或长或短、或难或易，译者都需要潜下心来，做好译前、译中、译后以及反思总结的每一步。唯有如此，方能交出令人满意的翻译作品，同时使译者自己在一次次实践中不断进步，提升自我素养与素质。

跨文化传播，既是处于不同文化背景的社会成员之间的人际交往与信息传播活动，也涉及各种文化要素在全球社会中迁移、扩散、变动的过程，及其对不同群体、文化、国家乃至人类共同体的影响。翻译是跨文化传播的重要桥梁，是文明交融的必由之路。翻译的优劣直接影响跨文化传播的发展进程。说着容易，但是想要真正做到还需要我们在之后的翻译活动中，勤思考，多揣摩，"饭疏食饮水，曲肱而枕之，乐亦在其中矣"。

参考文献

[1] 曹菡艾，赵兴民. 联合国文件翻译[M]. 北京：中国对外翻译出版公司，2006.

[2] 刘宓庆. 新编汉英对比与翻译[M]. 北京：中国对外翻译出版公司，2006.

[3] 吕叔湘. 汉语语法分析问题[M]. 北京：商务印书馆，1979.

[4] 赵兴民. 联合国文件翻译案例讲评[M]. 北京：外文出版社，2011.

Cross-cultural Communication of Specialties Published by International Organizations—A Study on the Translation Strategy of the UNESCO Series

Abstract: Publications of International organizations share similar characteristics from wording to writing style, such as high degree of formal language, solemn style and complex sentence structure, high information density, relatively objective writing position, as well as standardized and rigorous diction, etc., which contribute to the various difficulties ranging from the comprehension of the source text to the reproduction of the target language. Based on the translation practice of the UNESCO series, this paper discusses the translation strategies for the specialties of international organizations under the background of cross-cultural communication from words, sentences and discourse.

Key words: UNESCO; cross-cultural communication; translation strategy

(李美,汤仁彬　上海外国语大学新闻传播学院)

传播视角下公共标识语英译的问题与对策[①]

王少娣

摘　要： 公共标识语英译语言的规范性与翻译质量对于树立一座城市的对外形象起着举足轻重的作用。S 市在全国的国际性大城市中处于引领地位，其公共标识语的英译质量在整体上也领先于其他大多数城市，但是仍不乏问题。笔者广泛收集了市区的公共标识语的英译情况，通过分类整理，归纳出这些标识语英译中常见的问题，根据公共标识语在英语语言文化中的规范以及审美和文化心理特征，对该市的公共标识语的翻译规范做出进一步的思考和探讨，并为改进现行的翻译质量探讨可行的对策。

关键词： 传播；公共标识语；翻译质量；问题；策略

一、引　言

从某种意义上看，公共标识语是一座城市的形象代表，其语言的规范性、准确性以及审美特征都能反映出这座城市在文化、教育、经济、政治发展方面的投入与重视程度；而公共标识语的英译则承担着传递城市形象、促进对外交流的

① 本文于 2021 年发表在《翻译研究与教学》第 2 期，略有修订。当时的题目为《公共标识语英译的问题与策略》。

桥梁作用，因此公共标识语的翻译质量高低以及语言严谨与否对于树立良好的城市形象至关重要。S市作为中国最大的城市，在商贸经济、教育以及文化方面都起着引领作用。城市公共场所中随处所见的公共标识语的英文翻译在提供信息的同时，也展示着这座城市在对外政治、经济、文化、教育等交流活动中的姿态与品质，因此规范公共标识语的语言形式，保障标识语的翻译质量是个不容忽视的课题。

S市政府在官网发布的《S市城市总体规划（2017—2035年）》中明确了该市的城市性质是“卓越的全球城市、具有世界影响力的社会主义现代化国际大都市”。从时空特征来考察，S市具有建成全球城市的可能性，关键是S市建成什么形象的全球城市（陆伟芳，2016：117）。而在建设城市形象中，作为“文化大都市”的S市必然要在中西文化的交流中提高国际化水平，最常见的外显方式便是双语公共标识语的设计和广泛使用。公共标识语作为一种以传播为目的的特殊文本，不仅是要做到警示警告、限令禁止、指示指令和说明提示等服务信息，还承担着对外宣传国家形象和文化交流的使命，如增加文化体验、跨文化教育、文化传播等功能（吕和发，2017：83）。研究S市城市公共标识语中英语翻译问题本身是一种跨文化沟通的过程，不仅是为了改善双语公共标识语的综合质量，也为了从文化层面提升S市的城市形象，将该市建设成为硬实力、软实力皆名副其实的“卓越的全球都市。”

与国内其他大部分城市相比，S市公共标识的英译工作起步较早，重视程度较高，已出台了相对完善的规章制度；同时，该市高校众多，在专业翻译人员的队伍建设方面有一定优势。这些因素保证了该市公共标识语的整体翻译质量居于全国前列。尽管如此，经过深入的考察与探究，我们发现该市公共标识语的英译仍存在着不少问题，需要引起重视并加以改进以有效提升城市形象。

二、英语公共标识语的语言特征

公共标识语（public signs）是指在公共空间的提示性语言文字，主要见于告示牌、路标、商业招牌及地点名称等。“公共标识语是在公共服务领域下一切对外传递公共服务信息，包括公共标志上的用语、含有相关服务信息的口播、宣传材料和广告”(王银泉,张日培,2016:66)。这些标识语起到警示警告、限令禁止、指示指令和说明提示等服务信息。政府部门和私人的公共标识语的整体形式形态构成了区域的语言风貌。

要探讨公共标识语的翻译质量问题,首先要了解英语公共标识语的语言特征,依据这些特征,译者可以通过翻译顺应英语受众的公共标识语的使用习惯、规范、审美以及文化心理期待,以实现公共标识语的交际目的。总体上看,公共标识语的语言特征可以从语言形态、语言交际功能和审美功能这三个视角来看。

(一)语言形态

英语公共标识语的语言形态特征主要源于其语言使用的规范性与习惯性。具体看来主要体现在以下几个方面:

1. 多用被动结构

汉语公共标识语中标识指示、提醒、指令或禁止的信息大都会用到动词,而在英语标识语中往往通过被动结构来传递,例如,Access Prohibited(严禁通行),Smoking or Open Flames Prohibited(严禁烟火),Flammable, Explosive, Poisonous and Other Illegal Articles Strictly Prohibited(严禁携带、易燃、易爆有毒等违禁品),Head Protection Must Be Worn(必须戴安全帽),Seat Belt Must Be Fastened(必须系安全带),等等。

这些被动结构因为规避了人称,而使信息显得更为客观、中立;同时,因为信息未涉及具体针对的目标,因而有效地避免了受众读后产生反感的情绪;其三,也正是因为被动结构不具体指涉某一特定类群,因而具有广泛的约束力与警示力。

2. 多用静态表达结构

英语标识语在语言形态上的另一个特征就是多用静态表达结构,主要见于多用名词、合成名词或者动名词结构。名词大多见于表示功能场所的标识语中,如 Counter(柜台),Check-in(登记处),Conference Center(会议中心),Cashier/Teller(出纳处),Baggage Storage(存包处),等等。名词结构还用于表达汉语的主谓关系,如 No Through Road/Road End 对应的中文标识语应该是“此路不通”,而 Adults Only 对应的中文标识语则为“未成年人不得入内”。静态的语言形式还用于指令性的标识语中，例如，No Littering（不得乱扔垃圾），No Spitting（不得随地吐痰），No Food or Drinks Inside（不准带入食物和饮料），No Parking（禁止泊车），等等。与动态语言相比，静态语言更具稳定性，表示该指令具有持久的效力；此外，这种形式也同样规避了人称指涉，使得标识语更具有广泛的约束力。

当然，涉及动作的公共标识语在英文中虽然多用被动结构和静态语言，并不意味着不用主动结构或动作动词，如，Please Wait Behind the Yellow Line（请在黄线外等候），Please Do Not Leave Your Child Unattended（请看管好您的小孩）等结构就用了祈使句式，直截了当传达了信息。因此，使用什么样的语言形式要看环境、对象以及诉求，这便要求译者需要根据不同情况灵活运用语言和翻译方法，有效实现标识语的交际目的。

（二）语言的交际特征

1. 语气恰当

公共标识语具有典型的社会性语言特征，社会文明的发展、环境的多样化以及诉求的个体化等因素都要求标识语的使用趋向于多元化和人本化。首先，标识语语气的礼貌性体现了对受话人的尊重与宽容，平等与信任。如果指令性标识语以盛气凌人的姿态对受众做出强制性指令或警告，势必会伤害受众的自尊，因而也就降低了标识语的接受度与认可度，其交际功能也因而被削弱。为使语气委婉，可以使用 Please 引导，如 Please watch your steps；Please Keep off the Grass；Thank You for Not Smoking，等等。

反之，在某些环境中存在着产生极端后果的风险，需要严肃而有效地将信息传递给受众，此时的语气要顺应环境的需要而进行必要的调整，可以使用具有强烈警示性质的词语，如 NO，Caution，Must，Prohibited 等都具有强烈的警示效力；也可以通过使用感叹号以加强语气，例如：Caution：High Voltage!（当心触电!）；No Flash!（禁开闪光灯!）；No Admittance / No Entry!（禁止入内!），等等。

2. 语言简洁

英文标识注重简洁，以尽可能少的词语来表达准确的意思，因此常常省略冠词、系动词、助动词、连词等无实在意义的词（陈顺意，2019：169）。简洁的语言结构用在公共标识语上可以使关键信息一目了然地呈现出来，受众无须费神费时地阅读或领会信息，不仅能保证传播的效率，也会减少受众因语言繁琐而引起的反感情绪，因而可以增强传播的效果。如在大型商场中的信息中心，一般用 INFORMATION 这样一个词来表示就足够了，甚至有时候为了简洁，会只使用缩略形式 Info，简明扼要。

此外，公共标识语不用生僻词。英语公示语面对的不仅是那些以英语为母语的受众，还要服务于众多以英语为第二甚至第三语言的受众，简单、易懂的措辞可以为绝大多数人接受和理解，传播效果也因而得到保障。

（三）语言的审美特征

1. 语言的幽默性

有相当一部分英语标识语的主要目的是提供信息或者提醒受众，而并非严肃的禁令或者警示，因此在措辞和语气上较为温和。这类标识语在英语文化中往往会融入具有幽默色彩的文字。比如，笔者看到这样一条标识语“This fence has a job to do”（见图 1），提醒游客不要翻越栅栏，语言幽默又不失严肃，对于我们翻译“请勿翻越”这样的警示语具有很好的参考价值。

图 1

图 2

再举一例，“This view is not going anywhere”（见图 2），这是笔者在美国某旅游区的一个山崖边上看到的一条标识语，用于提醒游客不要离山崖太近免得坠落。标识语中未出现任何诸如“danger, keep away, bluff”等具有强烈的视觉和心理刺激效果的用词，而是迂回而幽默地以一个简单明了的道理对想冒险的游客进行劝阻，读来让人会心一笑，同时也能充分领会标识语的善意提醒，如此一来，不仅达到了标识语的警示目的，而且还成功地拉近了与受众的距离——善意和幽默是增进人际关系永不失效的灵丹妙药。在相应的旅游或娱乐环境中，我们也可以试着以轻松灵活的语言翻译标识语，以此将设施的功能特征与英语语言的文化特点有机结合起来。合理参考英语本土标识语的用法，不仅有利于提高我们翻译语言准确性这一硬件水平，更是提高标识语的审美和心理接受度的软件水平的重要保障。

2. 委婉用法

公共标识语的主要目的是有效地传播信息，能引起共鸣和愉悦感的标识语的交际效果必然会好于那些会让人感到不适的标识语。公共标识语需要体现对受众的充分尊重，不能带有歧视色彩。如在机场中，公示语一般不会采用CHINESE和FOREIGNER的用法，因为这容易使得让外人感到被区别对待或者会产生生疏感，因此，大多数情况下用INTERNATIONAL GUESTS（王慧敏，吴正英，2019）；再比如“给老弱病残孕让座”大多用Courtesy Seat，而不是“seats for the disabled”，因为后者明显会让人感到被区别对待，自尊心会受到伤害。另外，笔者在实地考察中发现，在美国，二手车行的招牌大多为Preowned Cars，这有效避免了诸如Second-hand cars，Used cars甚至Old cars这些看似正确但不恰当的措辞引起的不悦感，为我们翻译“二手车行”的标识语提供了良好的参考。

三、S市公共标识语英译常见问题及原因分析

笔者在S市区实地考察中发现，像银行、邮局等较大的公共服务机构中的有关于服务项目、服务时间等信息的公共标识语大多都配了英文翻译，同样，路名、地名指示牌也配有中英文对照的标识；很多个体商户等非大型连锁的服务行业也往往热衷于在他们的店铺名称下配上相应的英文翻译。总体上看，S市区大多数重要的公共设施、交通以及政府和服务机构中的常见标识语的英文翻译质量是基本过关的，体现了市政府在这方面所做的努力。但是从不同层面上看，该市标识语的翻译还存在着这样那样的不足，在不同程度上影响着S市作

为国际大都市的形象。具体看来，这些问题主要表现在以下三个方面。

(一)中式英语

Chinglish（中式英语）指在使用英语时，因受汉语思维方式或文化的影响而拼造出具有汉语句法特征的表达形式，而这样的表达形式不符合英语思维或表达习惯。在公共标识语的英译中，我们发现有些译文显然是译者望文生义，甚至忽略了原文的实际意义而生硬地将其移植到英语中。笔者在某展览会上发现会场的“进口”和“出口”被分别译为“Import”和“Export”，显然，译者忽略了该标识语的标识意义，未能正确地译出“Entrance”和“Exit”；北京路上一家中国工商银行的“对公业务”被译为“To Male Service”（见图 3），是典型的中式英语，正确的英文应该是“Corporate Business”；在某高档商场入口处也出现了很多公共标识语的中式英语，如“小心碰头”被翻译成了“Carefully meet”，读来让人匪夷所思，该标识语对应的英文是“Caution：low ceiling”，或者是“Mind/Watch your head”。中式英语的译文不仅体现了译者在语言能力、翻译素养方面的欠缺，也在一定程度上反映了其责任感不足的问题。

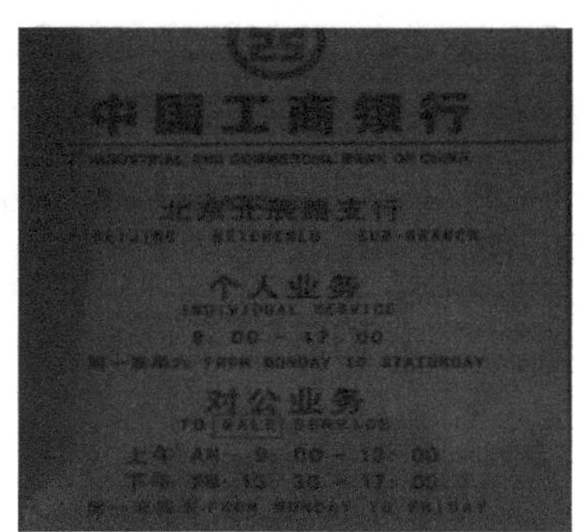

图 3

此外，由于译者未掌握某些英语习惯表达方式，也未真正了解自己的英语译文的具体含义和适用范围，因而产生了不伦不类的中式英语。如本市某私营超市将“营业时间”译为“Shop Hours”，显然译者并不知道英语中惯用的表达是“Business Hours”；“请勿饮食”被翻译成了“No Diet”。“Diet”一词可以表示“人们常吃的食物”，也可以表示“为了治疗疾病或减轻体重而规定的食谱”，译文显然不符合商场为保持良好的购物环境而禁止顾客饮食的本意，只是机械地将原文逐字逐词地翻译成英文而形成了一个令人啼笑皆非的中式英语。若翻译成“No food or drinks”，则语言简洁，意义明确，也更符合英语的思维习惯。再举一例，在一家洗衣店的门头招牌上挂着“清洗，熨烫”的服务项目，其对应的英文是“cleaning and pressing”。这个译文看似正确，因为“press”确实有“将衣物熨平”的含义，但是再细查一下，发现该词是指在“制衣过程中将衣物熨平以便于缝制”，显然不符合原文的语义，因此更为恰当的译文应该是“cleaning and ironing”。

标识语中的中式英语不仅无法有效传达信息，而且低劣的翻译质量直接影响着标识语所标识的产品或场所的形象，很难达到理想的交际目的。

（二）忽略文化差异的问题

这类问题未必是由译者对原文理解的错误或者是语言错误造成的，而是译文表达不符合英语的文化习惯，让英语受众读了产生不适、困惑或者反感的情绪。公共标识语的英译主要是给英语受众看，其语言形式应该贴合他们的认知、审美和理解的习惯，而不是用中文思维去机械式地翻译。译者如果忽视了中英文化语境的差异与受众的接受习惯，势必会影响标识语交际目标的实现。

例如，在有些餐厅里会看到“本酒店谢绝自带酒水”这样的标识语，被按照原文形式翻译成了“No beverages are allowed in this restaurant”，译文显得生硬而冷漠，我们不妨借鉴英语国家在类似场合中惯用的说法“Inside beverage only”与之对应，文字读来温和而地道。

此外，汉语标识语中禁令性的文字较为常见，如“禁止”“勿”“不要”“严禁”，等等，而英语标识语中则更惯于用肯定结构。如在火车上有“旅客通道，请勿滞留”的标识语，被译为“Please go ahead and don’t stop on the way”，结构繁琐，语气生硬，如果改成“Keep Aisle Clear”，不仅简洁，语气也更加委婉。

中西文化在语言、历史、意识形态等方面存在着不同形态的差异，从历史发展角度看，随着文化交流日趋广泛和深入，受众的包容度和理解力都在提高，但是公共标识语的主要目的是传递信息，以简洁、醒目的形式直入人心，因此，译文应最大限度减少受众的困惑、避免引发不悦的情感，将语言及语言以外的情感、审美等内容最大限度地与目标文化进行融合，通过恰当的形式表现出来。

(三)译名不规范,标准不统一

在调查中我们发现S市公共标识语的英译中另一个典型的问题是对于同类标识语,尤其是地名、路名翻译标准不统一,容易造成混淆。为了辨识的方便,大多数路名或地名的专名部分都会采用汉语拼音的形式进行翻译。由于缺乏统一的规范,或是有相关规范但难以适应复杂的翻译实践而无法有效实施,导致翻译人员在翻译时没有清晰的标准可供参考,针对此类问题,该市曾在2015年出台《S市道路名称英译导则》,提出了道路名称翻译的规范,这在很大程度上改进了市区地名、路名翻译杂乱无章的状况,大多数地、路名的英译基本上符合规范,也因而避免了很多不必要的误读。但即便如此,笔者仍发现部分翻译仍旧缺乏统一性,还存在有待完善的地方。

1. 辅道与支路

S市有一部分道路的支路翻译不统一,例如,地铁1号线漕东支路出口翻译成了"Caodong Feeder Road",而很多其他道路的支路,如长宁支路、翔殷支路,则都被翻译成Branch Road,(Changning Branch Road, Xiangyin Branch Road)。同为支路,名称以及名称所指的概念类似的情况下,其翻译出现了差异,这对于同一座城市的路名翻译来说是要避免的。Feeder在牛津词典的释义为:(of roads, rivers, etc.)leading to a bigger road, etc. 而对于branch的释义为:a smaller or less important part of a river, road, railway/railroad, etc. that leads away from the main road. 两者比较来看,feeder主要是指通向主干道的辅路,而branch则是主干道分出来的支路,因此,后者更接近我们中文的意义,翻译城市中的支路、支道最好统一为"Branch Road"。

2. 隔音符的使用

同样的中文拼音组合会产生不同的汉字,对于外国人而言,中文拼音组合易产生歧义,所以在公共标识中应该添加隔音符,消除歧义存在的可能性。S市在标识语翻译中隔音符的使用总体情况较好,但是仍存在少量不够规范的情况,如地铁9号线上的"台儿庄路站"对应的英文站名为"Taierzhuang",中间没有加隔音符,不够规范,应该调整为"Tai'erzhuang"。另外,笔者还发现同一路名在不同指示牌上的英语译文也存在着隔音符使用不一致的问题。同样还是以"台儿庄路"为例,空中的道路标识牌上的英语译文有隔音符,但在路边指示牌上,其英语译文就没有隔音符。这种在同一区域内存在隔音符使用不统一的现象同样也体现了译者责任态度的问题,都在不同程度上影响着城市的形象。

3. 拼写错误

更为突出地反映译员责任态度问题的是标识语英译中的拼写错误,例如,百乐门舞厅作为S市的优秀历史建筑,它承载着这座城市厚重的文化历史意义,但是在门口的标识牌上,“百乐门”的英文名被拼成了“Paramount Bollrom”,显然,把“Ballroom”错拼成了“Bollrom”。类似的问题并不鲜见,如在一家超市的广告招牌上写着“新鲜、低价、便利”,其中“便利”的英语被拼成了“convenien”,即使不影响理解,也会因其粗糙的翻译质量而影响受众对广告产品质量的信心。

总之,代表一座城市脸面的公共标识语的翻译质量直接影响到这座城市对外形象的树立,无论出于什么原因,不当的或错误的标识语英译会削弱受众对城市的产品、服务的信心,规范翻译标准,提高翻译质量是实现标识语的交际目的的必经之路。

四、规范公共标识语英译的对策

(一)提高译员的语言文化素养

公共标识语的翻译质量要靠译者的语言功底、文化知识、翻译技能以及责任感等方面的素养来保证。要有效实现公共标识语传递信息,发出警示、表达情感等目的,标识语译文不仅应该做到语言运用规范得体,避免拼写、语法等低级错误,还需要保证信息传递准确充分,符合译入语受众的审美、思维与文化心理期待。要达到这些不同层次的标准,译者不仅需要具有过硬的语言功底、高度的责任感和服务读者的意识,还需要具有文化意识,充分了解英语国家的文化习惯和目标群体的思维方式。

公共标识语在中西文化环境中会呈现出诸多差异,而公共标识语的英译就是要跨越这些差异,把中文的标识语有效地传达给英文的受众,从而达到传达信息、传递情感的目的。这便要求译者熟知中西两种文化,做一个不折不扣的

“文化人”①,充分了解译入语文化受众的理解能力、心理期待和审美期待,这样才能有效地跨越文化障碍,使得译文符合译入语受众的理解和接受习惯,从而实现公共标识语的传播目的。标识语的翻译不同于文学翻译,其主要目的是在于实现其交际和传播的目的,因此,译者在翻译中可以在一定范围内灵活翻译原文。如“闲人免进”原文读来语气生硬,令人望而却步。按照忠实的翻译原则,“No admittance except on business”似乎由形到神都达到了翻译的目标,然而其交际效果却打了折扣。英语标识语更重视语气的适度,因此译为“Staff Only”规避了一个冷冰冰的“No”,让人看了不会产生被防、被拒的不快感,同时又将原义清晰明确地表达了出来,何乐而不为呢?再比如,风景区中常见的“严禁翻越栏杆”或者“禁止翻越”这样的标识语虽然初衷是为了保障安全,但读起来让人感觉咄咄逼人,受众无形中被置于受管制的弱势地位。译者如果抛开“No”或者“Prohibited”这样的字眼,借用一个“This fence has a job to do”无疑会让英语受众感受到幽默、富有亲近感的同时,也同样不失警示效力,标识语通过翻译也就实现了其传播信息和情感的功能。

(二)重视标识语翻译的规范与质量审核

公共标识语根据功能可以分为不同的类别,在不同类别下的标识语中,其语言表达形式都具有相应的共性,因此,把有共性的标识语翻译纳入统一规范的框架内,可以使城市标识语呈现出清楚明了,整齐有序的面貌,不仅有效避免了受众的因信息混淆而产生困惑,也在一定程度上能够体现一座城市的管理水平和管理质量。

由于公示语传达出的信息与含义必须被公众理解,任何歧义、误解都会导致不良后果甚至闹出笑话,影响城市形象,所以英语公示语表达尽量做到统一。在多年实际使用中,形成了一系列规范的词汇,如 Duty Free Shop(免税店),Glass(小心玻璃),以及前文所提及的 Information(信息中心)。在不同的英语国家,一些形成规范的表达形式往往具有明显的本土意义,如“药房”的英译有两种:Chemist's Shop(英),Pharmacy(美);“邮资已付”:Postpaid(美),Post-Free(英,澳),等等。对于一座城市来说,寻求一个标准,确定统一的用词十分

① 王佐良在其《翻译中的文化比较》一文中提出:翻译者必须是一个真正意义的文化人。

有必要;反之,如果同样的标识语在不同区域有不同的译文,会有杂乱无序感,也会给受众带来困惑。

S市很早就认识到了规范公共标识语翻译的必要性。2003年市政府发布了《关于加强本市公共场所英文译名使用管理的若干意见》,该文件分别从“实施范围”“英文译名使用规范的确定”和“管理职责”这三个层面做了具体说明,自此,S市的公共标识语翻译被纳入了本市城市规划管理制度的框架内。在该文件的支持下,2004年S市成立了“公共场所中文名称英译委员会”,在市语委办的引领下,对公共标识语英译以及规范进行持续而有体系的研究,为该市的公示语翻译的规范化、标准化在制度上和研究上提供了基本的保障,也形成了管理和研究运作的基本程序。由语言文字部门组织专家学者及高校教研人员,按照标识语要达到的交际与传播的目标及质量标准,从学术的角度拟定翻译及其审核标准,进而对这些标准进行论证、审改,最终形成决策性的标准文件,进行推广,用于指导并规范标识语的翻译活动和翻译质量,建立了良好的监督和管理机制。当然,有了政策和管理保障,具体实施还是要靠专业人士、受众和广泛的社会力量进行监督、纠错,从政策规范到社会监督评价,从学术研究到实际操作,全方位保障并提高公共标识语的翻译质量。

(三)将标识语翻译纳入翻译教学与实践体系

公共标识语翻译是长期的稳定的需求,因此持续培养具有专业素养的翻译人员十分必要。基于此,高校英语专业将标识语翻译纳入翻译教学成为一条可行的途径。通过开展公示语翻译模块的教学活动,让学生了解公共标识语的英译质量对于城市形象建设的重要性和必要性,鼓励学生发掘和梳理现行标识语英译中的问题,培养学生的责任意识与使命意识。在认识问题的基础上,训练学生的中英文语言能力,熟悉中英文标识语的语言特征、使用规范、审美特征等方面的差异,探讨可行的翻译技巧与翻译策略,最终达到提高综合的翻译能力和翻译质量的目的。

具体看来,标识语的翻译教学可分为理论学习和实践训练。理论教学部分主要包括相关标识语翻译的翻译原则、翻译标准和翻译策略。结合标识语的问题特征和交际目的,让学生充分认识标识语翻译相关的因素,如语言、信息、审美、文化等因素对实现翻译目的的影响,进而探讨相关的翻译策略与翻译方法等问题。

要有效提高学生的翻译能力，最重要的还是实践训练。带领学生进行系统的翻译练习活动。具体来说，教学组可以尝试和某些公共场所，如公园、展览馆等机构的合作，接受翻译任务，将项目引入课堂，及时反馈教学成果，对学生的翻译实践进行指正、纠错，推动项目完成。这个方法既可以巩固理论知识，又可以提高学生的实际翻译能力。

此外，要提高公共标识语的翻译质量，也要重视社会公众力量对标识语纠错作用。由于公共标识语数量很大，相关部门很难在有限的时间内及时发现所有问题，因此动员公众力量进行纠错是十分有效并且可操作的办法。比如各高校可以成立标识语纠错组织，邀请高校外语专家参与；举办市双语标识“有奖纠错”；设立市公共标识语纠错微信公众号，接收民众投稿等，都可以鼓励民众积极参与，合力提高标识语英译的质量。

五、结　论

标识语翻译的问题不只是语言层面的问题，它与文化、教育、经济等因素都紧密相关。高质量的公共标识语的英译除了能够传递相应的信息，对于提升一座城市的国际形象也至关重要。要将标识语翻译得准确、恰当，并符合译入语的文化与审美，译者不仅需要有良好的语言基础与翻译技能、高度的责任感，还要熟知中西文化的差异，具有广阔的国际视野。

同时，我们也必须认识到，凡是活着的语言必然是不断发展不断变化的，随之变化的还有受众的包容性、审美情趣、文化期待，等等。公共标识语跟普通语言一样，其表达形式、审美价值也并非一成不变。这便决定了标识语翻译不可能一劳永逸，译者不仅需要跟上语言发展变化的节奏，还需要根据源语和译入语中标识语的变化而调整翻译策略，让标识语及其翻译紧跟时代的发展，焕发出勃勃的生机。

参考文献

[1] 陈顺意. 公共标识英译规范的规范——以《广州市公共标识英文译法规范

(2018 版)》为例[J]. 中国翻译,2019,40(05):167 - 172.

[2] 陆伟芳. 世界视野中的大上海全球城市形象塑造初探[C]. 都市文化研究(第 14 辑)——城市精神:一种生态世界观.上海师范大学都市文化研究中心,2016:116 - 132.

[3] 吕和发. Chinglish 之火可以燎原?——谈“新常态”语境下的公示语翻译研究[J]. 上海翻译,2017 (04):80 - 94.

[4] 王慧敏,吴正英. 公共服务领域标识语的文化负载及其翻译[J]. 科教文汇(中旬刊),2019(01):173 - 175.

[5] 王银泉,张日培. 从地方标准到国家标准:公示语翻译研究的新里程[J]. 中国翻译,2016,37(03):64 - 70.

[6] 王佐良. 翻译:思考与试笔[M]. 北京:外语教学与研究出版社,1989:18 - 26.

A Communicative Examination of English Translation of Public Signs: Problems and Strategies

Abstract: Appropriate employment of language and translation quality of public signs play an important part in building the image of a city. The city of S leads the country in economy, culture, social life and many other ways, and the quality of English translation of public signs is higher than most other cities. However, a close look into them unveils some problems. Based on a collection of English translation of public signs in this city, the writer categorized and analyzed the common problems thus discovered, and further probed into some feasible strategies to translate the public signs professionally to conform to the aesthetic, cultural, and linguistic norms in English public signs, with hope of improving the present translation quality.

Key words: communication; public signs; translation quality; problems; strategies

(王少娣　上海外国语大学新闻传播学院)

新时代对外传播翻译人才的综合素养

张　健

摘　要：新时代对外传播工作需要具有政治意识和国际视野的从业人员，而政治意识和国际视野是建立在对全球政治和多元文化的理解，理解的基础在于对国内外政治和国际关系有一定的了解。对外话语翻译既是翻译，也是对外传播的一部分。为此，对外传播译者需要具备理想的素质，包括高深的政治水平、扎实的语言功底、广博的文化知识等基本功。

关键词：新时代；对外传播；翻译人才；综合素养

长期以来，在国际上存在着一个如何正确认识中国的问题，在国内也一直有个如何全面、准确地对外介绍自己的任务。这些问题的解决，在很大程度上有赖于涉外翻译工作者这支队伍，而造就这样一支队伍，很大程度上有赖于政治意识、外语功底和文化知识的积累与培养。他们是对外译介的使者，也是文化交流的使者。当涉及领土主权、重大国家利益等问题时，新时代国际化应用型翻译人才需要头脑清醒，态度严肃，永保政治上的正确性。

一、培养政治意识，拓宽国际视野

对外话语翻译活动是在特定的生态环境中进行的，必然受到政治、经济、社会、文化等情境性因素的影响。译者必须对我国国情有准确的认知与深刻的理解。从这个意义上而言，对外话语翻译工作必然具有很强的政治色彩。换言之，译者需要具备强烈的政治意识，对工作中可能涉及的政治理念、国家的基本国策等，做到彻底的理解。

政治意识、政治敏锐度等政治素养是对外话语译者的必备要素。一个称职的译者要正确精准地对外推介我国国情、对外政策和中华文化的精华，让全世界能够全面、及时、真实地了解中国。新时代国际化应用型翻译人才，既是一名外交官，也可以在某种程度上是一个政治家，甚至是一位非常认真的读者，必须读懂，吃透我国重大政策和文化国情，在涉及国家主权与领土完整等敏感话题时应仔细推敲，慎之又慎，不可走样。

例如，我们在对外译介“南沙群岛”时，就不宜将其说成西方人所称的“the Spratly Islands”或“the Spratlys”，而应该以“the Nansha Islands”的音译形式来表明中国的国家主权利益。同理，我国南海上的黄岩岛，也应该音译为“the Huangyan Island”，而不是美国等西方媒体惯用的“the Scarborough Shoal”，更不是菲律宾政府所称谓的“the Pantag Shoal”。

为何需要坚持用拼音而不用所谓的“地道”英文表述呢？拼音译法既保留了中国特征，同时又是讲政治，是在宣示主权。“Spratly Islands”这个叫法起源于19世纪，以英国人Richard Spratly命名，据说1843年他在航行中第一次望见了南沙群岛。另外，英文“Scarborough”是当年东印度公司旗下一艘船的名字。中国既然坚持对南海诸岛拥有主权，坚持中国在南海拥有历史性权利，如果我们再用“Spratly Islands”“Scarborough Shoal”表达“南沙群岛”“黄岩岛”是多么打脸的一件事！

对外话语体系中，不论具体的话语输出者是谁，也不论具体输出内容是什么，所有对外交流往往会被视为代表中国，从而与树立中国的形象有直接的影响。既然对外译介代表着我国的政治立场、形象、国情、原则等方面的内容，我们在对外交往中也一定要严格遵守这一点，保持正确的政治立场，不能话语表述上犯政治错误。对一些中外都宣称拥有主权的地名表达中，一定要采用我们国家的话语标准，例如“钓鱼岛”及其附属岛屿的英文表达，中方为 the Diaoyu Island，而欧美外电经常采用日本对“钓鱼岛”的叫法 the Senkakus，the

Senkaku Island，或 the Pinnacle Island，中方坚决不用日方的叫法，也就表现了中国政府不承认日方对钓鱼岛的主权要求①。

一句话，新时代我国对外话语的精准表达，需要培养具有政治意识和国际视野的应用型翻译人才，而政治意识和国际视野是建立在对全球政治和多元文化的理解，理解的基础在于对国内外政治和国际关系有一定的了解。对于可能引起歧义或有损中国国际形象的话语，译者还要强调政治敏感原则，可以根据国家利益的需要略而不说或弱化处理。不妨列举两例，以资佐证。

一是"无党派人士"这一话语的英语表达值得推敲。如果按字面意思称之为"personages of non-Party affiliation"，则无法让一般的海外受众理解"无党派人士"在中国社会的地位。无党派人士不单指没有参加任何党派，而且还是对社会有积极贡献和一定影响的人士，故应译为"prominent personages of non-party affiliation"（无党派知名人士），可以在对外交流等国际传播场景下使这个特殊政治群体的社会地位一目了然。

二是"中国的和平崛起"这一话语。起初我国主流英文媒体大多采用"peaceful rise"这一说法。然而，"rise"一词在语义上容易引发负面传播效果，这对中国的形象产生了负面影响，被国外媒体误认为"中国威胁论"，后改称为"peaceful development"，有助于消除外国民众的"杞人忧天"，这实际上是对全球受众的关照与回应。

可见，对外话语的特点在于所涉及的内容政治性强、政治敏感度高，甚至直接关系到一个民族的国际形象和民族尊严。当然，政治敏感又不能过度，在忠实于原文话语内涵的基础上，必须既反对任意脱离原文的自由主义，也反对死抠原文字面的机械主义②。换言之，强调政治敏感原则绝不代表死扣字面的，对外话语的忠实性与表达的灵活性相统一才是确保中国话语得以高质量国际表达的前提。任何忠实绝对化或灵活绝对化的极端做法，都会导致死译、硬译或乱译。忠实是灵活的前提，灵活一定是建立在全面把握原文风格、深刻理解原文词句内涵的基础之上的；忠实是灵活的意义，超越忠实的灵活毫无意义。而灵活是忠实的活力所在，缺乏灵活的忠实会导致对外话语的国际表达出现僵

---

① 张晓容，窦琴. 对外报道的"国际受众"特点及英译要求[J]. 教研探索，2008(11)：23.

② 庄绎传. 程镇球—翻译政治文献的老专家[J]. 中国翻译，1995(4)：40.

化或费解的情况。

二、夯实外语功底，走出表达误区

讲好中国故事的前提是夯实外语基本功。要让中国政治、经济、文化走向国际，外语能力必不可少。在准确表达的前提下，扎实的语言基本功有助于让世界了解中国、理解中国，让中国了解世界、理解世界。英国著名学者苏珊·巴斯内特（Susan Bassnett）把语言能力比喻为文化主体的心脏：①

Language is the heart within the body of culture, and it is the interaction between the two that results in the continuation of life-energy.（语言是文化主体的心脏，两者相互作用下生命能量才得以延续。）

多读书，提高语言能力和文化修养自然会有助于提高工作水平。语言基本功绝非一句空话，亦非一日之功，是外交外事工作者需要坚持不懈进行磨砺的武器。对外话语翻译中由于中英文语言修养差而造成的误读并不罕见，且不说英文表达不知所云，也不说常常出现的所谓"可以意会，不可以言传"的尴尬处境，仅理解不当导致的错误就够令人触目惊心了。

如果说把"野蛮装卸"（rash-and-rough way of loading and unloading）说成"barbarous loading and unloading"，把"抓大放小"（manage large enterprises well while easing control over small ones）说作"grasp the big and release the small"，把"无人售票车"称作"a bus without conductors"等如此糟糕、拙劣的英语是出自个别语言功底薄弱的人之手的话，那么，把"拳头产品"（knockout product）称之为"fist product（用拳头制成的产品）"，把"教师休息室"（faculty lounge）误解为"teachers' restroom（教师专用卫生间）"，把"街道妇女"（housewives in the neighbourhood）乱说成"street woman"（在街头出卖色相的妇女）就不一定是个别人或一般人所为了，都是非常荒谬的，属天大的误会和笑话了。

① Bassnett, Susan. Translation Studies [M]. Shanghai: Shanghai Foreign Language Press, 2006: 22.

究其原因，这些错误表达主要在于语言素养差，是不顾修辞特点和习惯用法、不顾实质含义机械地搞“对号入座”的结果。外语基本功不过关，又只会闭门造车，出来的东西自然“村野气”十足。

不妨再以“对外开放政策”的英文表达为例。“对外开放政策”这一常见话语，指改变以往闭关自守的做法，在独立自主、自力更生、平等互利、互守信用的基础上，积极发展对外经济合作、交流，并引进外资、先进的技术和管理方式。但是，在对外交往中，有人用英文称之为“the open door policy”的。这个表述实不可取，是一个严重的话语误读，因为“the open door policy”译回汉语后的实际意思亦可以是“门户开放政策”或“开门政策”。就其历史和文化内涵而言，“the open door policy”(门户开放政策)是一个特定的词。一个多世纪前，“门户开放政策”(原文就是“the open door policy”)曾给中华民族带来深重的灾难。鸦片战争后，美国加紧了与欧洲和日本列强争夺在中国的殖民利益的竞争。早在 1899 年，美国国务卿海约翰(John Milton Hay)在给英、法、德、日、意、俄六国的照会中首次提出“the open door policy”(门户开放政策)这项臭名昭著的侵略政策，以便美国同这些国家分享在华侵略利益。《新不列颠百科全书》称当年美国国务卿海约翰为“the promoter of the Open Door policy”(门户开放政策的创始人)。不言而喻，把我们现行的“对外开放政策”同一个多世纪前美国政府对华推行的“the open door policy”(门户开放政策)混为一谈是不合适的。因此，“对外开放政策”的英语表达，一般都是“the policy of opening to the outside world”，这样更为贴切，当然，也可简称为“the open policy”或“the open-up policy”。可见，对外话语翻译不是简单地将一种语言转换成另一种语言，还需从历史知识和现实背景角度夯实外语基本功，充实知识内涵。

对外话语翻译是两种语言的转换，娴熟的外语能力是做好工作的必要条件。影响话语表达质量的因素很多，除了外语素养外，还包括诸如对异域文化的了解程度，译者的工作态度等，不一而足。例如，中文的“(周年)纪念日”，英语对应表达就是“anniversary”，每逢纪念日，经常用到 celebrate 和 commemorate 这两个英语动词。对外交流时，这两个词切忌混淆，造成误解。通常而言，“celebrate”使用的语境比较“积极”或“欢快”，诸如结婚纪念日、庆生日、校庆厂庆、建党建军建国周年等。相比之下,"commemorate"使用的语境比较"悲怆"或"肃穆",多有"致敬""缅怀"的意思,诸如南京大屠杀纪念日、唐山大地震纪念日等。因此,并非每个"纪念日"都适合用"celebrate",有些场合还是要表述严谨,用词严肃为好。当然,两者有时也可以通用,比如"中国人民抗日战争胜利纪念日"等表述,既是庆祝和平也是缅怀先烈的日子,积极或庄严的语境兼而有之。因此,"celebrate / commemorate the anniversary of the victory of the Chinese people's war of resistance against Japanese aggression"之类的英文表达时见报端。顺便提一下,英语中的"mark"一词比较中性,一般可以替换此类语境中的这两个词。

由此可见,对外话语翻译不仅意味着讲政治,也意味着跨语言、跨文化传播。我们不仅要掌握语言的表面形式,还要熟悉语言深层的文化内涵,熟练地运用贴近其信息需求和思维习惯的英语语言,才能在激烈的国际舆论竞争中立于不败之地。对于译者而言,领会原语并通过自己的再创造,使外国受众产生原语希冀的效应,这一过程有时是很艰难的。此时他不仅要考虑原语与译语的语义内涵和外延意义,也要充分考虑到外国受众的领悟能力。称职的译员会随时警惕,自己偶一疏忽,都会使译后效应与原语语义大相径庭。

例如,汉语中的"个人主义"常常译成 individualism,因为国内出版的各种"英汉"和"汉英"辞典均将 individualism 和"个人主义"视为对等词。但是这两个词的深层文化内涵其实是不同的。对于个人主义,《现代汉语词典》(第 6 版)是这样解释的:"资产阶级世界观的核心观念,主张把个人的独立、自由、平等等价值及权利放在第一位……只顾自己,不顾他人的极端个人主义,是与集体主义的道德原则相违背的。"①显然它是个贬义词。而 individualism 在欧美文化中基本上是个褒义词,指"the habit or principle of being independent and self-reliant"②。它强调充分发挥个人的自由、权利以及独立思考与行动的能力,是欧美人的价值观和人生观的核心,是西方社会所倡导的精神。鉴于此,应该将汉语中带有贬义的"个人主义"翻译成英语中语义相当的"egoism",或"self-centred behavior",意指"the quality of always thinking about oneself

① 中国社会科学院语言研究所词典编辑室.现代汉语词典[Z].第 6 版.北京:商务印书馆,2012:441.
② 新牛津英汉双解大词典[Z].上海:上海外语教育出版社,2007:1068.

and what will be for oneself"[①]或"privatism",其语义内涵为"a tendency to be concerned with ideas or issues only in so far as they affect one as an individual"[②],从而有效避免产生负面的传播效果。

又如,把"我们的改革开放不搞实用主义"译成英语时,若是忽略了原文与译文的语义内涵和外延意义,就很可能误译为"We do not advocate pragmatism in China's reform and opening up"。我们应该注意到,汉语的"实用主义"与英语的"pragmatism"有所不同,两者分属不同的思想体系。汉语中的"实用主义"是贬义词,指有用的就是真理,而英语语汇中的"pragmatism"却是褒义词,指"thinking of or dealing with problems in a practical way, rather than by using theory or abstract principles"[③],其语义相当于汉语的"实事求是"。因此,若把"我们的改革开放不搞实用主义"误译为"We do not advocate pragmatism in China's reform and opening up"定会贻西方读者以"中国的改革开放不主张实事求是"的错觉。若是谨慎从事,先仔细领会原文的语义内涵及外延意义,译者就会弄清原文无非是向外国受众传递这样一种含义,即中国的改革开放是一项长期而稳定的国策,绝非权宜之计。他会察觉"We do not advocate pragmatism in China's reform and opening up"引起的语用效果正好与原文所希望表达的意义相反。他就会努力在英语中寻找与汉语中"实用主义"真正相当的另一个词,使译文能产生与原文希望相同或至少接近的语用效应。这个英语词就是"expediency",它是一个贬义词,指"doing what is convenient rather that what is morally right"[④],或"the doing or consideration of what is of selfish use or advantage rather than what is right or just"[⑤]。故不妨把"我们的改革开放不搞实用主义"译作"We do not base our policies on expediency in China's reform and opening up."这样译,大体上表示了原文的内涵。

---

① 朗文当代高级英语辞典[Z]. 北京:商务印书馆、艾迪生.维斯理 .朗文出版社中国有限公司,2002:474.

② 新牛津英汉双解大词典[Z]. 上海:上海外语教育出版社,2007:1687.

③ 柯林斯 COBUILD 英语词典[Z]. 上海:上海外语教育出版社,2000:1289.

④ 柯林斯 COBUILD 英语词典[Z]. 上海:上海外语教育出版社,2000:580.

⑤ Webster's New World Dictionary of American English[Z]. New York: Siman & Schuster, Inc., 2008: 1078.

凡此种种说明，对外话语翻译实践过程中要正视中英两种语言的规律，及时反省并走出表述不当的误区。新时代国际化应用型翻译工作者每下一笔，都要以沟通为目的，需要具备厚实的中外语言文化功底，而不能仅仅为了完成外语表达而表达。在实现中华文化“走出去”战略中如何发挥外语话语的作用，如何提高外语表达的质量，如何使外语话语成为中华文化国际化的助力，以改变当前中华文化整体实力与国际影响力和中国国际地位不相称的局面，根本扭转“西强我弱”的国际文化格局，就成为一个战略性工作。

三、具备文化底蕴，储备背景知识

如何讲好中国故事、传播中国声音、做好桥梁纽带？如何让全世界都能听到并听清中国声音，让中国声音传得更准、更快、更远、更响，赢得国际社会理解和认同？换言之，中国文化既要“走出去”，更要“走进去”，从而使其不仅可以“走出”国门，而且能够真正“走进”世界，促使中外民心相通，才能实现中国故事的国际表达。

新时代国际化应用型翻译人才，既要努力读懂中国，也要努力读懂世界。做到这“两个读懂”就得了解中西文化差异，不得不时刻保持学习状态，成为跨文化的国际政治文化交流的使者。对国际话语表达而言，学习永远在路上，不能只学语言，还要有跨文化相关知识。例如，近年来党中央和国务院加大了反腐力度，坚持老虎、苍蝇一起打。所谓“老虎”和“苍蝇”的寓意对于国内受众不言自明，分别指职务级别较高和较低的违法违纪官员，已成为指代腐败官员的经典表达。但国际受众可能就不那么容易理解，或许会错误地认为苍蝇惹人讨厌，理应拍打，而老虎则属于保护动物，中国政府为何要如此兴师动众地置之于死地呢？岂不公然违反动物保护条例吗？此时，我们在进行外语表达时必须酌情发挥主体性，作一些灵活而又必要的解释，而不能一味地按照中国人的认知习惯向他们宣传，毕竟“外国人不是中国人”。《中国翻译》就曾将“老虎”“苍蝇”作了如下释译[①]：

---

① 中国翻译编辑部. 第25届中译英研讨会研讨词汇选登[J]. 中国翻译，2013(3)：126.

反腐败要老虎、苍蝇一起打。(In fighting corrupting, we should go after both tigers and flies, *that is, both the high and low-ranking officials who have benefited from graft.*)

这样表述,考虑了国外读者的心理感受和阅读习惯,同时通过对文本进行"逻辑上的改进",特别是对具体语境中"老虎"和"苍蝇"作了简明扼要的解读(请见斜体部分),使话语表达明白易懂,所指内涵就明晰了,增强了相关话语的可读性。

此例说明,外交外事实践有时需要对原文内容酌情进行一些调整,包括语义调整或语义成分的重新分布。这种调整或重新分布是为了解决原文内容和表达形式之间的矛盾。既然要用外语形式容纳原文的思想内容,同时又力求传达原文的言语形式,这就不得不面临一个如何看待原文言语形式的问题。究竟是保存原文言语形式,还是摈弃原文言语形式,这是中国话语外译时必须做出的选择。

因此,怎样处理跨文化问题,是每一个译者都不能回避的问题。学语言,必须学习该语言所载的文化。没有文化知识,语言是难以学好的,也是苍白无力的。语言是文化的载体。语言必须反映其文化特征。工作中碰到棘手的文化问题,外交外事工作者不应知难而退,而应知难而上,一丝不苟地加以解决。从业人员不仅要了解异域的文化,还要了解本民族的文化,通过两者对比,做出真正对等的表达。所谓真正的对等,是指在各自文化里的含义、分寸、轻重、范围、色彩等都相当。这当中,确有不少陷阱,稍有不慎,就可能陷进去。

例如,在外交外事活动中经常会遇到国家统一、大陆、台湾等词的外语表达。例如"国家统一"须采用"National Reunification"一说,而不是西方报道时所常用的"National Unification",因为中国自秦朝时期就已经统一了,这正如"家庭聚会"应译为"Family Reunion"一样。另外,中国大陆应称之为"the mainland of China","Chinese mainland",或"China's mainland",有时也可简称为"the mainland",但绝不可使用西方媒体所惯用的"mainland China",因为后者的意思是"大陆中国",感觉既然有 mainland China,保不准世界上还有其他什么 China,其言外之意就是还有一个"台湾中国" ,从本质上讲,也就是有“两个中国论”的嫌疑。此外，译者还应当排除西方反华话语与霸权话语的干扰，严格将“大陆与台湾”表述为“mainland and Taiwan”，而不是“China and Taiwan”，否则又会弄出个“一中一台”错误表述。如果对外话语译者对这些本质性差异不了解，稍不留神定会搞出“两个中国”的英语表述。顺便插一句，在世界性的体育比赛中，两岸都派代表团参加，也不曾听说“中国大陆代表团”和“台湾代表团”吧。这时候，两者的国际表述必须是“China”和“Chinese Taipei”，即“中国队”和“中华台北队”。

又如，一般国际组织都是由主权国家组成的，如联合国、世界卫生组织等，但 APEC 的成员中有地区经济体，如我国的香港和台湾等。有些人在谈到 APEC 组织的成员时会不假思索地谈到 APEC 国家，这样的提法是错误的。在这种情况下，译者必须十分敏感，做到读懂差异，逾越障碍，将其称之为 APEC members 或 economies，而不是 APEC countries。

此外，用词规范性的问题也值得重视。如中国政府在推行国有企业改革时曾提出反对“平均主义”。这里“平均主义”不宜称之为“egalitarianism”，因为这个词在英文中是褒义词，是指政治、经济、法律地位均等的意思，否则国外会以为中国主张两极分化，拉大贫富之间的距离。因此“平均主义”可表述为“leveling-out”。

新时代背景下对外话语的翻译工作并非易事。一方面，国外有越来越多的人愿意了解中国，包括中国的政治、经济、历史和文化，另一方面，中国也希望把自己的国情和文化介绍给外部世界，传播到海外。然而由于中外文化、社会和思想意识各方面都存在差异，要成功实现“走出去”战略并非易事，而且会面临不少问题和挑战。如何了解和应对这些问题和挑战，值得我们认真思考。一百多年前，翻译大师严复(1853—1921)先生在《天演论》“译例言”中发出了“一名之立，旬日踟蹰”的感慨，可见用外语进行国际表达过程中“择语”之难。对外传播过程中会碰到一些英语中缺乏对应表达的“刺头词儿”，又不可弃而不用，需要在对外交流过程中仔细斟酌，较伤脑筋。考虑到文化差异和预期目标，有时候不得不搁置差异，等值变通。

不妨以汉语的“宣传”和英语的“propaganda”为例。据《现代汉语词典》

（第 6 版），“宣传”的意思是“对群众说明讲解，使群众相信并跟着行动”，[①]并无贬义。在汉英词典里查阅这个词时，往往得到的第一个解释就是“propaganda”[②]或“conduct propaganda”[③]。可是在对外话语的翻译实践中使用“propaganda”来表达“宣传”之义时，常常看到外国人脸上流露出一种疑惑不解的表情。原来，英语“propaganda”可指一般意义上的宣传，但是实际上多用于贬义，带有“撒谎、欺骗”等文化涵义。英语国家近年来出版的词典对“propaganda”也作了类似的解释。如《韦氏新世界美国英语词典》（Webster's New World Dictionary of American English）特别注明，此词“now often used disparagingly to connote deception or distortion”（现在经常用于贬义，意指欺骗或歪曲）。[④]由此可见，在“宣传”和“propaganda”这两个词的具体表述时，我们应该尊重实际，尊重英语国家当今的普遍用法。在对外交流的具体操作时，当我们知道“propaganda”不能准确表达在汉语中从正面意思所说的“宣传”时，可暂时搁置差异，或摒弃不用，或另择适当的用词，视不同语境酌情给予等值变通的处理。如“宣传部”一词，在外交外事场合频频亮相，若称之为“Propaganda Department”，似乎不太理想。如前所述，由于“propaganda”一词自第二次世界大战以来得了坏名声，外国人一碰到此词就联想到“偏见”和“虚假”，它的内涵实际上已起了变化。建议灵活的将其变通为“Information Department”或“Publicity Department”。

本例说明，读懂差异，才能真正做到搁置差异，等值变通，进而在差异中找到共鸣点，否则，一遇不同，便拔剑而起，挺身而斗，这只是匹夫之勇罢了。在某种意义上，译者是中外两种文化之间的桥梁，既是中外文化的使者，也是一个永恒的学者。任何国际交流都归结于人与人之间的交流，国际交流是跨语言的，但我们一定要注意到跨语言的背后是跨文化。有时语言的翻译虽正确，却会因文化的差异而引发歧义。在信息共享的新世纪，文化的冲突与融合成为必然趋势。

---

① 中国社会科学院语言研究所词典编辑室.现代汉语词典[Z].第 6 版.北京：商务印书馆，2012：1473.

② 危东亚.汉英词典（修订本）[Z].北京：外语教育与研究出版社，1995：1149.

③ 姚小平.英语字词用法[Z].北京：外语教学与研究出版社，2010：1584.

④ Webster's New World Dictionary of American English [Z]. New York: Siman & Schuster, Inc., 2008:1078.

因此,新时代国际化应用型翻译人才要有很好的文化功底和丰富的知识,应该对古今中外的文化知识有比较多的了解,注意积累各种知识,形成适应国际交流和对外传播工作的最佳知识结构。只有学识丰富渊博,思想才能博大精深,翻译表达时才能游刃有余,精准到位。

参考文献

[1] 柯林斯 COBUILD 英语词典[Z]. 上海:上海外语教育出版社,2000.

[2] 朗文当代高级英语辞典[Z]. 北京: 商务印书馆,艾迪生—韦斯利—朗文出版社中国有限公司,2002.

[3] 危东亚. 汉英词典(修订本)[Z]. 北京:外语教育与研究出版社,1995.

[4] 新牛津英汉双解大词典[Z]. 上海:上海外语教育出版社,2007.

[5] 姚小平. 英语字词用法[Z]. 北京:外语教学与研究出版社,2010.

[6] 张晓容,窦琴. 对外报道的"国际受众"特点及英译要求[J]. 教研探索,2008(11):23-26.

[7] 中国翻译编辑部. 第25届中译英研讨会研讨词汇选登[J]. 中国翻译,2013(3):16-126.

[8] 中国社会科学院语言研究所词典编辑室. 现代汉语词典[Z]. 第6版. 北京:商务印书馆,2012.

[9] 庄绎传. 程镇球——翻译政治文献的老专家[J]. 中国翻译,1995(4):40-41.

[10] Bassnett, Susan. Translation Studies [M]. Shanghai: Shanghai Foreign Language Press, 2006.

[11] Webster's New World Dictionary of American English [M]. New York: Siman & Schuster, Inc., 2008.

On the Integrated Calibers of Global Communication Translators for a New Era

Abstract: The global communication for a new era calls for practitioners with political awareness and international vision on the basis of understanding global politics and multiculturalism, which is, in turn, based on a certain understanding of domestic and foreign politics and international relations. External discourse translation is not only translation, but also a part of global communication. Therefore, global communication translators need to have ideal calibers, including political integrity, linguistic competence, cultural impact and other fundamentals.

Key words: New Era; Global Communication; Translators; Integrated Calibers

（张健　上海外国语大学新闻传播学院）

方重先生的翻译思想及其文化传播实践的当代意义

——冯庆华教授访谈录

奚　念　江　山

摘　要：国际文化交流与传播是翻译发生的原动力与直接原因，而译作作为文化交流的产物，其本质和最终的目的就是文化传播。如今一国的文化现状，是其历史上与他国或其他地区之间直接或间接地在文化上相互汇聚、相互切磋和相互交流融合的产物。良性的文化交流一定是双向的，方重先生在这个方面的学术成就尤为突出。他编订并翻译的《乔叟文集》是他向中国读者介绍英国文化的一部巨著，而由他独立翻译的《陶渊明诗文选译》则是他向国外宣传中国文化的积极尝试。本文通过采访的形式，着重探讨和研究方重先生的翻译思想，以挖掘和彰示他在促进中外文化交流领域杰出贡献的当代意义。

关键词：外宣实践；方重；研究型译者；《坎特伯雷故事》；《陶渊明诗文选译》

一、引　言

方重教授(1902—1991)是我国著名的学者、翻译家和教育家。作为中外文化交流与传播的权威学者，他一生翻译了大量中外文学作品，其鲜明而独特的翻译思想贯穿于其翻译作品的始终，是研究、分析和评价其翻译成就和学术成就的一个重要依据。方重教授是我国杰出的"乔叟学者"，由他编订并独立翻译完成的《乔叟文集》历年来受到了海内外学术界的持续关注。同时,他也是我国在向海外推广和宣传中国文化工作上做出过杰出贡献的知名专家,他的英译作品《陶渊明诗文选译》是我国古典文学外译作品中评论反响相当热烈的一部经典译作。这两部作品集中体现了方重教授的翻译思想及其翻译策略和翻译方法。为了对方重教授的翻译思想及其翻译作品在理论上做进一步的挖掘和探讨,笔者采访了冯庆华教授。冯教授是上海外国语大学教授,博士生导师,我国翻译教学与研究领域的学者。在本次采访中,冯教授结合时代的发展,从翻译的标准、现代汉语的发展与翻译的关系、译者的主体性和翻译与创作的关系等几个方面,对方重教授的翻译思想和他的上述两部作品的译文特点进行了细致的评论。现整理成文字,以飨读者。

二、访谈内容

奚念(以下简称"奚"):冯老师,您好!方重教授是我们上外第一代教育家、翻译家、学术大师和我国跨文化传播的杰出学者。您从20世纪80年代至90年代曾经与方重教授一起工作和生活在上外的校园里。想必您对他一定比较熟悉吧?

冯庆华(以下简称"冯"):是的。我1985年走上教学岗位。方重教授是当时全国高校英语语言文学专业领域里仅有的四位二级教授之一,因而在外语界德高望重,极其受人尊敬。80年代后期,方重教授虽已退休,但还是经常会受到邀请来学校参加学术活动,参与创建上海外国语大学外国语言文学研究所,主持《中国比较文学杂志》的创办工作,我在工作中与他有过一些接触。此外,方重先生的家与学校毗邻,同事们也因此有些机会在学校周边见到他的身影。他非常关注上外的建设,关心后辈的成长。

奚:您提起的这些实在太令人感慨了!往事已经成了历史。但历史是公正的,决不会忘记那些做出过杰出贡献的人。2018年,方重教授与陈望道、郭绍虞、周谷城、谭其骧、贺绿汀等人一起当选了首批"上海社科大师"。这些大师们在他们各自所从事的研究领域均取得过开创性的成就,他们的工作对我国社会科学领域的学科建设,以及为他们各自所在的研究所和大学的学术研究和教学工作都做出过极其重要的贡献。进入新世纪以来,我国学术界已经开始对这些社科大师进行系统的研究,研究的方向和内容也已经从他们的学术贡献里衍生开来,逐渐涉及了他们生活的方方面面。

冯:你说得对!你刚才提及的这几位大师不仅是他们各自的学术研究领域的顶级学者,也是社会科学领域我国现代学术话语框架的构建者。这一批学者都诞生于20世纪初始前后,那是一个风云激荡的历史时期,各种思潮激烈碰撞,新旧社会逐渐更替,时代和社会迅速发展,各种社会思潮起伏跌宕,这一切都从不同的方面影响并冲击着人们的思想和行为。不过,在学术研究和学术训练方面,这些学者倒是占到了一些先机:他们当时既有机会接受到我国传统的国文教育,同时也有机会受到西方学术传统的训练,因而他们在学术上可以说是中外兼修,中外兼顾。另外,他们生活的年代也正值我国的大学和各类研究机构纷纷创建之时,因而他们的工作对日后新中国学术传统的建立都做出过一些创建性的贡献。

奚:的确是这样的,比如陈望道先生,他对中国语文在20世纪时代演进中发生的民族语言共同化(创建和推广普通话)、文体口语化(普及白话文)、书写简便化(汉字简化)和注音字母化(汉语拼音)等语文现代化问题,都进行了认真的探讨和实践,留下了宝贵的历史业绩,尤其在语法学和修辞学的研究上有所开拓创新,为我国现代语言学的建立和发展贡献了富有价值的成果。

冯:陈望道先生德高望重,他作为《共产党宣言》中文翻译的第一人将永远被大家铭记。同样,在外国文学研究、翻译和外语教学领域,方重先生也一样成绩卓著:他一生在乔叟研究领域取得了独树一帜的开创性的成就,得到了中外同行的高度评价。此外,他还在我国大学英语专业英语教学领域做出了大量的探索,在英汉双向翻译的理论与实践方面做出了大胆的研究,在西方文学的研究方面卓有成效,尤其在为新中国的学术研究新传统的奠定等方面都取得了一定的成就。

奚:是啊!这些学术大师为我国学术事业的发展都奉献了自己的聪明才智,有些甚至做出了开拓性的贡献。他们是新中国学术研究传统的开创人物。现在,研究方重教授的学术论文正在不断增加,对他的翻译思想的研究已经成为学术界现在的一个热门话题。

冯：是的。方重先生以研究和翻译英国诗人乔叟的诗作和我国晋代诗人陶渊明的诗文而享有盛名。乔叟生活在14世纪，是英国中世纪文学史上一位极其重要的承前启后的人物；他的长篇叙事诗《坎特伯雷故事》展现人间的世俗百态，鞭挞社会的种种丑陋，是14世纪英格兰社会的一部百科全书。这本书对中国读者了解西方提供了一个窗口；与此同时，他也让西方的读者认识了陶渊明。方重先生以其翻译及学术成果闻名于世，然而他对中外文化交流所作的贡献却远不止于此，而且对我国外语教学事业的贡献甚至更为重大。

奚：请问冯老师，您能具体说说方重教授对我校乃至我国的外语教育事业的发展做出过一些什么样的贡献呢？

冯：我们研究和探讨一个人或一个历史事件，一定不能忽略其时代背景，也不能忽略对那些历史人物在各个时代所作所为的初始原因进行细致的考察。上世纪20年代，我国处于半封建半殖民地状态，国内战事连绵，社会动荡不安。出于对生计的考虑，那时留洋的学生多选择理工科方向，或其他技术类的专业，以便日后学成归来时能以一技之长而立足于社会。然而，方重先生选择就读的，却是英语语言文学专业。

奚："不能忽略时代背景"，您说得太对了！不过，选择与多数人不一样的专业，或者说选择英语语言文学专业，这与选择其他专业有什么区别吗？

冯：当然有区别！与一般为谋生而出国学习的学生不一样，方重先生自幼就怀有教育救国和文艺兴国的梦想，并为之终身矢志不移。关于这一梦想的由来，我们可以从他写于晚年的一篇自述中找出答案，我手头正好有，我来读给你听："1923年从清华毕业，我郑重地考虑了自己所献身的专业。想到祖国八十年来的屈辱历史，灿烂的文化瑰宝犹如明珠被埋在土中；想到救国，光靠船坚炮利也无济于事，重要的是，用文学'作匕首、作投枪'，开启民智。"①

奚：是的，我这里有一篇方重先生自己写的回忆文章。他1928年从美国学成回国后，努力以他的学长和好友闻一多先生为榜样，坚持以大学讲堂作为接触和影响学生和传播知识的平台，以他所写的文字去唤起和影响当时的民众，

① 方若柏. 译路人生：我的父亲方重[M]. 北京：外文出版社，2016：147.

他先后在南京第四中山大学(中华民国时期国立中央大学的前身)、武汉大学、安徽大学、华东师范大学、复旦大学和上海外国语学院任教,此后他一生在英语教育、乔叟研究和翻译等方面均取得了不俗的成就。这些成就的取得,其实都与他学生时代立志报效祖国的初衷密切相关。

冯:确实如此。他们那一代学者亲身经历过新中国诞生前后新旧两个社会翻天覆地的巨大变迁,能够从内心深处感受到新社会的优越性,因而他们在所从事的学术研究中奋发图强,自觉地以主人翁的姿态活跃在他们各自的工作岗位上。

奚:方重先生在学术研究领域取得的成就是巨大的;现在的研究表明:他的研究成果与他的翻译思想有着密切的关系。

冯:你说得不错!从中外文化交流与传播的视角来看,方重先生一生的学术研究与探索,以及他所从事的翻译工作都是在英语与汉语两种文字间进行的。他所做的工作,无论是编写教材,还是撰写学术论文和翻译文学作品,其背后都有一个汉英两种文字的比较及表达的过程,而贯穿这些过程始终的,是他对这两种文字所承载内容的权衡、选择与表达。所谓翻译思想,是指一位优秀的学者在大量翻译实践的基础上,站在认识论的高度对翻译做出的理性认识;这种认识既是对其自身翻译实践中一以贯之的风格特点的概念化总结或理论性论述,也是对翻译的本质和性质在更深层次上的重新认识。自从近代我国翻译活动大规模开始之后,人们对于译者的翻译思想、翻译理论的研究热情也开始逐渐升温,并在一定程度上取得过特定历史阶段的成果。

奚:那么什么是阶段性的成果呢?

冯:所谓阶段性的成果,是指某一历史阶段上译者基于其所处时代的文化氛围和文化传统而形成的翻译思想,及该翻译思想指导下的翻译成果。例如:晚清的严复在当时书面语盛行“文白分野”的历史时期里,提出了他的“信、达、雅”的翻译思想,即译者要对原文在理解上和表达上“忠实”,在文字上“畅达”,在英译汉的文体上要采用文言文(雅言)。然而,“信、达、雅”不是完美的翻译理论,而是他在翻译实践中形成的一种属于他固有的翻译思想,或翻译观,这一思想在其后相当长的一段时间里得到了为数不少的译者的心理认同。

奚:明白了。身处特定历史时期里的译者往往都无法摆脱那个时代的历史印记。他们的翻译思想及其译作都带有那个时代特有的文化传统。

冯:的确如此。从20世纪初开始直至1949年,我国的一些学者和翻译工作者开始有意识地用它们(翻译思想和翻译理论)来指导翻译实践,并在翻译实践中取得了一些可喜的成绩。他们的工作,奠定了我国现代翻译理论研究的基础,也为我国大学的翻译教学和研究工作提供了一些基本的框架。

奚:请问这一期间,翻译领域先驱性的人物有哪些?他们的主要理论观点对当时的翻译工作和大学课堂的翻译教学曾经起到过一些什么作用,并对后来产生了一些什么影响?

冯:在笼统意义上,我国的翻译家大致可以分为以下三类:第一类是那些以其翻译的作品赢得读者的青睐、从而闻名于世的翻译家,如林纾、朱生豪、林语堂、夏济安等;虽然他们曾以某种形式表达过他们对翻译的总体认识,但往往是零零星星的只言片语。他们的成就和声誉,主要建立在读者接受度和他们的作品所引发的社会效应等方面。第二类是那些既有出色的翻译作品,还兼有其独特翻译思想的翻译家,如严复、傅雷、钱钟书、朱光潜、鲁迅、方重、许渊冲等;这一类翻译家对翻译都有自己独到的见解,他们的译文往往就是其翻译思想的实验地,他们的译作成为他们光大其翻译思想的一个载体。他们的翻译思想及其译作往往是他们所处时代的反映,因此,对他们的翻译作品及其翻译思想进行研究的大有人在。第三类人注重研究古今中外的翻译理论,但并不一定有译作;这一类人多在我国高校和研究所担任教学和研究工作。

奚:那么,方重教授属于第二类有思想、也有作品的翻译家。

冯:是的!方重教授是我国翻译领域里一位具有独特思想火花的翻译家。他的翻译思想是他在自身知识积累的基础上,在翻译实践的过程中逐渐形成的一种认识。这种认识影响到了他的翻译风格,最后演化为他对翻译实践的宏观指导性的理论框架。我国翻译史上具有自己鲜明翻译思想的译家不乏其人,例如傅雷先生:他深受我国传统绘画艺术手法及其民族审美观的影响,从我国的绘画艺术中巧妙地将“神似说”从书画评语中移植了过来,成为中国传统翻译思想的重要学说。此外,朱光潜先生:他在结构分析的基础上倡导了“多枝共干理论”;钱锺书先生:在《林纾的翻译》一文提出了“化境论”等,不一而足。虽然专家学者们各自对于翻译的性质和对译文特点的概念化描述可以因人而异,读者对它们的理解和认识也可能存在差异,且评论界对它们也通常是褒贬不一,然而,人们通过比对他们提出的理论与所附的译例,可以欣喜地发现或找出一个个鲜活的支持性的印证。从 20 世纪初开始,外译汉领域中具有独立翻译思想的翻译家层出不穷;一辈又一辈的译者对于翻译做出的思考和他们笔下译出的作品确实曾经在当时的历史条件下引领并影响过一代又一代后世的翻译者。

奚:方重先生的译文作品早已得到公众和学术界的称赞,您又提到他是一位“具有独特思想火花”的翻译家,那我们能不能这样理解他独特的翻译思想,或者这样来给他的翻译思想做一个界定:我们能否称之为“研究型翻译”?

冯:方重先生的翻译思想,是其建立在对源语文本做出深入研究基础上的,称之为“研究型翻译”可以说恰如其分。“研究型翻译”,应该是指研究与翻译两者交融并进的翻译风格。用通俗的话来说,就是译者需要在翻译之前,先对作者和源语文本等做一番深入的研究,以努力走入作者的精神世界和他身处其中的那个物质世界,并试图从这两个世界中找出某种必然的联系,然后在这个基础上,积极调动译者的主观能动性,正确认识两者的文化定位,并在这个过程中竭力避免译者文化地位边缘化的现象。在方重先生看来,翻译绝不是一种纯粹的技术活或语言技能的展现,而是一项促进国际文化交流的神圣使命。正因为如此,译者在这个过程中要始终保持他的主体意识,对来自西方的思潮和学术观点采用辩证的方法加以分析和对待。这一点在当时是十分难能可贵的。

奚:我明白了!

冯:从一个更加专业的角度来看,“研究型翻译”可以从两个方面来加以说明。第一个方面是翻译的过程,对于研究型翻译译者来说,这个过程包括翻译前对源语文本要去做大量的研究工作,因为译者不仅要面对具体的源语文本,还要求他对这一具体的文本的其他相关的历史文本和文化文本的收集和对这些相关资料做出系统而深入的调查与研究工作,以尽可能地捕捉到译出语的文本所承载的历史信息和文化信息，并在这个基础上努力地在翻译的过程中在目的语中找到、创造或重构出一系列可以在最大程度上传达出这些信息的目的语的文字表现形式。要能够做到这一点，他还要对国内外历史上在这一领域业已形成的研究传统、研究方法、相关研究成果，以及对这个领域未来可能的发展方向了然于心。

奚：冯老师说得太好了！我可否这样理解：翻译是一个漫长的过程，研究型译者必须对作者的生平及其文本产生的历史背景、文化背景、文本构成、主要思想特征、历史价值和当代价值以及相关术语的翻译等尽可能做出一个详尽的解读和研究，以熟悉作者的写作意图和作品文本内外的诸多因素，包括对文本进行多向度的解读，如文字特点、文学形象和文学意蕴等。此外，译者的工作还必须包括对作家及其作品的主要思想体系及其独特的思想特征和作品的历史价值与当代价值的深入研究，并在这个基础上对译语文本做重构研究，包括关键词语译文的收集、文本内和文本外诸多因素的研究和跨文本因素的系统研究等。

冯：你说得对！研究型的译者往往会对所译文本在同时代和历史上其他相同或相关译文之间的关联性保持持续的关注。研究型翻译涵盖的第二个方面，是指译者在完成一篇文字的翻译之后所做的工作。研究型翻译不仅仅指翻译的过程，即译者在正式递交译稿之前对源语文本及其相关的领域所做出的大量的考证和研究，还指译者在翻译完成之后的若干年中，乃至终身为完善一部译作而倾心倾力地付出的大量劳动。这一类译者对他们所翻译的作品的选择尤为慎重，一般都是他们终身所从事的学术研究的内容，他们的译作不以“量”取胜，但以“精”见长，而且往往都是译文中的上乘之作。

奚：方重教授就是这样一位典型的研究型译者。他正式动笔翻译并着手编辑《乔叟文集》是在20世纪50年代初，但在此之前，他已经为之做出了二十多年深入而细致的前期准备工作。方重教授学习和研究乔叟作品的兴趣，萌发于1923他在美国斯坦福大学和加州大学伯克利分校就读时期。那时，他选修了20世纪美国著名乔叟学者泰特洛克(John Strong Perry Tatlock 1876—1948)的“乔史研究”课程，从此立志钻研乔叟的中古英语诗歌作品。1928年方重教授回国后从30年代初开始着手系统学习和研究14世纪前后英格兰的社会与文化，并尝试翻译乔叟的诗作。他译出的第一部作品《屈罗勒斯与克丽西德》（*Troilus and Criseyde*）于1943年在重庆出版。时隔三年之后，1946年，他的《康特波雷故事》（*The Canterbury Tales*，译作后更名为《坎特伯雷故事》）由重庆云海出版社出版。

冯：不错。20世纪40年代出版的这两部作品，其实只是方重先生的试手之作。《屈罗勒斯与克丽西德》是乔叟根据薄伽丘的《菲罗斯特拉托》（*Filostrato*）的情节重新创作而成的一部长篇叙事诗，这是乔叟作品中仅有的两部完整的长诗之一①。这部长诗兼具思想性、历史性和文化性等多重特指，其翻译的复杂性不言而喻。译作出版后，方重先生发现了不少误译的问题，便开始认真校对，逐一校正。这一工作一直做到了20世纪50年代中期。

奚：真不容易啊！

冯：是的！研究型的译者将一部译作的出版，视为翻译工作的一个新的起点，而不是一个结束。对译文的任何实质性的改进，一般都会在再版或重新出版时以特别的方式来加以说明，这是这一类译者共同具有的一个特点。

奚：经典文学作品翻译的实质，是跨越语言文化的思想交锋和思想沟通，其高下取决于译者对译出语（源语）文本内涵的充分解读与其在译语（目标语）文本中的文字再现形式。那时候，源语文本与译入语文本这两者之间最为契合的那个点很难找到，然而所幸的是：现在，汉语的发展使得这个契合点越来越明确。

冯：你说得太对了！翻译的难处，其实就是译者对这个点的把握。在现代汉语趋于成熟之前，译者对这个点的把握，往往多按译者个人汉语文言或白话使用的习惯和喜好，以转述或阐释的方式传达源语文本的意义，因而多带有译者鲜明的个人使用文字的特点及其行文色彩，同一部作品可以由不同的译者"译出"风格上和形式上迥然不同的译作。五四运动以来，现代汉语的发展让译者在对源语文本的理解上对这个点的捕捉，以及在表达形式的共性方面的认识越来越趋于一致。现代汉语的发展和变化，为译者提供了一个

---

① 另一部是《众鸟之会》（*The Parliament of Fowles*）。莎士比亚曾经以戏剧的形式对乔叟的这部长篇叙事诗 *Troilus and Criseyde* 做了重新的演绎，定名为《特洛伊罗斯与克瑞西达》（*Troilus and Cressida*）。

尽可能地与源语文字并驾齐驱的文字表现平台，同时也彰示了汉语强大的生命力！

奚：太有意思了！您的意思是不是说：现代汉语的发展和成熟，为译者的理解和表达提供了一个直接而便捷的相对可以对等的语言形式？

冯：说得对！一个研究型的译者一般都十分关注现代汉语的发展，并能因此而对自己的译文做出及时的调整。方重先生翻译出版的乔叟的第二部作品是《康特波雷故事》。与《屈罗勒斯与克丽西德》相比，《康特波雷故事》在译文的文体、《译者序》的内容，以及通篇的编排上要明显更胜一筹。乔叟的白话诗歌语言既是承载其文本思想内容的知识单位，也是构建那个时代文本思想话语的语言单位，更是影响文本思想传播的交际单位。此书只选择翻译了《坎特伯雷故事》中的六则故事，全书计 112 页，然而《译者序》“乔叟和他的康特波雷故事”却占据了 10 页之多；此序言含文献综述和对西方乔学界的历史传统所做的梳理和点评，所选和所论都十分精当；在译文的风格上，方重先生选择了我国民间章回小说的“评书”文体，来演绎乔叟独创的英语叙事诗的诗歌体裁“英雄对句体”(Heroic Couplets)。从这部书的整个构架上看，译者在表达的系统性、语符一致性、个人语境的适应性等方面都经过了细致的斟酌和推敲，它体现了方重先生集译介与研究为一体的研究型翻译风格。

奚：原来，方重先生“研究型翻译”的风格早在 1946 年就已初现！

冯：是啊！方重先生既是翻译型的研究家，也是研究型的翻译家。作为一位毕生孜孜以求的学者，他将自己的对翻译的研究视为生命。20 世纪 80 年代后期，已年过八旬的方重先生还在修订《坎特伯雷故事》的译文，这种精益求精的精神实在令人敬仰。记得方重先生 1983 年曾经为《译林》杂志写下过以下这段文字：“我们搞外国文学翻译，还要对读者负责。搞翻译，要有一个明确的目的——介绍世界上各国文化之精华，促进各民族之间的文化交流。翻译哪些作品，要慎重选择。切忌‘捡到篮子里都是菜’。我们不能为翻译而翻译。对于青年译者来说，不要忙于出版自己的译作，一篇译作，不经过反复的推敲，不达到自己满意的程度（这恐怕是最低的要求了），就不往外投寄。”①

奚：1949 年之前留洋回国工作的学者中有不少人成为他们所从事领域研究和翻译工作的拓荒者和开创者，方重教授就是其中的一位。他在 1955 年独立完成了世界上第一部汉语版的《乔叟文集》翻译和校订等文字工作，其中包括该文集编订体例的确立、文字翻译工作的完成、核心术语的确定等十分繁复的工作。他优秀的译文与大量的研究文字直接影响了汉语世界对乔叟作品的解读风格。此外，方重教授作为一位研究型翻译的倡导者和践行者，其毕生所从事的学术研究工作与他清晰的学术身份紧密相联。与一般学者不同的是，方重教授从他留洋回国任教后开始，几十年如一日，对自己所从事的研究和翻译工作充满情怀，并始终对之孜孜以求，将之视作自己生命的意义，这一点十分可贵。

冯：方重先生将翻译视为一个终身研究的事业；如果我们认真梳理一下方重先生一生的学术生涯的轨迹，我们一定会得出这个结论的。

奚：是的。除了汉译乔叟的《坎特伯雷故事》，方重先生还不遗余力地向西方介绍中国文化。在这一方面，他的一个突出的成就，就是他的力作《陶渊明诗文选译》。这两位诗人的作品具有其鲜明的思想风范、别具一格的文学特色、独特的文化气质，及其所处时代的历史内涵等多重特质，因而成为世界文学史上的经典，为后世留下了宝贵的文学财富和精神财富。因此，翻译他们的作品，其实是在促进国与国之间不同种族之间人类文化和新思想的双向互动和交流，其意义恐怕远远要大于一般意义上纯粹技术性的文字信息的转换工作，因而其复杂性、挑战和开创性不言而喻。

冯：是啊！你提到的这个方面确实很重要。从 20 世纪 20 年代末到 90 年代初的六十多年中，时代的发展浪潮一浪高过一浪，我国的历史经历了翻天覆地的变化，但是方重教授任凭风云变幻，始终如一地钟情于他的事业，默默无声地坚守在中英文化交流这一阵地上。他不仅将西方作家的作品介绍并翻译给中国的读者，同时也将我国作家的作品译成英语向全世界传播，这种双向的交流，其实才是国际间文化艺术交流的真正意义所在。

奚：《陶渊明诗文选译》于 1980 年 1 月由香港商务印书馆出版，1984 年 1 月由

---

① 译林[J].南京：江苏人民出版社，1983(4)：220.

上海外语教育出版社出版。请问您对这本译作有何评论?

冯:作为一个研究型的译者,方重先生在翻译工作中始终与研究工作并进,对学问满怀热忱。他在《陶渊明诗文选译》一书的翻译过程中一丝不苟,精益求精;即便在这部力作完成之后,他始终没有停下修订的工作。这一切充分体现了一位研究型译者的风范。

奚:冯老师能具体说一说吗?

冯:可以。方重先生翻译陶渊明的诗文的缘由可以追溯到1944年。这一年他受英国文化委员会的邀请远赴剑桥大学三一学院担任客座教授(1944—1946)。在那几年中,他接触和结识了一些对中国文化怀有热忱的外籍学者和译者,其间读到了不少海外译者英译的陶渊明诗文。欣喜之余,他对那些译本中存在的种种误译深感惋惜。我找给你看:"为了使英国人士对我国文化有深入了解,曾对照我国古代诗歌的许多英译本,发现不少译文不甚确切,深感这类汉译英工作之重要不亚于英译汉。因此,我在研究乔叟之余,倾力翻译陶的诗文,为中英文化交流做些努力"①。这几句文字看似平淡,然而方重先生对我国优秀传统文化发自内心的自豪感却是溢于言表。

奚:是啊!这种自豪感构筑了历代中国优秀文人学者心中的一个文化传统。晚清的陈季同、辜鸿铭,民国时期的王文显和林语堂等人的成功为这一文化传统不断注入了新的活力。作为林语堂教授的学生,方重先生用自己的实践使这一传统得以承继。一代又一代的学者从历史中汲取营养和智慧,自觉地将这一传统不断地延续下去,以增强我们的民族自尊心、自信心和自豪感。这才是我们研究和学习方重先生学术生涯和学术成就的当代意义。

冯:说得好!旅英回国后,他为翻译陶诗做了精心的准备,其间认真阅读了他从英国带回的外国学者的多种译本,同时潜心研究了北京大学王瑶教授的《陶渊明集》(1957),并通过书信与王瑶教授交流和切磋一些与陶诗原文的理解相关的专业技术问题。在其后二十几年中,他工作之余陆续翻译并反复修改了陶诗80首和两篇散文的译文,其中包括《五柳先生传》和《归去来兮辞》,以及一篇我国南朝梁代昭明太子萧统所写的《陶渊明传》。译稿修订工作全部完成后,方重先生将其辑为一册,以《陶渊明诗文选译》为书名,先后

---

① 《陶渊明诗文选译》序。

由商务印书馆和上海外语教育出版社出版。

奚：听您这么一说，我对方重先生敬佩之情又加深了一层。那么，方重先生为什么在我国众多文学大家和诗人中独选陶渊明呢？

冯：方重先生在我国古代众多诗人中独选陶潜，源于他对陶潜其人其诗发自内心的钦佩与热爱。方先生在这本《陶渊明诗文选译》的序言里这样说："当初我是为了我国古代一位伟大诗人，不忍让他的高风亮节被世人忽视，或甚至曲解。由诗品到诗人，终于体会到一个诗译者的正确使命是应该向诗人学习，要虚心领会他的理想、品格、风貌、情操"。从 50 年代初他正式着手翻译至 70 年代后期他完成翻译的二十几年中，我国社会发生了翻天覆地的变化，其间方重先生本人及其家人曾一度受到过冲击。然而，面对暂时的挫折，他深明大义，从不消沉，欣然地专注于他的翻译工作。陶渊明不以"心为形役"的率真和"少无适俗韵，性本爱丘山"的淡泊与洒脱伴随着他走过了人生的诸多艰辛和坎坷，而世事的磨难反倒铸就了一位大师令后人无比仰慕的精彩人生。方重先生以其自身的学养、胸襟和胸怀为世人呈现出许多如今芸芸众生们心底里可能正在失去的十分珍贵的为人之品性与品格。

奚：您的讲述，让我对方重先生的治学态度，他的翻译思想和他毕生为中外文化的交流事业所做的贡献有了一个更加直观和深入的认识。现在，我们纪念和学习方重先生，是为了弘扬他的事迹，传承上外的文脉。谢谢您！

三、结　语

方重先生是我国著名的爱国文化学者，毕生以文学翻译为媒介，为中外文化沟通事业贡献了一生。冯庆华教授在这次采访中从时代的发展、翻译的标准、现代汉语的发展与翻译的关系、译者的主体性和翻译与创作的关系等几个方面对方重教授的翻译思想、爱国情怀、治学精神、人格品质和学术成就做了较为详细的阐述，并指出：作为一位跨文化的研究型翻译家，方重先生纵览全局的研究视野、求真务实的学术良知、几十年如一日专心致志潜心研究学问的治学精神，及其甘于寂寞的学者情怀造就了他学术大师和翻译大师的辉煌人生。他从容不迫地穿梭于研究与翻译之间，使两者互融互动，周而复始，以翻译加深研究，以研究促进翻译。他的译作显示了他作为学者的严谨、缜密和周全，充分展示了研究型翻译家的厚重、气度、风骨和胸怀。深入研究方重先生对乔叟和陶渊明译介的贡献可以为研究外国文学在中国的译介史和中国文学在海外的推广史提供很好的借鉴和实证支持；深入研究方重先生的翻译思想，则是研究我国译学发展史的一个重要内容。现在，在我国社科领域的学术发展正在逐步走向成熟之际，我们通过研究方重先生的事迹和他的译学思想来弘扬他的精神，传承上外的文脉，这对于构建并完善具有中国特色的学术研究新的传统意义重大。

参考文献

[1] 方若柏. 译路人生：我的父亲方重[M]. 北京：外文出版社，2016.

[2] 方重. 坎特伯雷故事[M]. 上海：上海译文出版社，1983.

[3] 方重. 乔叟文集[M]. 上海：上海译文出版社，1979.

[4] 方重. 陶渊明诗文选译[M]. 北京：商务印书馆，2020.

[5] 方重. 陶渊明诗文选译[M]. 上海：上海外语教育出版社，1983.

[6] 季羡林. 外语教育往事谈：教授们的回忆[M]. 上海：上海外语教育出版社，1988.

[7] 吴芬. 特洛勒斯与克里希德[M]. 北京：中国对外翻译出版公司，1999.

[8] Benson，L. D. *The Riverside Chaucer*[M]. Oxford：Oxford University Press，2008.

[9] Fisher，John H. *The Complete Poetry and Prose of Geoffrey Chaucer*[M]. Fort Worth：Harcourt Brace College Publishers，1989.

[10] Robinson，F. N. *The Works of Geoffrey Chaucer*[M]. Boston：The Riverside Press Cambridge，1961.

Fang Chong's Translation Thought and Its Contemporary Significance in International Cultural Communication

Abstract：International cultural exchange and dissemination is the motive force and direct cause of translation. A product of cultural exchange, a translated text is for the mere purpose of cultural communication. In this sense, the present cultural status of a country is the result of the direct or indirect cultural convergence, mutual consultation, and mutual exchange and integration with other countries or other regions in history. Positive cultural exchanges must be two-way communication, and in this regard, Mr. Fang Chong's academic achievements in translation are particularly outstanding. The Anthology of Chaucer, compiled, edited and translated by him, is a masterpiece in which he presented British culture to Chinese readers, whereas his Gleanings from Tao Yuanming is his active attempt to promote Chinese culture abroad. This paper, in the form of interview, focuses on the study of Mr. Fang Chong's translation thoughts to excavate and highlight the contemporary significance of his outstanding contributions in promoting cultural exchanges between China and oversea countries.

Key words: publicity practice; Fang Chong, research translator; Canterbury Tales; Gleanings from Tao Yuan-ming

（奚念　上海外国语大学新闻传播学院，
江山　中国石油大学（北京）克拉玛依校区）

异语创作纪录片汉译字幕中的无本回译现象探析

——以中国题材纪录片 *Chinese New Year* 为例

景 婧 刘思燕

摘 要：本文以外国作者拍摄的中国题材纪录片《中国春节》为研究对象，对其中的字幕译文进行了梳理、分析与探究。通过对汉译字幕中“异语写作”与“无本回译”现象的深入解析，旨在探索中国题材异语创作纪录片字幕汉译的有效策略，以期为今后的异语创作纪录片字幕汉译提供一定的理论依据及实践支撑，从而助力中华文化对外传播。

关键词：异语写作；无本回译；中国体裁纪录片；汉译字幕；策略

一、引 言

受中国传统文化的吸引，海外作者纷纷从西方视角通过异语创作的方式拍摄了众多与中国题材相关的纪录片。因其创作视角新颖，内容趣味性强等优势而深受广大观众的青睐。其中不乏许多优秀作品在添加了由中国译者回译的中文字幕后，又回流至中国市场。在对这类异语创作的纪录片进行汉语字幕的译制过程中，出现了诸多无本回译的现象。本文以《中国新年》汉译字幕为研究对象，对其中的“无本回译”所使用具体的翻译策略进行了探究。

二、"异语写作"与"无本回译"理论兴起与发展

"异语创作"的概念最早是由王宏印在探讨林语堂撰写的现代小说*Moment in Peking*的创作意图与叙事特点时提出的。由于*Moment in Peking*是以英语创作的关于中国文化的小说，即非本族语的文学创作属于"异语创作"（王宏印&江慧敏，2012：65）。而后，他又结合《京华烟云》等著作的翻译，重申了"异语写作"这一概念，并对与之相关的一系列理论问题进行了梳理与修订。他认为"异语写作"是以中国文化为题材和内容，但以英语进行写作的作品（王宏印，2015：1）。随着该理论的不断深入与发展，王宏印（2016：8）对"异语写作"作出了明确定义："凡所写文化内容与所用语言不一致的，皆称为异语写作。"此外，还对异语写作的作者类型进行了归类，将其划分为本国作者、侨民作者和外国作者三大类，并将其文本类型划分为游记类、记传类、学术类和文学类四种类型（王宏印，2015：4）。至此，有关异语写作的概念及其基本范畴的理论体系得以确认。

"异语写作"作为新兴的理论，将其运用至案例分析的实证性研究尚不多见。笔者以"异语写作"为搜索词，通过中国知网"中国期刊全文数据库"对所有期刊文献进行主题高级检索，得到9篇源自CSSCI的学术期刊，所涉及研究内容占比详见图1。其中，理论研究3篇，占比67%；实证研究4篇，占比45%；综述研究2篇，占比22%。其中，王宏印、江慧敏（2012）对*Moment in Peking*进行了异语写作特点的深入分析；王宏印（2016）重申了"异语写作"和"无本回译"理论概念，并应用于《大唐狄公案》等复杂文本的分析；江慧敏、王宏印（2017）通过异语创作概念对狄公案系列小说的汉英翻译策略予以探析；郭彧斌和郑敏芳（2017）从*Tibet Transformed*的创作特点入手，探讨了"异语写作"的概念及其分类。由此可见，从事"异语写作"相关研究的学者有限，运用这一概念进行文本分析的研究数量不多，更重要的是"异语写作"的研究对象仅局限于文学体裁类文本。

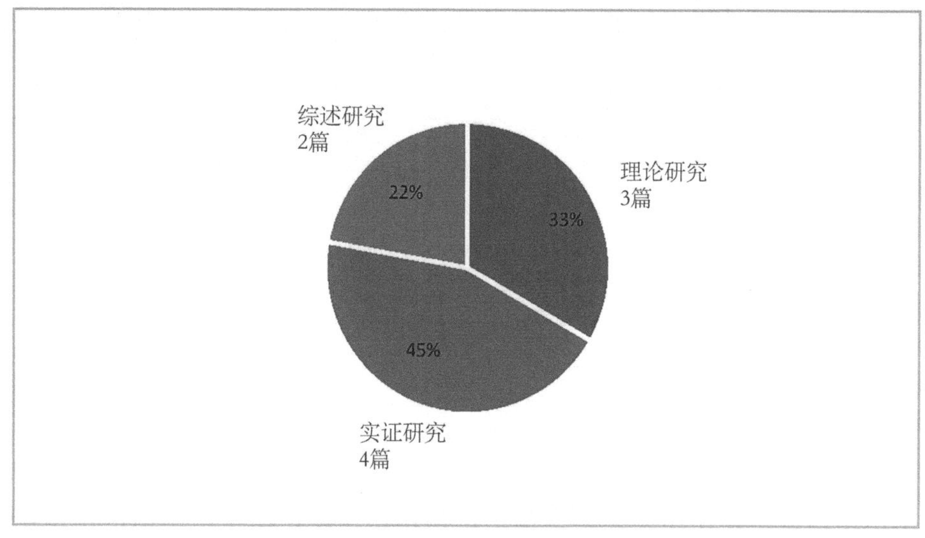

图 1 “异语写作”相关文章发表比例图

“无本回译”是与“异语写作”相对应的翻译过程。这种由外语翻译成汉语的返回，只是文化上的返回，而不是语言上的返回。因此该概念诞生之初被称为“无根回译”，即在语言上不存在以原作为根据的回译（王宏印，2015）。而后王宏印（2015）认为“无根回译”的表述不尽准确，将其修正为“无本回译”，所谓“无本回译”，充其量是缺乏文本根据的回译，但仍然有文化之根（这里是中国文化，而不是泛泛的人类文化）作为根基，而不是完全失去其根。

笔者同样以“无本回译”为搜索词，进行关键词检索，共得 CSSCI 来源期刊文章 9 篇。其研究内容占比详见图 2。其中除对文学类文本的分析外，还增加了书法文本和政治文本。郭或斌和郑敏芳（2017）以 *Tibet Transformed* 汉译为例，提出了“母语回归”的理论概念。王毅规范制约的前提下，从无本回译的语言标准、文体标准和文化标准三个方面解析 *On China*（《论中国》）的中文译本（王毅，2017）。顾毅和张夏杰（2019）以《傅山的世界》汉译本为研究个案，探讨中国书法文本无本回译理想译者的素质构成。由此可见，“无本回译”相关文章的研究对象很少涉猎非文学类作品或者字幕译文。有关字幕译文的相关研究仅有一篇，岳坛和李俊（2020）曾以《功夫熊猫 3》与真人版《花木兰》的异语创作与无本回译为例，对异语创作电影的接受程度进行了探析。由此看来，鲜少有研究从“无本回译”的角度，去分析字幕翻译过程，或汉译的具体策略。

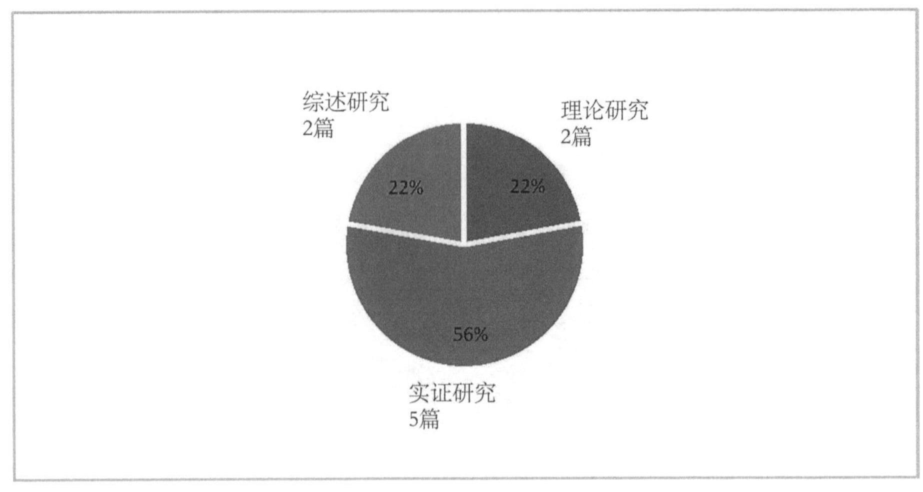

图2 “无本回译”相关文章发表比例图

三、《中国新年》中的“异语写作”与“无本回译”分析

中国题材的英语纪录片通常是以中国故事或中国文化习俗为创作内容，由外籍作者通过外语创作而成。中国文化对他们而言是继发的、派生的，并不是原本意义上的本族文化。就文本体裁而言，王宏印将异语写作的文本类型划分为游记类、记传类、学术类和文学类四种类型(王宏印，2015:4)；而英语纪录片的汉译字幕准确来说并不属于其中的任何一种类型，或者勉强可将其划入游记类。目前学界尚无针对纪录片汉译字幕的相关研究。与文学著作翻译不同的是，字幕翻译具有明显的特点，其对象是社会各界的人民大众，这就要求字幕译者用纯粹清新、清晰明确的口语化语言进行翻译，因为“影视语言的特点在于其聆听性、综合性、瞬时性、通俗性和无注性”(钱绍昌，2000:1)。对于中国题材外语纪录片的无本回译，异语创作的内容围绕中国文化，汉语目的语读者虽然未见过并不存在的原文文本，但是他们身处于该纪录片所讲述的中国文化语境之中，对于中国文化的感知是本原的、习得的。因此，在此类纪录片的无本回译过程中，不仅要考虑字幕翻译的特殊性，同时无本回译还应以“复现中国文化”为目的。在文化表述上应该尽力回归中国文化，呈现出符合中国文化的具体语境，使汉语目的语读者与其所在的文化语境产生联系。其翻译效果应以“中国

现代读者的心理接受为基础”(王宏印&江慧敏,2012:69)。

BBC《中国新年》是由英国导演比尔·洛克(Bill Locke)使用英文创作的关于中国春节习俗文化的纪录片,全片共分为:回乡、团聚和欢庆3部分。通过与当地人沟通以及近距离感受文化习俗,进而将自己对春节习俗的理解用英文表达出来。理论上,该片的字幕属于“异语创作”的范畴。其创作者虽然走访中国各地,深入感受中国春节文化,但其始终是外籍人士,全程都是在用其母语讲述外族故事。对于目标国家的文化了解是否达到一种内视觉的程度尚有待商榷(王宏印,2015:4)。该纪录片推出后不久,又由中国译者将其回译成汉语,返销至中国。该片于2017年1月在CCTV9播出,取得了良好的收视效果。本文所选文本以CCTV9播放的译本为研究对象。而异语写作也存在了一定的问题,即其“语言符号和它所指代的异域文化发生错位,即本族语中原本一致的能指(语言)和所指(文化)不一致了,这就导致一定程度上的信息错位和表达不清晰”(王宏印,2015:4)。如此,外国创作的我族文化纪录片具有相当的自主性,所呈现的中国春节文化可能存在描述不到位或者不真实的内容。为此,本文对《中国新年》的汉译字幕进行了梳理和分析,并总结出以下几点无本回译过程中采取的翻译方法或技巧:

(一)无本回译中的音译

在《中国新年》中,一些独具特色的中国文化词汇主要通过音译的方法表达出来,并对这些概念作出简单的解释。片中直接将用汉语拼音“Chunyun”“Guangchangwu”和“Dashuhua”将中国的“春运”“广场舞”和“打树花”表达出来,这些词在中国文化中有特定含义,是时代的产物,片中直接使用异化的方式来处理,说明西方国家对中国文化具有一定程度上的认可。像这些直接音译过去的英文表达,再做回译时能直接“原路返回”,所呈现的也是最地道的汉语,因为“这一部分原来就是潜藏在异语写作中的翻译物”。

(二)无本回译中的意译

这部纪录片中,意译的情况也不少。在翻译“have a pretty lucky year”时,译者并未直接译出意思,而是套用了“走运”一词,清晰明了,既符合字幕翻译简明扼要的特点,又保留了中国语言文化特色;再比如“For the Pièce de résistance”,译文为“重头戏在这”。“Pièce de résistance” 是法文里借过来的词,意思就是某件东西里面最好、最重要的一部分。译者借用汉语里的戏曲行话“重头戏”进行翻译,指在唱,念,做,打等方面见功夫的剧目,也用来比喻最重要的环节,中国读者对该词并不陌生,因此此处的意译能拉近读者与译作的距离,实现中国文化的复现。又如译者翻译“a long line of chefs”时,并未选择逐词译出,“a long line”原意为“一条长队”,译者凭借对本族文化语境的了解,更加准确地译为“世家”,让译文尽量靠近地道的中文。

(三)无本回译中的改译

在《中国新年》无本回译中,最大的特点是使用改译的翻译方法。片中涉及文化负载词的多处英文表达都用到改译的方法。

(1)原文:This year is special to our family because we have a few monkeys in the family, because this is the year of the monkey.

译文:今年对我们家很特殊,因为家里有几个属猴的,因为今年是猴年。

(2)原文:I am a monkey, so this is my year.

译文:我属猴,今年是我的本命年。

在无本回译中,译者需要充分考虑所依存的文化语境。例中译者通过改译的方法复现了具有生肖文化色彩的词语,把原文“有不少猴子”和“是一只猴子”改为“属猴”“我的年”改为“本命年”。生肖习俗是东方国家所特有的一种传统文化,常与属相概念相伴随出现,以上原文的回译体现了译者根据中国生肖相关文化做出的精准选择,其译文更符合中国读者对生肖文化的认知经验和汉语表达。

(3)原文:That numbered stick is then interpreted by a fortune teller.

译文:这支带有编号的签条会有相士进行解签。

在例(3)中,“stick”是“小棍子”的意思,但是因为此处的使用背景是“kao cim”(求签),片中主持人来到 Wong Tai Sin Temple(黄大仙祠),且视频中为摇签的画面,由此将“stick”判定为“签条”,而“interpret”翻译为“解签”。

片中还有一个场景是主持人在黄大仙祠看到人们排队抢头香的场景,主持人看到队伍里一位外表看上去很和善,但实际上脸上写着“No one messes with me"的女士。这句话意思是"没人敢惹我",但是译者结合视频中女士奔跑的动作,将其改为"没有人抢得过我",准确生动,符合字幕翻译通俗易懂的特点,同时也产生了幽默效果。

(四) 无本回译中的缩减法

"由于时空的制约,字幕译者常常要采用缩减的翻译策略。"(李运兴,2001)这在纪录片《中国新年》中也有所体现。字幕中的"offend the God of Taisui"被译为"犯太岁",译者把"God"直接删掉不译,因为在中国文化语境中,读者对"太岁"已有了认知经验基础,以至提及"太岁"人们便知道是"太岁神"。再如译者处理"This is meat floss, also known as hot strip"时,直接浓缩为"这是辣条"。原纪录片的读者是英语读者,他们对"辣条"这种食品并不了解,因此原文是一种解释性描述,可以帮助英语读者理解"辣条"。但如果这种解释性语言又重新译回汉语返回到中国读者,则显得有点多余。

四、结　语

文本通过对外籍作者拍摄的纪录片《中国新年》汉译字幕中"异语创作"和"无本回译"现象的分析,对纪录片字幕中所使用的汉译策略进行了总结。经研究发现,纪录片汉译字幕中的"无本回译"常常采取音译、意译、改译和字幕缩减法来弥合西方国家对中国文化的理解偏差。在翻译策略上更多地采取归化的策略,以使得译文更加靠近译入语,拉近译文与中国观众的距离。对纪录片汉译字幕的研究从西方视角对中国文化进行了审视,有助于推动中国文化在世界范围内的传播。

参考文献

[1] 顾毅,张夏杰. 书法学术文本无本回译的理想译者——以《傅山的世界》中译本为例[J]. 上海翻译,2019(5):68-72.

[2] 郭彧斌,郑敏芳. 从"异语写作"到"母语回归"——*Tibet Transformed*《西藏的变迁》汉译引发的翻译思考[J]. 西藏民族大学学报(哲学社会科学版),2017,38(02):146-152.

[3] 江慧敏,王宏印.狄公案系列小说的汉英翻译、异语创作与无本回译——汉学家高罗佩个案研究[J].译史纵横,2017(2):35-42.
[4] 李运兴.字幕翻译的策略[J].中国翻译,2001(04):3.
[5] 黎昌抱,屠清音.无本回忆研究纵览[J].中国翻译,2019,40(03):130-140.
[6] 钱绍昌.影视翻译——翻译园地中愈来愈重要的领域[J].中国翻译,2000(01):1.
[7] 王宏印.文学翻译批评概论[M].北京:中国人民大学出版社,2009.
[8] 王宏印.从“异语写作”到“无本回译”——关于创作与翻译的理论思考[J].上海翻译,2015(3):1-9.
[9] 王宏印.朝向一种普遍翻译理论的“无本回译”再论——以《大唐狄公案》等为例[J].上海翻译,2016(1):1-9+93.
[10] 王宏印,江慧敏.京华旧事,译坛烟云——Moment in Peking 的异语创作与无根回译[J].外语与外语教学,2012(02):65-69.
[11] 王毅.规范论下的无本回译:On China 汉译评析[J].中国翻译,2017,38(05):101-104.
[12] 熊兵.翻译研究中的概念混淆——以“翻译策略”“翻译方法”和“翻译技巧”为例[J].中国翻译,2014(03):82-88.
[13] 岳坛,李俊.论中国题材电影的异语创作与无本回译——以《功夫熊猫3》和真人版《花木兰》为例[J].电影评介,2020 (17):69-72.

An Analysis of the Rootless Back-Translation Phenomenon in Chinese Subtitles of Documentary Created in Foreign Languages—Taking the Chinese-themed Documentary *Chinese New Year* as an Example

Abstract: This paper takes the Chinese-themed documentary *Chinese New Year* shot by foreign creators as the research object, and sorts out, analyzes and explores the subtitle translation in it. Through an in-depth analysis of the phenomenon of "foreign language writing" and "rootless back-translation" in the Chinese subtitles, aims at exploring effective strategies for the Chinese translation of subtitles for documentaries created in foreign languages, with a view to providing a certain theoretical basis and practical support for the future translation of subtitles of documentaries created in foreign languages, so as to help the dissemination of Chinese culture.

Key words: foreign language writing; rootless back-translation; documentaries on Chinese theme; subtitling translation; strategies

（景婧，刘思燕　上海对外经贸大学国际商务外语学院）

破解“貌合神离” 传递文化内涵

——议翻译在跨文化传播中的使命

李　美

摘　要：英汉两种语言中存在大量形式相近而含义不同的伪对应结构，这要求译者在对原文进行准确理解的基础上，通过灵活使用翻译技巧，破解翻译误区，重视文化内涵，充分发挥译者主体性，将更优的译文呈现给目的语读者。在跨文化传播的大背景下，翻译在再现语言的同时，更重要的是承载着传递文化的使命和责任。

关键词：文学翻译；假朋友；翻译腔；文化传播

一、引　言

长久以来，“忠实”一直被奉为翻译实践的金科玉律，是译者在翻译中希望实现的目标，同时也是翻译研究中绕不开的一个话题。古今中外的翻译学者提出的许多翻译理论和原则无不触及“忠实”一词：无论是严复提出的“信”“达”“雅”译事三难，还是泰特勒(A・F・Tytler)总结的“翻译三原则”，抑或是美国翻译家尤金・奈达(Eugene A. Nida)提出的功能对等理论……这些传统的翻译理论无不将“忠实”视作翻译的要义，翻译家们将“忠实”捧上神坛，甚至追求着绝对的忠实。在“忠实”为主导的翻译思潮下，作者和原作仿佛神圣而不可侵犯，译者永远都是被动的，甚至沦为原作的“仆人”，不得不在翻译的过程中收起主观能动性，和作者亦步亦趋。于是，原作者和原作长久以来不可动摇的主体地位让译者陷入了越来越“透明化”的境地。

然而，翻译是一门学科，也是一门艺术。翻译不仅具有技术性，考验译者的双语能力和功底，要求译文在忠实原文的前提下符合目的语的行文规范，进而被目的语读者接纳；翻译还具有艺术性，要求译者进行适度的创造，让译文音义形神俱美，满足目的语读者的审美需求。换言之，译者的“透明化”实际上是不合逻辑的。

翻译的“形”和“神”的问题一直以来都是古今中外学者积极讨论的热门话题之一。在中国近代，就有钱钟书的“化境”一说，傅雷的“神似论”，许渊冲先生“音美、意美、形美”的翻译标准等。傅雷在 1951 年 9 月发表的《〈高老头〉重译本序》中提出：“翻译应当像临画一样，所求的不在形似而在神似。”但不论傅雷还是其他学者，对于“形”和“神”都没有给出明确的定义。有学者（郑庆珠，2011：81）认为“形似”是指译文与原文在“形貌”上有相似性，主要是指译文在词汇、句法结构上与原文相仿；“神似”则多指译作与原作在精神、节奏或韵味上的相似。然而“韵味”如何界定依然不够明确。

尽管如此，中外译者都很清楚一个事实：好的译文应当“形神兼备”，“形似”是前提，要在最大限度上保留原文的形式，同时尽可能传达原文的文学性、神韵、氛围等。

20 世纪 80 年代，卢思源教授（1988：1）曾经提出翻译有三种层次，即“表层”“浅层”和“深层”翻译。他给这三个层次进行了如下界定：“‘表层翻译’是指译作语言拘泥于原文的字面意义和语序，译者直接把源语的表层结构转换成目的语的表层结构，其间没有经过一个分析、转换和重新组织的过程，因而译出的语言生硬晦涩，与原作语言貌合神离，甚至完全背离原意。‘浅层翻译’的译文虽然基本上反映了原作的思想内容并具有一定的可读性，但离开‘信、达、雅’和‘形神皆似’的翻译标准尚有一定的距离，因此，它也不是理想的译作。‘深层翻译’则不然，它摆脱了原作的语句线性配列的束缚，进入深层结构，挖掘其义，然后再用地道的归宿语再现其思想内容、语体风格和感情色彩，因而它具有最佳的可读性和艺术性。是‘貌离神合’而不是‘貌合神离’的翻译。”

《辞海》对“貌合神离”的释义为“表面上关系很密切,实际上是两条心”;《中国成语大辞典》对“貌合神离”这一成语也有收录,意为“表面上两人很切合,实际上心思不一样”。由此可知,英汉互译中的“貌合神离”即指那些在两种语言之间字面意义对应而实际意义不对应或不完全对应的表达方式,包括文字对应但语言概念意义不对应或不完全对应,以及语言概念意义对应而文化内涵意义不对应或不完全对应的情形。

根据卢教授上述的观点,浅层翻译还停留在译作与原作“貌合神离”的阶段,即译者过于拘泥于原文的形式和字面意义,导致译文不仅语言晦涩,缺乏可读性,甚至在意义上也与原文背离。例如,“It will not be long before we meet again.”,有人将其翻译为“在我们再次见面之前,时间不会太久的。”该译文对原文亦步亦趋,将英文的“will not be long”在句中孤立开来,理解为否定的意义,即认为否定词 not 修饰与限定的词是 long 这个词,这样翻译虽然使该译文与原文形式上看起来是一致的,实则读来让读者感觉莫名其妙,至少译文语言晦涩难懂。其实,英文中的否定词与表示时间概念的类似 before、after 等连用时,一定要学会注意正反译法的转换。这句英文更加符合汉语表达方式的译文应是“我们很快就会再见面的 ”。

为便于分析讨论,本研究认为,所谓“貌合神离”,是指译文的措辞、句式、谋篇、语法结构等与原文相仿,但却表意不明或表意错误,或虽然意义表达正确清晰,却没能传达原文中的重要氛围或精神。也就是说,译者看似翻译了文章,却没有传达原作者的意蕴,译文不能真正传达原文的文化内涵,甚至背离了原文的表达初衷。

二、“貌合神离”:从现象到本质

英汉互译中的“貌合神离”,是译文过于拘泥于原文的字面意义或形式,因形害义,不仅可读性不强,还背离原文含义。出现译文与原文“貌合神离”现象的原因既可能是译者受制于母语的负迁移的影响在对原文的理解上出了偏差,也有可能是在翻译的另一个环节,即译文表达上存在不足。

语言与文化互相影响,相互制约。语言是文化的载体,文化是语言的“管轨"(连淑能,2010:20)。由于中外文化差异,英、汉两种语言中存在一些形式对等却有着不同意义的表达方式,在面对这些表达时,部分译者或是出于疏忽大意,望文生义,或是由于学艺不精,张冠李戴,造成误译。"形神兼备"是对译文的最高标准,然而由于上述原因,部分译者无法达到这一理想境界,只能译出"貌合神离"的表达,看似与原文形式相近,实则含义相去甚远。

奈达的"功能对等"理论能为我们如何在翻译实践中规避"貌合神离"提供理论指导。在这一理论中,奈达指出翻译是用最恰当、自然和对等的语言从语义到文体再现源语的信息。翻译不仅是词汇意义上的对等,还包括文体和风格的对等;翻译传达的信息既有表层词汇信息,也有深层的文化信息。在传达信息的过程中,文字的形式很可能成为文化交流的阻碍。因此,译者的首要目标应是努力创造出既符合原文语义又体现原文文化特色的译作,追求"形神兼备";然而如果意义和文化不能同时兼顾,译者应舍"形"保"神",宁愿"貌离神合",也不得满足于退而求其次"貌合神离",使译文偏离原文真实含义。

对于这种形近义异、貌合神离的译文,文永超(2014:126)认为是由于译者经常受制于母语的负迁移①、机械套用目的语的固定结构而产生的"假朋友"现象。换句话说,英汉互译中的"貌合神离",主要归咎于译者机械套用目的语的固定结构,从而损害了译文的准确性。

"假朋友"(False Friends)源于法语词汇 Faux Amis,属于语言的负迁移现象。"假朋友"在翻译界中是指"A standard term used to describe SL and TL items which have the same or very similar form but different meanings, and which consequently give rise to difficulties in translation"(一个特定术语,用来描述形式相同或非常相似但含义不同的源语和目的语,从而会造成翻译难度)(Shuttleworth & Cowie,2004:58)。根据上述定义,我们可以这样理解:英汉互译中的所谓"貌合神离",就是这种形貌上与原文大致符合,但意义或神韵上却存在一定偏差或不足的以及各种因"先入为主"等导致的错译或误译现象,均可称为"假朋友"式的译文。

受语言习惯、思维方式以及思想文化影响,英汉互译过程中的"假朋友"现

① 语言迁移是指学习者在第二语言学习中利用母语的发音、词义、结构规则或习惯来表达思想的现象。语言负迁移是指母语的语言规则如果不符合外语的习惯,对外语学习产生负面影响的现象。

象并不少见，轻则对原文信息表达模糊，重则会影响译文的准确性和可信度。下面，我们分别从词汇层面、语句层面和文化层面来举例说明。

例 1. Soft tissue lesions…can easily be depicted on 2D images as **negative filling, defects.**

原译：……软组织病变很容易在 2D 图像上被描述为**阴性充填缺陷**。

改译：……软组织病变很容易在 2D 图像上被描述为**假性充盈缺损**。

该例原文是一篇医学影像学的期刊论文。这一句话中有两个“假朋友”出现：①“Negative”对应的翻译“阴性”和“假性”有不同的搭配方式。“阴性”与“阳性”对应，用来表示不存在某种检查的结果。“假性”与“真性”对应，泛指具有相似症状及性质的情况。②“Filling defects”为影像学专业术语“充盈缺损”，常见于肿瘤或增生性炎症，指在钡餐检查时由于肿块在管腔内形成占位性病变，造成局部造影剂缺损。

由此可见，在特定学科（此处为医学）的翻译领域中，词汇层面的“假朋友”在很多情况下是由于普通词语被赋予某些专业含义而产生的。这一事实也提醒我们，一定要特别关注英汉的构词、词组差异，尤其是专业领域用语以及一词多义现象，否则难逃译文与原文的“貌合”而“神离”。

与之相关联，语句层面上的“假朋友”现象往往归因于译者忽略了部分词汇的含义，最终导致对句子语境的陌生而引起的。例如：

例 2. 二门口该班的小厮们见了平儿出来，都站起来了，又有两个跑上来，赶着平儿叫**“姑娘”**。

原译（霍译）：When they saw Patience coming out of the courtyard, the pages on duty at the gate stood up, and two of them came running up to her.

‘Miss! Miss!’

改译（杨译）：Then two of them ran over to her, calling out **a respectful greeting** .

该例出自名著《红楼梦》的第三十九回。“姑娘”除了表示未婚女子之外，还可以指姑母（北方人称姑母为姑姑，南方称作姑娘）。这两种用法在《红楼梦》中兼而有之，前者居多，该例显然是第二种用法。杨译本并没有直译作“aunt”，而是稍加变通，堪称明智：因为英语中的称谓词与汉语是有区别的。像“aunt” “uncle”这样的词，虽然除了表示具有血缘关系的亲属(如 aunt 意指 the sister of one’s mother or father; the wife of one’s uncle)之外，也可指没有血缘关系的人(如 aunt 还可以 used as a term of respectful address to an older woman unrelated to the speaker)，但第二种用法较少见，直译会造成误解。此例的霍译本译作“Miss”，只能归因于作为以英语为第一语言的霍克斯，没有能够对博大精深的汉语——特别是方言词汇了解得足够深透彻底，从而导致盲目“遗传”源语信息的貌合神离的译文。

众所周知，不同语言体现了不同的风俗文化、思维习惯、价值观念，不同的语言群体对不同的事物就有提前的预期和假象，于是，在文化层面，“假朋友”现象随处可见。

例 3. 加强军队党的建设，开展“**传承红色基因**、担当强军重任”主题教育，推进军人荣誉体系建设，培养有灵魂、有本事、有血性、有品德的新时代革命军人，永葆人民军队性质、宗旨、本色。

原译：We will strengthen Party building in the military. We will launch activities under the theme of “**passing on the red gene**; stepping up to the task of making the military strong.”

改译：We will strengthen Party building in the military. We will launch activities under the theme of “**passing on the traditions of revolution**; stepping up to the task of making the military strong.”

“红色”在中国有着丰富的文化内涵，既代表着喜庆、热闹，也象征着流血与革命，这与我国的革命历史是息息相关的，例如，中共最早的政权称为“红色政权”，中国历史上有“红军”“红色娘子军”等革命队伍，我们的国旗、党旗、军旗等也都是红色的，因此，汉语中常常有“红色传统”“红色基因”等说法。而在西方文化中，“红色”是一个贬义极强的词汇，英语读者脑海中所形成的与“红色”相关的文化图式往往与暴力、激进的流血革命有关。因此，此处的“red gene”与源语相比，虽“貌合”却事实“神离”。我们应采取意译法，将“红色基因”译作“the traditions of revolution”，这样既准确地传达了源语意思，又增进了英语读者对中国革命传统以及中国军队现代化建设的了解。

对“貌合神离”现象的分析，除了上述“假朋友”之外，还有第二种典型情形，那就是我们常说的“翻译腔”现象。

翻译是在准确、通顺的基础上，把一种语言信息转变成另一种语言信息的活动。英语和汉语是两种截然不同的语言，涉及两种不同的文化。不同民族文化赋予语言以不同的文化内涵，使语言在其结构特点（包括词汇、语法等）上会有较大的差别。与源语文本相比，译文在目的语中会呈现出形式、风格等方面的不同。因此，在翻译过程中，可以使用目的语表达源语的主要含义，但不可能达到完全的“等价”。如果不能摆脱原文语句的束缚，挖掘其深意，用地道的目的语再现原文的思想、主旨和感情色彩等内容，那么就会陷入“翻译腔”的尴尬境地，步入“貌合神离”的翻译误区。

“翻译腔”是翻译实践中比较普遍的翻译现象，奈达曾在《翻译理论与实践》一书中称它为“translationese”。翻译腔的主要特点是形式上过分忠实原作，忽略了译入语的结构特点和习惯表达（Shuttleworth & Cowie，2004：187），使得译文貌似忠实于原文，但实质上却以牵强生硬的表达，而大大弱化了其在目的语中的可接受性。例如，在新闻报道中，中文常用“严正声明”“郑重宣布”“隆重举行”“全力支持”等字眼，但在翻译时不用一字一句翻译，一般直接使用 claim、declare、hold 等词。以下节选自 *Xinhua News* 的新闻充分体现了中式英语浓浓的翻译腔：

Over the years, the CPC Central Committee with Comrade Xi Jinping at the core has unswervingly implemented the policies of “one country, two systems”, “the people of Macao governing Macao,” and a high degree of autonomy for the region, and has firmly supported the exercising of law-based governance by the chief executive and government of the Macao SAR as well as integration of Macao’s development into that of the country.

上述语段中所用的“firmly”和“unswervingly”翻译成中文语境我们都很不陌生，表示“坚定不移地”或“坚决支持”，因为这样的表达方式在中国的新闻报道中随处可见。但在英语新闻中，面对外国读者，若直译成英文，并不符合外国受众的阅读习惯，和其他外媒的用语相比，有浓厚的中式英语特色，翻译腔明显，外国读者觉得不地道，便不会再往下看了。因此，在我国的外宣报道中一定要减少翻译腔，才能拉近与外国读者的距离，降低他们阅读的门槛，帮助他们了解中国新闻，以起到对外宣传的效果。

翻译腔产生的原因，通常解释为：译者将“原语的表达方式、句法结构、修辞手法等语言要素机械地移植到译入语中”（刘宓庆，1999：245－246）；译者没有完全掌握两种语言差异，生搬硬套，忽略目的语语言规范，从而形成了一种“处于两种语言之间的中介语”（梁春媚，2014：9－12）。为减少翻译腔，提高翻译质量，学者认为：要准确理解原文深层含义，熟悉双语在语言文化和思维上的差异，并尽可能使得译文符合汉语表达习惯（冯彤，2003：556－560），可以通过反复诵读、利用语感改进译本，删繁就简使译文简洁凝练，巧妙调整语序或者巧用标点符号等手段来实现（梁春媚，2014：9－12）。

下面，我们将借助举例，说明翻译腔所带来的“貌合神离”的典型情形。

翻译实践经验告诉我们，译者如果机械套用目的语的固定结构，把两个语义不对等的结构等同起来，则会直接影响译文的准确性。对此类表达，译者需要摆脱原文词句搭配的束缚，挖掘背后的文化内涵、精神面貌，用地道的目的语再现原文的思想、语体和感情色彩。如：

例 4.（Collaborating with Einstein was an unforgettable experience. In 1937 the Polish physicist Leopold Infeld and I asked if we could work with him. He was pleased with the proposal, since he had an idea about gravitation waiting to be worked out in detail.）**Thus we got to know not merely the man and the friend but also the professional.**

原译：因此，我们眼中的他不仅是男人，是朋友，也是专家。

改译：如此一来，我们不仅认识了爱因斯坦这个人，还获得了他的友谊，领略了他的专业风采。

在上述举例中，两个译文对于画线部分的处理不同。原译文确实还原了原文的字面意义，但是没有翻译出原文想要传达的爱因斯坦在各种角色中展现的人格魅力。译者在此句中也许理解了原文想表达的含义，但是因为在用目的语表达上的不足，导致译文索然无味，充满了翻译腔，损失了原文的深层含义。而改译文则准确传达了原文的含义。

关于对固定结构的套用，又可以根据实际情况，细分为文字对应但语言概念意义不对应和语言概念意义对应但文化内涵不对应两种情形。

首先，译者由于功力不够、疏忽大意等原因，无法顾及理解文字背后的真实含义，将原文本的字面意思和语序直译为目的语时，就会犯望文生义的错误。这样文字对应但语言概念意义不对应的误译在许多类型的文本中都较为常见。

例 5. 原文：古匣子之内，一枚通体碧绿，龙眼大小的药丸，正静静地躺卧。

译文：Within the jade box, a green pill, about the size of a Dragon's eye, laid quietly.

改译：Within the jade box, a green pill, about the size of a *longan*, laid quietly.

该例原文选自国内著名网络玄幻小说《斗破苍穹》，由时年 18 岁的美籍华人孔雪松译就。“龙眼(longan)”是我国南方的一种常见水果，与葡萄同等大小。然而，译者将其逐字译为“Dragon's eye”，即“龙的眼睛”，这看似与“龙眼”别无二致，然而其所指代的体积大小远远超过水果“龙眼(longan)”，引起读者误解。

例 6. 原文：每 4 500 个犹太人就拥有一个图书馆。

译文：Every 4500 Jews own one library.

改译：There is a library for every 4,500 Jews.

例 6 原文结构简单，意思看似明确，译者可能很容易将其译为“Every 4500 Jews own one library”，殊不知这样的翻译与原文“貌合神离”，在含义上与原文相差甚远。原文真正的含义应在强调犹太人重视读书，所以图书馆总数多达平均每座图书馆辐射 4 500 名犹太人之多，并不是严格意义上的每 4 500 人“拥有”一座图书馆，与“Every 4500 Jews own one library”传达的信息并不相同，因此译者可以选择将此句译为“There is a library for every 4500 Jews”。

例 7. 原文：The declaration's core assumption, that population immunity will be achieved by allowing life to go on as normal and shielding only the most vulnerable from the virus, is entirely speculative.

译文：该宣言的核心假设是生活恢复正常，仅仅保护最为脆弱的人群不受病毒感染，就能实现群体免疫。这完全是臆测。

改译：该宣言的核心假设是生活恢复正常，仅仅保护最易感人群不受病毒感染，就能实现群体免疫。这完全是臆测。

“Vulnerable”一词本意应为“脆弱的，易受伤害的”，然而在与病毒联系在一起时，其含义实为“vulnerable to the (Covid-19) virus”，即“易感(新冠)的(人群)”，因此在翻译该句时，正确的选择应是将“the most vulnerable”译为“最易感人群”，而非“最为脆弱的人群”。

除此之外，还有一类词语的语言概念意义对应，但它们在不同文化背景下的人心中的形象并不相同或不完全相同。比如“out of town”这一短语，较广为人知的释义是“出城；不在城中”，而在犯罪分子亚文化群体中，该短语的释义则成为“在服刑中”；“apple-polishing”字面含义似乎为“抛光苹果”，而其在青少年亚文化群体中的引申义则为“拍马屁”。在翻译这些因与特定文化内涵绑定而得来特定含义的短语表达时，译者需要格外注意鉴别其出现的语境，多方查证，切不可望文生义。以下例句也可说明“貌合神离”的翻译会给读者制造何种阅读障碍。

例 8. 原文：“三十年河东，三十年河西，莫欺少年穷！”

原译：“Thirty years east, thirty years west, don't you bully me because I'm poor now.”

改译：“Everyone has his ups and downs. Don't you bully me because I'm poor now.”

与例 5 相同，例 8 原文也选自中国网络玄幻小说《斗破苍穹》。“三十年河东，三十年河西”是一句中文谚语，用来形容世事盛衰兴替，感叹世事变化无常。对应到小说中的语境，则是主人公萧炎表示即使自己目前实力较弱，但终会成长到足够强大的那一天，并暗示那些此刻瞧不起自己的人也许将来他们的地位会对调。在处理该谚语时，原译者将其直译为“Thirty years east, thirty years west”，即“三十年在东，三十年在西”，且并未补充注释说明该句背后隐含的文化涵义，无法让原文信息有效传递至目的语读者，与原文虽“貌合”，却“神离”。对此，本文建议将原句译为“Everyone has his ups and downs”，在补充出谚语原文的“世事盛衰兴替”之义时，其“ups”和“downs”也和原文的“河东”“河西”一样，形成对比，在“神合”的同时，也在追求“形神兼备”上做出了不懈努力。

由此可见，翻译腔大都是由于对字词理解有误或者对源语文化思维背景知识储备不足而导致的。佶屈聱牙的翻译腔由于死板遵循原文的形式，而忽略了文章的内在神貌，大大影响了读者对译文的阅读兴致。

三、破解“貌合神离”，发挥译者主体性

分析了貌合神离的“假朋友”“翻译腔”现象以及各种表现形式之后，我们有必要具体探析一下如何减少或避免这些貌合神离现象的策略和方法。结合翻译经验，笔者认为译者应从如下三个方面入手，不断提升译文质量。

其一，多方印证，识别词汇的普通含义和专业用语含义，最大限度地减少对原文的理解偏差。其二，辩证分析，体会目的语的文化内涵，进行语言转换时，要学会打破形式，以读者的审美需求为主导。其三，句式结构层面的语序调整必不可少。一言以概之：译者要在翻译过程中发挥译者的主观能动性，认清源语文体风格，选用地道表达，提升目的语的语文文采，以传递源语文化内涵为主旨，从而实现译文的优化，提高译文在目的语中的可接受性。举例说明如下：

例 9. 原文：这里三千座奇峰拔地而起，形态各异，有的似玉柱神鞭，立地顶天；有的像铜墙铁壁，巍然屹立；有的如晃板垒卵，摇摇欲坠；有的若盆景古董，玲珑剔透……神奇而又真实，迷离而又实在，不是艺术创造胜似艺术创造，令人叹为观止。

原译：3000 crags rise in various shapes. They are like whips or pillars propping up the sky; or huge walls, solid and sound; or immense eggs piled on an unsteady boarder; or miniature rocky or curios…Fantastic but actual, dreamy but real. They are not artistic works, but more exquisite than artistic works. One can not help marveling at the acme of perfection of Nature's creation.

改译：Three thousand crags rise in various shapes—pillars, columns, walls, shaky eggs racks and potted landscapes…—conjuring up unforgettably fantastic images.

英汉两种语言在景物描写上相差较大，有些描写在汉语中看起来并无不妥，但若直译成英文，则显得过于浮夸。该例中原文对山峰的描写在汉语描写中可谓相当精彩，而原译文在忠实与文采上也做得很好，但是事实上该译文在

英语读者看来显然是过于浮夸的，与英语语言的自然美相悖，可谓典型的貌合神离译文。修改后的译文就显得真实自然得多。在进行汉英翻译时，译者应牢记英语的自然美这一特点，大胆跳出源语的束缚，对译文进行适当优化调整。

再创造是文学翻译活动中每一位译者不可避免的文本超越。译者的再创造性体现在阅读前的心理关注、审美期待、阅读中文本意义的再创和重建以及翻译中的文本重构。文学翻译是一项权衡的艺术，在文学翻译中，无论是从语言学的角度，还是文化和译者审美的角度看，译者的再创造都是必不可少的。从语言学的方面来看，能指与所指之间的联系是任意的。不同的语言系统中，语言符号的意义是不一样的，因此在双语互译中，逐词翻译是不可取的，必须要将两个语言系统进行融会贯通，否则必定导致貌合神离的后果。面对汉语的竹式结构与英语树式结构的本质差异，在英汉语相互转换时，仅仅追求准确是完全不够的，译者需要根据不同语言系统进行相应的调整。

四、结　语

综上所述，英汉两种语言中存在大量形式相近而含义不同的伪对应结构，这要求译者在进行翻译实践时准确理解原文含义，并以恰当方式进行表达。翻译文本会涉及各个领域，各种专有词汇短语层出不穷，对于自己不甚熟悉的原文内容，译者需要格外谨慎处理，通过查找词典、百科，弄懂原文含义；对于一些看上去熟悉的词语和用法更是不能大意，要小心求证，切忌望文生义。在表达阶段，译者则需要避免僵化思维，灵活使用翻译技巧，使表达更加符合英语读者的阅读习惯。

孙法理(1985:24－28)提出“与其拘泥文字，弄得貌合神离，不如放弃字面，抓住实质，取貌离而神合。这应当算是翻译工作的一条重要道理”，“译者不但要看到文字的表面意义，而且要涵咏体会，把握住文字底下流荡的意蕴，否则就会出现貌合神离的危险”，以及“实践证明，为了表达原作精神，趣味，或为了汉语的生动鲜明，在翻译中做某些字面上的变通是无可避免的，也是完全正确的”。由此可见，“貌离神合”是翻译中更高的标准，译者应该努力追求。

汉语为母语的译者在英译汉时，相对没有那么困难。因为对汉语更为熟悉，可以选择的汉语词汇也更多，而在汉译英时，被"忠实于原文"所"绑架"了的思维定式会让译文的表达片面化、简单化、单一化、"貌合神离"化。即使译者打破了这种思维定式，觉得自己用词不当，没有积累，也很难像在中文中一样随心地斟酌选词。这就需要译者在平时多读英文外刊，学习、总结其中的语言亮点和地道表达，也可以对照参考译文自己回译一下，通过和原文对比，找到自己的不足。也要学会举一反三，因为真正地会用一个词，才算是真正掌握。通过这样有意识地积累相近或相反含义的词汇、短语，翻译、写作水平都会得到很大的提高。翻译从业者往往将其比作"戴着镣铐起舞"，但这样的"舞蹈"也有发挥空间，在每个环节、每个细节下功夫的话，"舞"理应会跳得更好看，自然而然地，翻译也就能够由此更加成功地实现它在跨文化传播中传递文化的责任和使命。

参考文献

[1] Mark Shuttleworth & Moira Cowie，Dictionary of Translation Studies [M]. Shanghai：Shanghai Foreign Language Education Press，2004.

[2] 冯彤."翻译腔"例析[J]. 中南大学学报（社会科学版），2003，9(04)：556 - 560.

[3] 连淑能. 英汉对比研究[M]. 北京：高等教育出版社，2010.

[4] 梁春媚. 科技翻译中的翻译腔：表现形式及应对策略[J]. 中国科技翻译，2014，27(03)：9 - 12.

[5] 刘宓庆. 当代翻译理论[M]. 北京：中国对外翻译出版公司，1999.

[6] 卢思源. 从"貌合神离"到"形神皆似"——谈翻译的"层次感"[J]. 上海科技翻译，1988(01)：1 - 4.

[7] 孙法理. 翻译中的貌合神离与貌离神合[J]. 中国翻译，1985(09)：24 - 28.

[8] 孙会军，郑庆珠.翻译与文化"杂合"[J]. 外语教学与研究（外国语文双月刊）. 2003，35(4)：296 - 300.

[9] 文永超. 貌合神离：英汉翻译"假朋友"现象例析[J]. 重庆交通大学学报（社会科学版），2014，14(03)：126 - 129.

[10] 郑庆珠. 文学翻译中"形似""神似"说的解构与重释[J]. 解放军外国语学院学报，2011，34(02)：80 - 83.

"False Friends" or "Translationese" vs. Transference of Cultural Connotation
—The Mission of Translation in Cross-cultural Communication

Abstract: Numerous Pseudo-corresponding structures exist between English and Chinese, which share similar form but different meaning, and it requires the translator to attach greater importance to the cultural connotation, fully leverage their subjectivity and creativity and present a more acceptable version to the readers, with the help of accurate understanding as well as flexible use of translation skills. In the context of cross-cultural communication, besides the reproduction of language, translation, more importantly, carries the mission and responsibility of transmitting culture.

Key words: literary translation; false friends; translationese; cultural communication

（李美　上海外国语大学新闻传播学院）

“貌离神合”:“写作式”翻译与跨文化传播

李　美

摘　要:由于英汉两种语言在文化背景、词汇内涵、语法规则等方面的不同,翻译过程中很难达到完全的对等,但形式上的“貌离”可能有助于意义上的“神合”。本文从翻译的文化转向、改写理论出发,结合具体实例和翻译策略,阐述了英汉互译中“貌离神合”的表现,提倡译者对原文信息进行能动的“写作式”加工,使译文清晰易懂又符合目标语习惯,以求达到最佳的翻译效果,实现更高效的跨文化传播。

关键词:改写理论;文化转向;翻译策略;跨文化传播

一、引　言

在“忠实”“对等”观念的束缚下,传统的翻译研究聚焦于对比原文与译文在语言单位意义上的异同以及两者在多大程度上实现了内容上的等值,并将翻译视作一个从一种语言到另一种语言的转换过程,而忽视了译者作为翻译活动主体的创造性与主观能动性。直到20世纪70年代,译者们开始把研究目光转向文本背后的社会、政治、经济、文化等更深层次的内容,在翻译研究领域掀起了一种“文化转向”的浪潮,其间涌现出许多新的理论和思潮,其中美国翻译家安德烈·勒菲弗尔(André Lefever)所提出的改写理论在众多新理论中占据着重要地位。在《翻译、改写以及对文学名声的操控》一书中,勒菲弗尔首先提出了“翻译就是对源语文本的改写”的概念。此处的“改写”并不是一个狭义的概念,它泛指对原作进行的解释、改写、编选、批评和编辑等各种加工和调整过程。勒菲弗尔认为,文学是一个系统,它的改写主要受到三个方面因素的制约:意识形态、诗学与赞助力量。

根据《现代汉语词典》,“意识形态”指的是“在一定的经济基础上形成的,人对世界和社会的有系统的看法和见解,哲学、政治、艺术、宗教、道德等是它的具体表现”。意识形态大体上可以分为两种:社会主流意识形态和个人意识形态,但无论是哪一种意识形态都会对翻译的改写产生影响。从社会性的角度来看,意识形态会随着政治、经济的变化而变化,不同时期的意识形态也呈现出不同的特征,对人的思想意识以及社会活动产生不同程度的影响。勒菲弗尔认为,在面对不同意识形态下诞生的源语文本和目标文本时,译者“要么服务于这一意识形态,要么反对这一意识形态。”(邓江雪,2012:41)受意识形态的制约,译者不可能完全中立、客观地进行翻译活动。

如果说意识形态可以理解为整个目的语的社会文化系统对译者的操纵,那么,诗学系统则可以理解为目的语文学系统对译者的操纵和影响。勒菲弗尔认为诗学系统主要由两个部分组成,分别是文学工具和文学角色。其中文学工具包括文学的体裁、主题、人物、情节、象征等文学手段,而文学角色就是文学在整个社会体制中所发挥的作用,这体现着文学与社会之间的关系。译者在翻译时,必然会受到源语文本和目标文本所处的时代主流诗学的影响,并据此选择目标文学的题材、风格、字词、句式和翻译策略等,从而翻译出便于目标语读者理解和接受的作品。

勒菲弗尔将赞助人定义为能对文学系统施加规范性作用的实体,既可以是个人也可以是机构,他们出资赞助译者的翻译实践,但并不参与翻译的实际操作过程,其主要任务在于翻译活动的发起和译文的发表传播。勒菲弗尔认为,文学体系受两大因素控制:一种是外部因素,即赞助人,他们希望借助文学作品服务于自己的政治诉求,所以会更加关注文学作品的意识形态。另一种是内部因素,指的是评论家、译者、教师等专业人士,他们在赞助人及主流意识形态设置的框架内，采用相应的翻译策略对文学作品进行改写，进而把控文学作品的诗学形态。

如上所述，翻译改写理论突破了传统翻译理论仅停留于语言层面探讨翻译的局限性，它将翻译研究置于更为广阔的社会文化背景中，并指出翻译不仅仅是一个语言转换的过程，更是一个跨文化交际的过程；翻译是译者受意识形态、赞助人和诗学等多个因素的操控和影响下对源语文本进行的改写活动。客观地讲，任何翻译行为都不是在真空中进行的，也不是在真空中被接受的。这无疑为翻译研究和实践开辟了新的视角。

该理论视域下，翻译不再是单纯、枯燥的工作，而是一种充满主观能动性的艺术活动，是在特定的接受环境中受多种社会因素的操控而进行的不同程度的改写。我们甚至可以说：翻译即写作。这无疑进一步揭示了文学翻译的本质，在翻译界尤其是文学翻译界产生了重大影响。借助这一视角，我们可以更加清楚地识别文学作品与其他文本的区别，更加赞同译者在翻译过程中会更大程度地受到本国语言表达习惯以及文化思维方式的影响，进而体现出更强的主体意识，对原文本做出更大程度的改写。因此，该理论对于研究文学作品的跨文化传播具有十分重要的意义。

每个民族的语言不同。尽管语言的源头尚不明确，但其演变由该民族的生存环境决定。在不同的生存环境下，各民族的语言差别越来越大。中文是一种十分古老的语言，根源可以一直回溯到甲骨文金文时期，如今很多古汉语的训诂都要通过解释甲骨文金文来明确一个字的含义。然而，由于古老，汉语总体缺乏一些细腻程度。同时，由于古时候汉文化受外界冲击较少，汉语的基因较单一，语言通过习惯代代传承，一些较虚的表达以及产生的废词虚字不会有意识去改良。与之相对的是，英文的产生相对较晚，起点为1066年征服者威廉入侵英格兰成功，将诺曼法语带入了古英语，两者混合而成英语。在其演进过程中，还兼容并蓄了更多语言，使语言在变化过程中有更多的选择和比较，留下“最优解”。如此一来，英文相对更精细理性，逻辑结构也更严谨。两种语言本身和背后的文化内涵天差地别，因此，翻译时必须进行改写。

这种改写，其实就是清末民初的翻译家严复先生所谓的“达”。

在翻译《天演论》时，严复提到了后来被广泛引用的“信、达、雅”这三个字，然而,不同的人对这三个字的理解有不同的看法。在对严复先生"信、达、雅"学说进行激烈讨论的过程中,众家发表百花齐放的观点,引经据典,争论不休(武光军,蒋雨衡;2021:50)。其实,严复先生本人对此已经解释得很清楚,要做到"达"就要进行改写。他在《天演论》的《译例言》中写道:

"译事三难:信、达、雅。求其信,已大难矣,顾信矣,不达,虽译犹不译也。则达尚焉……译文取其深义,故词句之间,时有所颠倒附益,不斤斤于字比句次,而意义则不倍本文。取便发挥,实非正法……"

严复先生告诉了我们,他在翻译时的做法,"词句之间,时有所颠倒附益",可见其改动幅度之大,只是这种改动是要抓到原文的深刻内涵的,不能有悖于文本的原意。

同时,严复先生也认为"信、达、雅"三个字当中,"达尚焉",即"达"具有最重要的地位。因为如果光顾着忠实于原文,译文读起来不通达,"虽译犹不译也"。因此,他告诫我们不必斤斤计较于遣词造句,也就是说,如何让译文以最通达的方式呈现出来,才最为重要。

当然这并不矛盾。我们可以这样理解:"信"是译者在工作中的基本要求,默认不该随意曲解或增删原文。但"达"是读者的阅读体验,阅读体验的好坏很大程度决定了这部作品的受欢迎程度。大部分读者的外语知识都比较匮乏,他们评价译文好不好,就是看译文看不看得懂,如果译文看不懂,即使再好的作品都受到了影响。

事实上,在西方的翻译理论中,也有众多理论与之相对应。首先有垂直翻译(vertical translation)的说法,"… vertical translation assumes that the source text is parsed and abstracted into more or less language specific concepts or even non-linguistic concept and then re-expressed in the target language."(Schaeffer,2013:170)(垂直翻译指的是,将原文拆解、抽象成语言概念,或非语言概念,然后重新用目的语表述出来)。换句话说,就是要尽可能脱离原文的束缚,将原文的重要信息提炼出来,消化以后,再用自己的语言表达出来。

例 1. 原文:习近平:增强文化自觉坚定文化自信 展示中国文艺新气象铸就中华文化新辉煌。

原译：Xi：Enhance cultural consciousness and strengthen cultural confidence，and the new atmosphere of Chinese literature and art create new glory to Chinese culture.

改译：Xi：Ensure culture serves the people（chinadaily.com.cn）

本例是《中国日报》一篇报道的标题。中文的“新气象、新辉煌”是比较抽象的表达，是中文的表达习惯，可以在中文读者心目中激发起骄傲和自豪感。如果直译成英文，英文母语人士未必能理解，会不知所云。而改写成“serve the people”不仅简洁明了，重点突出，可以让英文读者竖起大拇指叫好，而且两者的核心思想一致，即习近平总书记对我国的文化工作提出更高的要求。这个例子可以说是翻译即改写的典范。

不少人或许会不假思索地以为把诸如《红楼梦》《三国演义》等这样的文学作品翻译成英文法文，英国人法国人就能读到一样的作品，其实自然没有那么简单。如果只是按照原文把语言进行转化，那么译文的母语人士并不能很好地理解该部作品的精髓。当然，政治性、社会性、商业性等的文本，都会遇到类似的问题。不管哪一类文本，翻译的核心点是如何照顾读者，让读者爱读，同时让读者感受到原文同样的深邃思想和语言力量，而只有通过一定程度的改写才能译出这样的作品。

英语和汉语分属于印欧与汉藏这两大语系，两者本身在语言结构、表达方式、语言背后的思维与文化习惯等方面就存在着巨大的差异。因此，要想在差异巨大的两大语种之间取得良好的互译效果，就必须充分发挥译者的主体性，在形式上一定程度地“貌离”，从而更好地实现本质上的“神合”，以“写作式”翻译成就更好的跨文化传播效果。

二、“写作式”翻译策略

传统翻译观中主要体现了两种观点，一是翻译的最高诉求就是“忠实于原文”，也就是“信达雅”中的“信”。这种观点认为，翻译是一种机械性的语际转换工作，译者也自然而然被视为在这种流水工作线上的技术工人或翻译机器。而翻译的理想标准则变成尽可能削弱“译者”的存在感，即让译作的阅读感受与原作相同，达到“化境”的效果。另一种观点是翻译价值远低于创作。这种观点认为翻译就是模仿，译作依赖于原作，缺乏创造性，同时也反对译者发挥其主体性和创造性。因此，传统翻译观将译者视为在文字转换背后的“隐形人”，译作则成为永远低于原作一等的仿制品。

然而，面向译入语文化的文化学派翻译理论，从语言层面评价译作的得失扩展到从文化层面分析译者的文化贡献：操纵学派的“翻译是一种改写和操纵”为我们提供了认识翻译的新视角；德里达主张翻译突破语言学层面上的“逐字逐句”，指向文化层面上的“按照意义”的阐释；根茨勒则强调新时代的翻译更需要“文化的多元性和译者的创造性”。概言之，译者主体性贯穿于翻译活动的全过程。

在翻译过程中，译者若想适应英汉在语言特征、文化背景及思维方式上的差异，准确把握原文作者意图，再现原文内涵及文体风格，便不能仅仅满足于意义的传递或照搬原文形式，而应当成为自主思考、具有主动意识，能够提炼原文“神”与“貌”并进行灵活转换的“写作”者、“改写”者。唯有将“改写”与翻译融为一体，译者才能准确传递原文细枝末节中的内涵、情感和整体语篇风格，使译文达到措辞通顺自然，内容传神达意且读者反应相似的“功能对等”境界，最终还原原作之“神”。下面，我们尝试聚焦译者，深入具体的翻译实践过程，分别从译者的译入语文化意识和读者意识两个层面，探讨译者如何对原文进行适当“改写”，取得“貌离”但仍“神合”的效果，以提升文本的跨文化传播质量。

（一）“写作式”翻译之跨文化意识

翻译是两种文化交汇互动的重要场所，因此翻译过程就是两种文化的协商过程。这个过程涉及符号传播中的编码和解码，即从意义到符号，再从符号到意义的二次转换（童之侠，2005：240）。符号作为信息的载体，不仅承载着语码本身的信息，而且还附着了大量的文化信息。为了使译入语受众获得与源语受众同等的解读效果和层面，译者作为“文化中介者”需要将源语文本中的语言信息进行“二度符号化”（童之侠，2005：241）。

具体讲来，译者在翻译过程中需要表现出三种身份的能力，即读者、阐释者和作者。也就是说，译者绝不只是机械、被动地转化原文意义，而是会用自己的理解、取舍、表达方式来遣词造句。而在此过程中，译者必须基于准确揣摩原文字里行间所蕴含的深意以及词语的关联意义和感情意义的基础上，透过语言外表，摆脱原文语句的线性束缚并挖掘其深意，再用地道的目的语再现原文的思想、内容、语言风格和感情色彩，这样便做到了"貌离"但"神合"。

例如，译者如果直接把"力大如牛"译为"as strong as a cow/bull"，目的语受众会很难理解。这是因为英语读者在接收信息时往往置身于他们所在的语言文化环境对译者的编码进行解码，而英国古代主要靠马耕而非牛耕，所以译为"as strong as a horse"才能真正达到源语传播主体预期的传播效果。这样的译文考虑到了接受等值，借用了不同的语言形式，但在语用功能上却实现了对等。因此，在处理此类文化差异时，需要通过适当的语言手段，依据语境进行文化调节，通过译者的"二度符号化"过程，转换文化意象，译出源语的语用涵义，达到虽"貌离"却不失"神和"的传播效果。再看下例：

例 2. 原文：九华山群山众壑，溪流飞瀑，怪石古洞，苍松翠竹。奇丽清幽，相映成趣；名胜古迹，错落其间，素有东南第一山的美称。

译文：Mount Jiuhua is an enchanting and secluded place, full of ridges and deep valleys, in which there are waterfalls, streams, rocks and caverns, with historical sites scattering among pine trees and bamboo groves. Hence the reputation First Mountain in Southeast China.

一般来讲，像该例这样的描写语言，汉语都倾向于使用四字格，但译者不能拘泥于原文，过多的修饰语流于花哨，不利于英语读者的阅读体验和理解。于是该译文对这段景物描写作了大胆的删减，以突出实质内容，使行文简洁流畅，符合英语的表达方式和读者的阅读习惯。这样的翻译实践告诉我们：首先要理解文本的要旨，抓住关键信息，然后按照目标语读者的思维模式和表达习惯，对内容进行一定的取舍，进而通过英文的行文逻辑对文本进行"二次创作"。这就是所谓"写作式"翻译的全过程。

在中译英的过程中，由于翻译文本受众的认知结构与我国受众截然不同，他们往往缺乏对中国喜闻乐见的表达方式和文化负载词的有效认知。这就要求译者不仅要有驾驭两种语言的能力，还要具备敏锐的跨文化意识，对文化缺省的部分进行补偿。文化缺省是指交际双方在交际过程中对双方共有的文化背景知识的省略。译者可对文本中不利于理解的相关附带源语文化特征的信息内容,进行背景信息的添加及附加注释。

例 3. 原文:那黄色的崖壁上,黑色的演示组成了一个巨大的川字。

译文:When the boat passing through the long chary Gorge, we see the huge Chinese character “*chuan*”, meaning river.

“写作式”翻译表现在能动地调整信息,增加相应的文化背景解释或注释。对于本例,“川”字在汉文化中,因其形状酷似“河流”而使人自然而然地将其相联系。然而对于对中国文化知之甚少的外国读者而言,就需要在翻译时增添相应的文化背景“meaning river”,阐释文化内涵。若只追求“貌合”,外国受众很难获得和中文受众相似甚至相同的阅读效果。

拥有高度的跨文化意识是译者成功完成“写作式”翻译的必要前提。随着改革开放的深入与全球化浪潮的发展,中国虽然从未停止走向世界舞台中央的进程,但是客观说来,真正了解中国的外国受众少之又少。外加国内外在政治信仰、意识形态、价值观、宗教观、风俗文化等各个方面存在着巨大的差异,这些问题无法回避也不能回避。对此,译者对目标读者应该有清醒的认知,明白内外有别,厘清其身份特征,尽力减少跨文化交际的失误。所以,为了更好地照顾读者的阅读体验,实现文本转换,填补甚至跨越难以逾越的文化鸿沟,在进行翻译实践时,我们必须时刻关注国外受众的思维习惯与语言习惯,尽力使译文贴近译语读者的语言文化规范和惯例。

(二)“写作式”翻译之读者意识

读者意识是“写作式”翻译的另一重要保障。埃尔文·沃尔夫提出了“意向读者”的概念,即作者对其作品所设想的读者(姚斯、霍拉勃,1987:442)。在翻译过程中,对于意向读者的把握,能帮助译者更有意识地发挥译者的主体性和创造力,充分考虑读者的文化背景、认知习惯、审美情趣、阅读方式以及接受度等,从而更好地再现源语作者的意图。

译者在翻译过程中若想传递出原文语言的神韵,必须准确把握并重塑其遣词造句间的细节之美。由于英汉在语言表述习惯、行文结构上存在差异,若是一味保留原文形式,逐字逐句直译,只关注语义无误,往往会抹去原文中巧妙的细节安排,削弱原文的表意效果及风格美感。同时,不同文体类型间对细节的讲究也各不相同,例如说明文强调信息的准确性,一方面译者不可忽略文中细节，造成错译漏译，另一方面需考虑读者的知识背景，相应地加入必要的补充说明或进行明晰化表述，利于其理解，以此达到“说明”的效果；又如记叙文中，细节的选择往往围绕时间、地点、人物、事件、起因、事件展开方式这六个维度进行，作者根据所叙述故事的性质特点、理想目标读者反应有针对性地加入细节描述，以此提升内容丰富度，增强所述事实的说服力，这些细节应在译文中同样得以展现。由此，细节处理在翻译中的重要性可见一斑。

例 4. 原文：Quietly，so as not to disturb the child's mother he rose from the bed and inched toward the cradle. Reaching down，he gently lifted the warm bundle to his shoulder. Then，as he tiptoed from the bedroom，she lifted her head，opened her eyes and—daily dose of magic—smiled up at her dad. He carried her downstairs，counting the creaks on the way.

原译：为了不打搅孩子的母亲，他悄悄地从床上起来，蹑手蹑脚地走向摇篮。他伸出双手，轻轻地把那热乎乎的被盖抱起来靠到肩上。当他踮着脚从卧室走出来的时候，她抬起头睁开双眼——每天能享受到的那种魅力——仰望着她爸爸嫣然一笑。数着脚步的吱嘎声响，他把她抱到楼下。

改译：他不想吵醒熟睡的妻子，小心翼翼地下了地，一步步慢慢挪到女儿的小床边，弯下腰来，伸出双手轻轻地将暖融融的襁褓抱起，踮着脚尖走出了卧室。这时，怀中的女儿抬了抬头，睁开睡眼，像往常一样，咧开小嘴冲爸爸朦胧一笑。女儿的笑充满魔力，打动着他这颗当父亲的心，天天如此。他抱着女儿往楼下走，小心翼翼地，唯恐弄出一点儿声响。

该例描述了一个父亲照顾女儿的温情场景，原句中使用了“inch toward”“reach down”“tiptoe”多个生动具体的动词展现父亲小心翼翼的举止背后浓浓的父爱，这些动词所体现的细节之处对全文人物形象的塑造具有重要作用。另外，“warm bundle”“counting the creaks”则分别通过借代的修辞手法和人物内心活动的细节描述侧面体现了父亲对女儿的温情。译者在翻译时不可仅仅确保表意无误，而同时应完整再现原文细节中的内涵，取得相似的表达效果。因此译文同样选用了“一步步慢慢挪到”“弯下腰来”“踮着脚尖”等形象具体、且能引发读者画面及情感联想的动词，重现了温柔、贴心的父亲形象。“暖融融的襁褓”适当保留了原文中的借代形象，“一步步”“暖融融”同时使用了 ABB 结构,使译文节奏读来更为明快,用与原文同样平实的词汇表现出了平淡、真切的父女情。在"小心翼翼地,唯恐弄出一点儿声响"的译文表述中,译者则巧妙地将原文内涵明晰化,点明了父亲"counting the creaks"这一心理活动产生的根本原因。若是直译为"数着脚步的吱嘎声响",虽保留了原文形式,但在中文语境中的暗示效果和情感作用则被弱化了不少。译者在对此类细节表述的处理中具有较大的灵活度,要求其发挥主观能动性,通过自身的目的语语言功底,在遣词间精雕细琢,适当"改写",如此才能实现原文与译文神与意对等的"功能对等"效果,还原出原文风格的神韵及美感。

由此可见,翻译即创作。在翻译过程中要求译者灵活采用翻译手法,既要以原文的内容为导向,遵循文本翻译的功能性和规范性,又要从译者角度出发,在忠实原文内容和风格的基础上对信息和篇章结构进行适当调整,选用最佳翻译策略,以达到译文所期望的功能。下面再举一例:

例 5. 原文:Science, then, is not simply accuracy, although it would be worthless if it were not accurate; it is not devised for the purpose of undermining religion; and its object is not the making of useful inventions. Then what is it?

译文:不精确,科学就没有价值可言。但是,科学不仅仅是实现精确这么简单。科学不是破坏宗教之物,其目的也不是搞实用发明。那科学到底是什么呢?

该例体现了翻译过程中对语序的灵活调整,以达到强调重要信息的目的。英文习惯于将重点信息放在句子的前半部分,修饰或语气较弱的部分放在句末;而中文恰恰相反,先把零碎的信息前置,作为铺垫,强调的部分紧随其后,作为重磅出场。因此译文中将句子的前后语序对调,并且将转折转移到了强调部分,更符合中文的语用习惯,大大提高了中文读者的阅读体验。

有鉴于此,获得高质量的译文不在于亦步亦趋地依照原文一字不落地翻译,而在于发挥创造性、灵活变通,从译入语的思路出发进行"写作式"翻译。在这个过程中,译者以自主的方式去认识、改造甚至控制文本,无论在语言表达层面还是文化背景层面,也许看起来可能会造成译文与原文的"貌离",但事实上渐入翻译佳境,做到与原文在语意再现度、语言精致度以及行文流畅度的"神合”，从而达到最佳的翻译效果和传播效果。

三、结　语

由此，译者在翻译实践中应以目的语为归宿，从写作的高度入手，调动知识储备，捕捉翻译灵感，设法化解由文化、社会背景、逻辑思维、审美观等方面的差异而带来的理解困难，关注读者反应，重视目的意识，明确为何翻译，在不失原文内涵与精神的前提下进行重组、增删、编辑、加工等处理，跨越语言与文化的障碍，在英汉语言环境中更好地进行信息传播与文化交流，使译文接受者在摄取信息的过程中不会遇到障碍，能明确无误地理解和把握译文所传递的信息要旨及审美情趣，

因此，在一定程度上，翻译是一种再创作活动，它不同于创作，但拥有创作活动的一些特性：译者需要像作者一样，有丰富的想象力、良好的形象思维、雄厚的文字功底、驾驭语言的能力、一定的文学欣赏和鉴赏能力。作者需要有的种种能力，一个好的译者也同样需要拥有。概言之，“写作式”翻译的“写作”行为受意识形态、诗学、赞助人三要素的操控，出现在词素、句段、语篇等微观、中观、宏观各个语言层面，与翻译活动如影随形、密不可分。具体来说，这里的“写作”应注意以下三点。

首先，应明确“写作”的基础。所谓“写作”并不意味着译者可以天马行空地凭借自己的想象力创造译文，而是首先应该对原文文意有着明确且深入的把握，并对原作者的创作目的和思想情感有着灵敏且正确的感知。只有在此基础之上，译者才能更好地发挥其作为跨文化协调者的作用，对原文进行必要的改写，从而避免目标语读者对文本产生误解。

其次，应正确看待“写作”和忠实原则之间的关系。一方面，两者之间并不是绝对对立的关系。正如前文所论述到的，如果文学作品的翻译仅仅强调语言的简单对应或对原文语言文字及字面意思上的忠实性，而忽视原文作为一部文学作品的内涵与意境，目标语读者便无法体会到原文作者的语言风格以及文学作品背后不同语言国家的文化特色，这何尝不是对原文更高层次的背叛？相反，一些译文表面上打破了原文的语言结构，但更好地实现了语义的传达、经典

的重构,又何尝不是另一种意义上的忠诚呢?另一方面,我们应合理看待忠实翻译和灵活翻译的共同存在。忠实作为一种翻译策略,是意识形态和诗学互相适配产生的结果,但如果我们将其视作唯一正确的翻译策略,则在翻译实践中是完全行不通的。改写意味着译作和原作之间很难存在绝对的对等,这就解释了译作在某些层面上“不忠实”于原作的合理性,我们也应该接纳并欣赏这些必要的“反叛”和改写。

最后,应接纳多元的“写作”方式。翻译对原作的重构是通过人来实现的,但人绝不是一个被动的接受者,怀有不同的意识形态和诗学主张的译者必然会采取不同的翻译方法和翻译策略,对原作的改写程度自然也是不同的。这同时为翻译研究开辟了新的视角,它启示我们不应对译本的正确与否、忠实与否作过多的价值评判,而是怀有更加包容的态度,认可不同译文存在的价值及其合理性,这也是文学翻译不同于一般意义上的翻译的原因所在。从文学翻译的角度来看,优秀的译者不应仅仅满足于翻译出可接受的译本,而应积极发挥自身的能动性和创造性,对原文进行一定的改写,从而增强中国文学译介的有效性、提升西方读者对中国传统文化的理解和接受度,进而真正实现中国文学“走出去”的宏图壮志。

翻译虽然是改写的过程,且不可避免。但是这并不意味着是对名著的践踏,恰恰相反,改写不是胡写,而是在“改”的过程加入了译者自身的巧思与理解,让一个文化的群体很快感受到他族文化的魅力与精彩。

本研究探讨“貌离神合”并非鼓励忽略形式、只重神韵,而是提出有形无神的翻译并非好的翻译(不论是刻意追求形式相仿,还是一定程度上忽视神韵,只做到了形式相仿)。翻译的目的仍是传递神韵、传递文学性。

参考文献

[1] Moritz Schaeffer, Michael Carl; Share representations and the translation process [J]. Translation and Interpreting Studies, 2013:169-190.

[2] 邓江雪. 勒菲弗尔译学思想探究[J]. 黑河学刊,2012(5):41-42,127.

[3] 童之侠. 国际传播语言学[M]. 北京:中国传媒大学出版社,2005.

[4] 武光军,蒋雨衡.严复先生“信、达、雅”来源考辨及其译学意义重释[J].中国翻译,2021(3):50-56.

[5] 姚斯,H.R.,霍拉勃,R.C.接受美学与接受理论[M].周宁,金元浦,译.沈阳:辽宁人民出版社,1987.

"Mismatch in Form but Correspondence in Sense":
Writing-like Translation and Cross-cultural Communication

Abstract: Due to the differences in cultural background, vocabulary connotation and grammar between English and Chinese, it is difficult to achieve complete equivalence in translation, but the formal "mismatch" may prove to be the closest "correspondence" in sense. Enlighted by the cultural turn in translation and rewriting theory, this paper expounds the various ways of translation achievements, advocating the translator dynamic creative "rewriting" in the process of translation, so that the translation could be clearer, more effective and more conform to the target language habits, and a more efficient cross-cultural communication will possibly be brought about.

Key words: rewriting theory; cultural turn; translation strategy; cross-cultural communication

(李美　上海外国语大学新闻传播学院)

中国时政术语的英译策略初探

——以《中国关键词：生态文明篇》为例

景 婧 吴雨馨

摘 要：本文以当代中国与世界研究院发布的《中国关键词：生态文明篇》英译本为研究对象，对其中的时政术语译文进行了梳理、分析与探究。通过结合我国政治术语内涵及特征，探索中国时政术语英译的有效策略，以期为时政术语的英译实践提供一定的参考和指导，助力中国政治话语的对外传播，促进中国政治话语体系的构建。

关键词：时政术语；英译策略；术语特征

当前国际舆论传播格局呈现"西强我弱"的格局，国际话语权仍主要掌握在西方国家手中。在这一背景下，若要促进中国政治话语不断走向世界，讲好中国故事，时政术语的对外传播及翻译成为重中之重。时政术语是时政文献最基本的组成单位，其外译是我国外宣政治理念的重要手段，阐释中国政治、经济、文化、等各方面政策。然而，时事或政治术语翻译仍缺乏统一规范，生硬翻译屡见不鲜。鉴于此，本文总结了中国时政术语的内涵及四大特征，即高度凝练性、紧跟时代发展需求、独具文化内涵和排比式结构，在此基础上以具体的时政文献为例，探析归纳其中的时政术语英译策略，为中国时政术语的翻译提供借鉴。

一、我国时政术语的翻译研究现状

笔者选取中国知网(CNKI)数据库收录的CSSCI期刊为数据来源,对“时政术语+翻译”“政治术语+翻译”等主题词进行检索,限定时间为2012—2021年,共获得论文16篇,逐条阅读筛选去掉关联度低、内容重复的文章,最终确定相关论文14篇。如发表趋势图所示(见图1),时政术语的翻译研究总体呈平稳趋势,且具有明显的阶段性特征。2014—2016年间,相关期刊论文发表数量每年均只有1篇,2018年论文发表数量达到峰值,而2019年后数量又有所下降,表明“时政术语”研究缺乏连贯性和持续性。

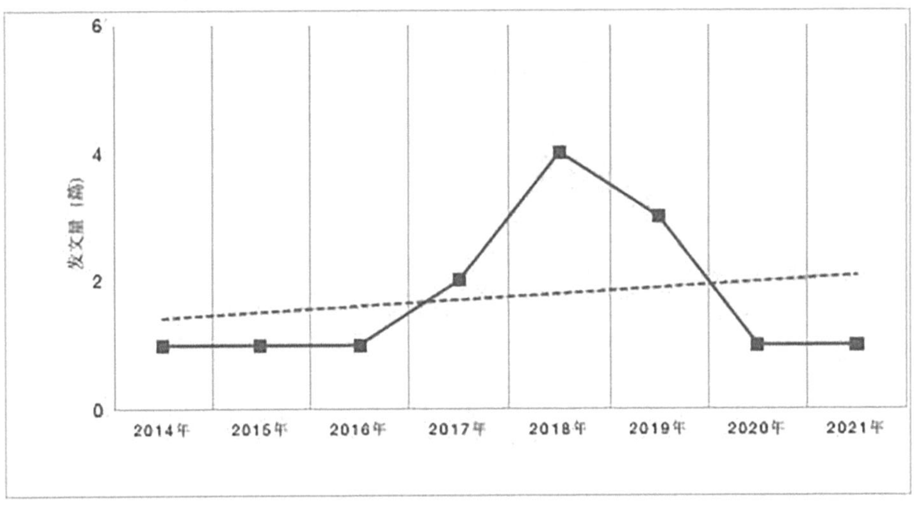

图1　2012—2021年“时政术语”CSSCI期刊论文发表趋势图

笔者根据研究内容将这14篇论文归纳为三个方向:翻译实践规律探究、术语传播与接受和术语库构建,绘制出研究领域分类图(见图2)。由此可见,关于“时政术语”翻译实践规律探究的论文数量居多,涉及翻译策略、方法等,逐步探索形成基于中国翻译实践的问题处理手段。冯雪红(2014)从语言学维度、术语学维度和跨文化传播维度提出政治术语统一规范化的途径。时闻等(2019)从“术语滤网”、修辞、传播学角度“一带一路”探讨政治话语,并提出三个层面的翻译策略。术语传播与接受及术语库构建也成为研究热点，胡开宝等(2019)基于大数据语料库的量化对比分析，研究“中国梦”英译在英美等国的传播与接受度。

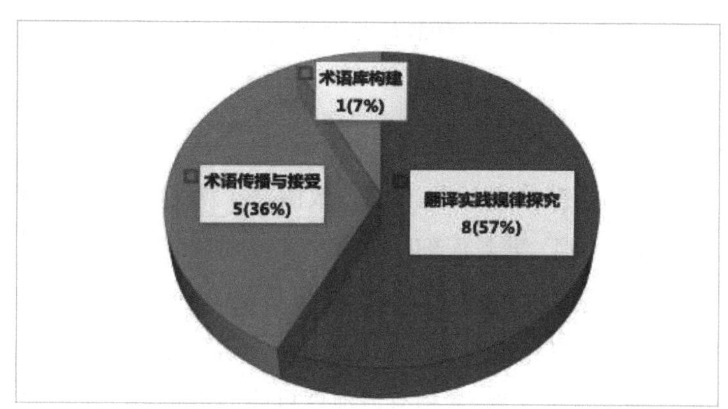

图 2　2012—2021 年“时政术语”CSSCI 期刊论文研究领域分类图

从以上文献综述可见，关于我国政治术语的核心研究有待夯实补充，对于翻译实践规律的探究可总结一般性的策略，而不仅仅局限于传统翻译方法的提出。

二、我国时政术语的内涵及特征

时政术语是指党和政府在进行一系列经济、政治、社会、文化、生态活动中形成的、具有特定含义、特定形式的权威正式词汇或词组。本文讨论的是中国时事政治文献中具有重要意义、富有中国特色的政治术语，包括单词、词组、短句等表达方式，涉及执政理念、发展道路、价值观念等。中国关键词是世界了解中国的窗口。“讲好中国故事”要求有全面准确表达的关键词来构建中外融通的话语体系。为了能够以一种易于阅读和理解的方式让国外受众更好地了解当代中国，“中国关键词”项目应运而生。项目由中国外文局及中国翻译研究院组织实施，由权威的专家团队编译完成，围绕党中央治国理政的新理念、新思想、新战略，以词条术语附加相关背景及核心思想解读的形式呈现，确保受众能够准确理解词条及其内涵，其中许多译文已被联合国口译部门等权威机构采纳。2021 年 10 月 9 日，当代中国与世界研究院发布了《中国关键词：生态文明篇》多种语版。文本以简明清晰的方式阐释中国坚持人与自然和谐共生的“生态观”和“发展观”，介绍中国坚持绿色低碳循环发展的政策行动，分享中国推动构建人与自然生命共同体的方案倡议，是推动构建全球发展命运共同体的公共知识产品。

（一）时政术语内涵

时政文本用词严谨，紧跟时事，具有一致性、准确性、精炼性等特点；与国家形象相关，包含专业词汇，兼具深刻的政治含义和独特的文化内涵。“政治文本的翻译是一项极其重要且十分特殊的工作，所针对的对象是不同政治体制、不同意识形态、不同文化传统和观念、不同社会条件和历史背景的国家和民族的受众，译文的准确与否至关重要，稍有差池就可能会影响到国家的政治经济利益、形象声誉甚至国际关系，造成无可挽回的损失。”（胡芳毅，2014）因此，时政术语作为时政文献最基本的组成单位，一旦其译文出现纰漏，一来会混淆本族政治术语的内涵和外延，二来将影响国家之间的交往，造成政治理念的误解。“话语传播，术语先行”（魏向清、杨平，2019）。时政术语的外译对于传播中国优秀政治思想，构建中国政治话语体系，塑造中国在国际社会的形象起到举足轻重的作用。

（二）时政术语特征

长期以来中国政治术语形成了其独有特征，包括高度凝练性、紧跟时代发展需求、独具文化内涵、排比式结构等，对翻译实践提出了一定要求。

1）高度凝练性

中文经常使用看似简洁却有着丰富内涵和高度概括性的词汇。政治术语的高度凝练性体现在数字缩略词和四字结构词汇的运用，注重音美、形美、意美的高度融合统一。采用数字缩略形式避免了篇幅过长、过于累赘的现象，便于人民群众传播记忆，也符合当今语言发展的要求，如“四个全面”“三个代表”“三严三实”等。此外，汉语写作讲究使用四字结构，包括四字成语、四字熟语，以及四音节的单纯词、合成词和固定词组。如“管权治吏”“脱贫致富”等，结构严谨，言简意赅，能够形象生动地表达政治理念。

2)紧跟时代发展需求

时政术语变化频率高、速度快,每个时代都有其不同的政治符号,是政治、经济、文化等共同发展的历史产物。关注我国时政术语的发展历程,从改革开放时期的"四个现代化",21世纪初的"科学发展观""和平崛起""中国梦",再到近几年高频出现的"人类命运共同体""一带一路""供给侧改革"等,均具有鲜明的时代特征,代表每个阶段的重要政治任务。

3)独具文化内涵

中华文明源远流长,中国政治思想常从古人遗留的智慧中汲取养分,传承中华民族的优秀传统文化基因。政治术语固然深受意识形态、价值观念等的影响,富含文化内涵,具有鲜明的中华文化特征,通常体现在古诗词、典故、谚语、俗语、文化负载词等的运用。例如,习近平主席在2018年新年贺词中谈到扶贫搬迁和棚户改造引用杜甫《茅屋为秋风所破歌》中的千古名句"安得广厦千万间,大庇天下寒士俱欢颜",极富感染力。

4)排比式结构

政治术语常以对偶、排比等修辞,即相同结构的字词表达两个或两个以上同等重要的意思,如"不忘初心、牢记使命""有法可依,有法必依,执法必严,违法必究"。合理运用排比结构让行文工整匀称,节奏分明,朗朗上口,体现中文语言强大的号召力和感召性。

三、中国时政术语的英译策略

针对上述总结的时政术语内涵及特征,笔者以《中国关键词:生态文明篇》为例,探析总结其采取的对应英译策略,以此实现有效的话语传播。

(一)增补数字缩略词背景信息

外宣时政翻译应确保准确易懂,提高可读性,从而增强其传播效果。考虑到目的语读者的背景知识缺乏,译者在不破坏基本原意的前提下,可对词句进行必要的加工。数字缩略词具有典型的中国特色,高度概括了国情、政策、历史、文化背景等信息。因此,在翻译过程中,要对此类词汇进行背景信息的扩充,适当添加解释,实现有效交流的目的。

例 1. “五位一体”总体布局

译文：The Five-sphere Integrated Plan – the development of socialism with Chinese characteristics encompassing economic, political, cultural, social and ecological development

“五位一体”指“经济、政治、文化、社会和生态”五个方面的总体规划，是中国根据自身的特点和条件制定的措施。译者应充分了解这些最基本的国家政策，将原文蕴含的内容进行补充翻译，让译文一目了然，否则西方读者无法真正明白术语含义，使得交际效果大打折扣。

例 2. “十四五”时期

译文：the 14th Five-year Plan period (2021—2025)

“十四五”是我国一项经济和社会发展规划，为了弥补文化间的差异，译文对“十四五”给出了具体解释，即“第十四个五年计划”，故增译“计划(plan)”一词，并附加基本的时间信息，最大限度地为读者扫除阅读障碍。

例 3. 三江源

译文：the Yangtze, Yellow and Lancang river sources

若仅将“三江源”简单译成“the sources of three rivers”，缺乏中国地理文化知识的译语受众会感到十分困惑。为了实现结构和对象的一致性，译者有必要解释清楚“三江”到底指哪三条河流，增补“长江、黄河、澜沧江”这一关键信息。中国时政术语有时负载着丰富的文化信息，处理此类文化缺省的情况应加以增释。

(二)四字结构抽象词义的具体化

词义具体化是把原文中某些意义比较抽象的词在译文中引申为具体内容，以弥补词典释义的局限性和不足。四字结构的高度凝练要求翻译时对词义的扩展。汉语是高语境语言，对语境高度依赖，内涵随之产生变化。译者需发挥主观能动性，结合源语语言语境缩小外延、丰富内涵，促进目标语读者对中国政治思想的深层次理解。

例 4. 内外联动

译文：interactions between China and the international community

按照字面意思，“内外联动”即指内部与外部联合起来行动，但是站在不同的角度对“内外”有各种解释。为求译文的准确具体,必须对此类一般抽象的概念进行细化。联系源语语境,原文在提到开放发展问题时引用了该词,便可知“内外”实指“国内”和“国际”间的密切互动。

例 5. 护蓝增绿

译文:protecting blue skies and expanding green coverage

置之语境分析,“护蓝增绿”是保护和改善生态环境的重要举措,“蓝”和“绿”并非表示颜色。阅读原文及相关文献便可确定,“蓝”指蓝天,“绿”指绿色植被,翻译时都应予以具象化的说明,忠实传递信息,切不可断章取义。

例 6. 脱贫摘帽

译文:be removed from the national list of poverty-stricken counties

在政治领域,“摘帽”一词是具有中国特色的隐喻表达,同其字面意义大有不同。2015 年中央扶贫开发工作会议上,习近平总书记提到要按照摘帽标准验收脱贫成果。故“摘帽”是将贫困比喻为一顶帽子,实现“脱贫摘帽”就是将“贫困县”称谓摘除。译者在翻译时弱化了“摘帽”的抽象概念,阐明其实际指代的具体意义,解决了目的语读者的认知困难。

(三)时间约束下的术语表达创新

杨明星(2008)提出“政治等效”理论,强调外交翻译不仅要准确传递源语的政治语境和政治思想,使源语与译入语读者接收到等值的政治信息,还要注重等效的动态性,并与时俱进,紧跟源语时代内涵和译入语相关语境。中国时政术语紧跟时代发展,其英译表达也随之不断更迭,对话语进行再构建,从而提升中国在国际社会的话语权。而在用英语创造时政术语的同时,一定要注意其传播效果是否适应译语读者的接受和理解。

例 7. 中国特色社会主义

译文:Chinese socialism

“中国特色社会主义”最广泛使用的译语为“socialism with Chinese characteristics”,但笔者发现本书也开始使用“Chinese socialism”这一说法,给“socialism”加上形容词“Chinese”限定其意义,独属中国的社会主义必然会带有中国特色。中国特色社会主义的发展道路取得巨大成就,逐渐得到国际社会的认可,尽管中西方仍存在意识形态差异,译者已开始使用这种变通表达,尝试去创造中外融通的新话语范式。

例 8. 碳达峰

译文：carbon peak

2020 年，习近平主席在第 75 届联合国大会上宣布，中国将力争在 2030 年前实现二氧化碳排放量达到峰值。为了和“碳中和”一词对应，由此产生了“碳达峰”的中文说法。译文便可仿照“碳中和(carbon neutrality)”的英文结构将“碳达峰”转译成“carbon peak”，相较于原来的译语说法“peak carbon dioxide emissions(二氧化碳排放量达到峰值)”更短小精悍，易于传播。

例 9. 获得感

译文：sense of benefit

“获得感”源于习近平总书记 2015 年 2 月 27 日在中央全面深化改革领导小组第十次会议上的讲话。该词结构简短，符合语言的经济性原则，在意义和形式上显现出固定化的趋势。其译文“sense of benefit”既能体现词汇的本义，即获得利益后所产生的满足感，又能表达改革发展成果惠及人民群众。此外，译文与英文中“sense of humor(幽默感)”表达方式相同，符合目的语读者的表达习惯，拉近与国外受众间的语言文化接近性。

例 10. 生态保护红线

译文：ecological red lines

“生态保护红线”这一概念最早由中国提出，其实质是生态环境安全的底线。此处“红线”直接译作“red line”，并未意译成“bottom line(底线)”。笔者注意到，在英文中，“red line”表示争论或谈判中拒绝改变立场的问题、要求。显然，译文借用了目的语文化概念来表达类似的意思，虽然没有刻意求得完全意义上的对等，但有效输出了我国的生态政治理念，以嫁接移植的策略扩充了译语空缺的概念。

(四)以“我”为主，建立文化自信

针对《中国关键词：生态文明篇》中承载政治内涵的谚语、俗语等，笔者总结出以“我”为主的翻译策略，即以源语为标准，不仅要忠实地传达话语原义，而且需再现中国话语的表达方式，乃至语言结构和修辞手法，充分体现中国政治术语的文化内涵。翻译方法多以直译为主，将中国传统文化孕育下的独特政治理念传递给目标语读者，以持续推进中国文化“走出去”战略，加强文化的对外传播。

例 11. 顺天时，量地利，则用力少而成功多

译文：follow the timing and adapt to geographical conditions, and there will be more success with less effort

例 11 出自北魏贾思勰所著的《齐民要术》，意思是顺应天时，衡量地理，根据规律办事，就可以花较少的力气收获更多成功。习总书记引用该条农牧经验，指出中华民族向来尊重自然、热爱自然，绵延五千多年的中华文明孕育着丰富的生态文化。译文直译而出，保持文本的形式与风格，展现源语语言特色和文化内涵。

例 12. 一粥一饭，当思来处不易；半丝半缕，恒念物力维艰

译文：when having meals, one should know that it does not come easily; when wearing clothes, one should remember that even a thread is made with great effort

此句出自清朝朱柏庐的《朱子家训》，习总书记以此对制止餐饮浪费行为作出重要指示，提倡“厉行节约、反对浪费”的社会风尚。两句表示的都是“财物来之不易，应经常想到物力的艰难而加以珍惜”之意，运用了重复的修辞手法，起强调作用。但译文并没有合并减译，而是仿照原句的对仗格式将要素一一译出，力求实现文化输出的目的。在细节处理上，如将名词“粥饭”“丝缕”转变为动词“吃饭(have meals)”和“穿衣(wearing clothes)”，将具体的意象一般抽象化，符合英文写作习惯。

例 13. 绿水青山就是金山银山

译文：lucid waters and lush mountains are invaluable assets

“绿水青山就是金山银山”是习近平主席对生态环境治理的重要论述，已成为新时代中国特色社会主义思想的重要内容。译文选择了“直译为主、辅以意译”的翻译策略，做出一定协调和平衡。“lucid”读起来俨然就是“绿色的”，其表示的清澈之意也与原文贴合；在翻译“青”时选择了“lush”一词，与“lucid”连用押头韵能产生一定的音美和形美。俗语“金山银山”引申义为宝贵的财富，意译得到“invaluable assets”。联合国环境规划署报告曾将这一生态理念译作

“Green is gold”，完全采用归化的译法，虽然实现了功能对等，但只是将意义传达出去，不能帮助中国文化“走出去”，也无法真正在国际话语体系中建立中国的话语概念。

（五）顺应语言结构，浓缩术语表达

《中国关键词：生态文明建设篇》一书中对排比式结构的运用主要体现在政策内容、要求等的阐述。由于源语与译语在语言及思维模式上的差异，译者需适时对原文中的排比结构进行修改和舍弃，或是根据逻辑关系调整结构，满足译语读者的阅读期待和接受能力。

例 14. 全民共享、全面共享、共建共享、渐进共享

译文：have its development fruits through concerted efforts in all fields shared by all in a step-by-step manner

例 14 中，原文以“共享”为中心词的四个排比项对于汉语受众而言，结构统一、工整匀称能够加强语义，而对于英语受众而言，词的重复易导致单调乏味，因此在翻译过程中不得简单重复译出。译文根据英语行文的特点进行形式浓缩，译成了动宾短语加多个后置状语的结构，简洁紧凑，贴近译语特点，更易于目的语读者接受。

例 15. 生态惠民、生态利民、生态为民

译文：deliver environmental benefits to the people

例 15 是生态文明建设六项原则的重要论述，三个排比式词汇前后呼应，信息重叠，均表示相同含义。因英汉语言表达习惯上的差异，汉语连续重复的同义词句在英语中会被视为冗余信息，因此在翻译中应该避免（邓中敏＆曾剑平，2020）。英译时可提取核心、加以合并，保证可读性。故该术语合译成一个词，表示为民众带来生态方面的好处，舍弃了原文的排比结构，且不影响原文思想内容的传达。

例 16. 企业污染、群众受害、政府买单

译文：when the environment was polluted by an enterprise, it was the people who suffered and the government who had to pay for the pollution

梳理逻辑可知，“企业污染、群众受害、政府买单”是指企业污染带来的生态环境损害导致人民群众利益受损，只得由政府为其买单。译文便以因果关系将

三个词串联成和谐紧凑、脉络相通的整体，凸显连贯性。虽不如原文对称规则，但准确的意义阐释有助于译语读者理解和接受，且“when”引导的条件状语从句句式组合自然，是一种较为理想的翻译方法。

（六）用词严谨，塑造国家形象

树立良好的国家形象是一国提高综合国力和国家软实力、争夺国际话语权的关键（谢莉＆王银泉，2018）。外宣时政术语是塑造和传播国家形象的重要方式和渠道，对国家形象起到支撑和解释的作用。因此，译者需通过目的语读者乐于接受的方式、易于理解的语言，及时将我国的政治思想和观点传递出去，巩固中国的国际话语权。除了针对时政术语特点的处理方法，时政文献本身的内涵对外译的敏感性、严谨性也有所要求。在文化输出的过程中，每一个字词的斟酌选择都尤为重要，稍不留意就会引起西方媒体和读者的错误解读。

例 17. 大国

译文：major country

国际媒体在提到“大国”时经常使用“major power/great power”，根据牛津词典，这样的说法实际强调的是在国际事务中拥有影响力的国家，或是军事力量极强的国家，带有贬义意味，伴随“列强、权势、控制”等含义，容易让读者将其与霸权主义联系在一起。而中国领导人理解的大国概念是一个处于发展进程中的国家状态（钟飞腾，2014）。译者对“大国”一词的意识形态内涵有了清晰的认知后，采用了“major country”的译法，该词为中性词，贴合中国是大型发展中国家的国情，也暗含中国负责任、有影响力的国家形象。如此一来，不给居心叵测之人恶意曲解和利用的机会，引导目的语读者客观理性地看待中国的发展。

例 18. 污染防治<u>攻坚战</u>

译文：<u>fight</u> against pollution

根据《现代汉语词典》，“攻坚战”指一种战斗的形式，指攻克敌设有坚固防御的要地如城池、关隘、要塞或据点的作战。作为对党的优良传统和伟大精神的继承，“攻坚战”现多用于比喻政治领域攻克社会、经济和政治改革中的困难，反映了党和人民改革的坚定决心。为了避免给受众带来错误印象，译者尽量回避“battle”“war”这样隐喻意味较深的词语，选择了“fight”，其使用范围更广，可表示各种各样的抗争、努力、奋斗。类似地，书中"《打赢蓝天保卫战三年行动计划》(Three-year Action Plan for Blue Skies)""碧水保卫战(the campaign to keep the waters clear)"对"战"的处理也是尽量将战争色彩淡化，或省去不译，或以"campaign"一词代替，作引申意义使用。

四、结 语

中国时政术语体现了中文高度凝练的表达方式，在适应时代发展需求的同时，兼顾中华优秀传统文化的传承，以极强的感召力实现话语传播。根据时政术语的内涵及特征，本文提出了与之相对应的英译策略，包括：增补数字缩略词背景信息；四字结构抽象词义的具体化；时间约束下的术语表达创新；以"我"为主，建立文化自信；顺应语言结构，浓缩术语表达；用词严谨，塑造国家形象。译者应考虑各方面因素，灵活选择恰当的翻译策略，确保时政术语外译的规范性，向国外受众有效传播中国的政治思想、文化和政策，提升中国在国际社会的话语权，早日构建起中国的政治话语体系。

参考文献

[1] 邓中敏，曾剑平. 政治话语重复修辞的翻译——以《习近平谈治国理政》为例[J]. 中国翻译，2020，41(05)：133-146.

[2] 冯雪红. 论中国政治术语英译再创建的三个维度[J]. 上海翻译，2014(01)：58-61.

[3] 胡芳毅. 操纵理论视角下的外宣翻译——政治文本翻译的改写[J]. 中国科技翻译，2014，27(02)：39-42.

[4] 胡开宝，张晨夏. 基于语料库的"中国梦"英译在英美等国的传播与接受研究[J]. 外语教学理论与实践，2019(01)：89-96.

[5] 时闻，刘润泽，魏向清. 政治话语跨文化传播中的"术语滤网"效应与术语翻译策略反思——以"一带一路"话语传播为例[J]. 中国外语，2019，16(01)：79-88.

[6] 魏向清，杨平. 中国特色话语对外传播与术语翻译标准化[J]. 中国翻译，

2019,40(01):91-97.

[7] 谢莉,王银泉.中国国际形象建构视域下的政治话语翻译研究[J].外语教学,2018,39(05):7-11.

[8] 杨明星.论外交语言翻译的"政治等效"——以邓小平外交理念"韬光养晦"的译法为例[J].解放军外国语学院学报,2008(05):90-94.

[9] 钟飞腾.新型大国关系、共同发展与中国外交新理念[J].国际论坛,2014,16(01):34-39.

[10] 中国外文出版发行事业局,当代中国与世界研究院,中国翻译研究院.中国关键词：生态文明建设篇(汉英对照)[M].北京:新世界出版社,2021.

A Preliminary Study on the English Translation Strategies of Chinese Political Term ——Taking Keywords to Understand China: On Ecological Civilization as an Example

Abstract: This paper subjects to a close examination of the English translation of *Keywords to Understand China: On Ecological Civilization*, sorting out, analyzing and exploring the translations of its political terms. Combined with the connotation and features of Chinese political terms, this paper concludes effective strategies for the English translation of Chinese political terms, in order to provide some reference and guidance for the practice, help the dissemination of Chinese political discourse to the world, and promote the construction of Chinese political discourse system.

Key words: political terms; English translation strategies; terminology features

(景婧,吴雨馨　上海对外经贸大学国际商务外语学院)

传播学视阈下中原文化对外翻译策略研究

张静文　王建文

摘　要：翻译是不同文化相互交流的媒介和载体，在中原文化对外传播中有举足轻重的作用。从传播学和翻译相结合的新视角出发，中原文化对外翻译的过程可分为三个层面，即中原文化与国外文化之间、中原文化与译者之间、以及译者与国外文化之间的传播。通过对各个环节存在的问题进行深入分析，指出应当采取兼顾不同文化语境、加强中原文化内部交流、提高对外传播译文质量等对应策略，确保中原文化对外传播路径的畅通，以提升中原文化影响力，推动中原文化“走出去”。

关键词：中原文化；对外传播；翻译策略

随着河南省在国家战略中地位的不断提高，其对外交流和合作大幅提高，国际化趋势日益明显。要彰显中原大省的国际形象，扩大全球影响力，赢得世界关注，除了加强自身基础建设，提高经济硬实力之外，也要加强中原文化的开发和对外传播，这是向世界展现河南风采、寻求文化认同，获得国际助力、推动自身发展的重要途径和方法。国务院在出台的《关于支持河南省加快建设中原经济区的指导意见》(以下简称《指导意见》)中明确提出要“提升中原文化影响力，推动中原文化‘走出去’”(2011)。中原大地是华夏文明的重要发源地，中原文化作为华夏文明之源，是中华文化的重要组成部分。中原文化生态既包括“饱含着人类智慧的物质创造和物质积累”，也包括“人民代代相传、长期因袭的观念、意识、哲理、精神等”(吴圣刚,2009:111)。中原大地自古出英才,从远古时代的夏禹、伏羲、女娲、到有“人文初祖”之称的轩辕黄帝,从“诸子百家”中的老子、庄子、墨子和韩非子,到唐代“诗圣”杜甫、“诗王”白居易、“唐宋八大家”之首韩愈,从春秋时的范蠡,到汉代的张衡、张仲景、诸葛亮,从抵御外敌的岳飞和戚继光,到抗日英雄吉鸿昌和杨靖宇,中原文化自古以来就孕育了数不尽的名人志士,中原文化天人合一、人为至尊、兼容众善、重德守信的人文精神是中华民族思想文化的核心。《指导意见》还提出,要“塑造中原人文精神,弘扬兼容并蓄、刚柔并济、革故鼎新、生生不息的中原文化。塑造具有中原特质、体现时代特征的人文精神”(2011)。故此,中原文化的对外传播对中国文化走出国门有着重要的作用和意义。

中原大地的神话传说、古今诗歌、河南豫剧、少林功夫等文化资源是中华文明的璀璨明珠,中原文化的对外传播有利于扩展中华文化的国际影响,有利于让世界了解中国。在对外传播中原文化的过程中,翻译是信息对外传播的一种行之有效的方式,是文化走向世界必须经过的途径,是不同文化交流的重要媒介和载体。得体的外宣翻译不仅有利于文化输出、弘扬富有本土特色的中原文化,有利于文化产业的繁荣发展,也有利于外国友人更轻松愉快地在中原地区工作生活,从而塑造友好的对外形象,全面提升河南的对外交流水平和软实力。因此在河南国际化进程中,必须重视翻译对中原文化对外传播的重要作用,审视符合解决现阶段翻译在传递中原文化过程中遇到的难题和瓶颈,更好地为增强河南文化软实力,推动河南发展服务。

一、中原文化对外传播中的翻译现状

近些年来,随着我国学者对翻译的研究从语言学视角逐渐转向文化学派,有关翻译和文化传播的研究层出不穷,成为语言翻译中长盛不衰的一个话题。然而,其中不可忽视的一个问题是,在有关翻译和文化传播的研究中,对发达国家文化的引进研究在数量上远远多于中国文化对外输出研究。在数量有限的国学文化对外翻译和传播研究中,专家学者都从不同角度证实了翻译对中国文化对外传播的重要作用和意义。王宁基于文化全球化的视野,指出“信息的传播和大众传媒的崛起使得全球化与文化的关系尤为密不可分。翻译无疑也是信息传播的一种工具,因而在全球化的大语境下,翻译的功能将越来越明显地显示出来"(王宁,2000:10)。王平认为,"和谐发展、和谐社会、和谐世界理念的提出,要求我们在创新对外文化交流的观念、思路、形式和手段的同时,必须关注语言翻译在对外文化交流中的重要地位和作用,重新审思和认识对外翻译在构塑与传播中国国际形象中'有何作为'的问题"(王平,2007:42)。具体到中原文化对外传播与翻译研究而言,虽然中原文化是中华文明的主要来源之一,具有举足轻重的地位,但有关中原文化对外翻译的研究似乎与中原文化的地位并不匹配,只有少数专家学者对其进行了一些有益的探索和讨论。靳爱心立足中原经济区建设趋势,从经济建设的角度强调"河南文化对外传播是成功进行中原经济区建设的需要。翻译是河南文化对外传播的重要手段,直接影响着河南文化对外传播效果。随着中原经济区建设的进行,翻译在河南文化对外传播中的作用更加重要"(靳爱心,2013:185);刘立胜从典籍英译对海外传播中国文化和文学典籍,及诠释中国形象,提升文化软实力的角度出发,指出"河南省地方高校典籍翻译人才培养必须紧密围绕中原文化典籍特色,以培养地方型、应用型典籍翻译人才"(刘立胜,2013:77),探讨了河南省地方高校在典籍课程设置、教学原则与方法、翻译人才队伍建设等方面的应对策略,以达到提升外语翻译人才能力、更有效地向海外推广中原典籍文化的目的;任中云和罗兰京子分别从中原文化的跨文化传播现状出发,提出了拓宽中原文化对外传播的新途径和新举措,如"在跨文化阐释学视角下,基于人类文化关联性的'求同策略',将与目前中原文化跨文化传播策略中关注文化特质的策略——求异策略,形成互补关系"(任中云,2014:82),以及"转变思想理念、创新文化内容、形成品牌效应"(罗兰京子,2014:151)。

通过以上总结可以看出,进行中原文化对外传播研究的专家学者认识到了翻译在中原文化对外传播中对河南经济文化发展的重要作用,也从自身专业角度出发分别提出了相应的方法改善中原文化对外传播的现状。但是不难看出,目前的研究数量还不是很多,研究角度也仅仅集中于翻译教学和传播途径探索两个领域,具有非常明显的局限性。唯有摆脱单学科研究模式,进行以解决实际问题为目标的跨学科交叉研究,才可以突破现有研究的固有模式,打破常规取得新发现。本文拟从翻译学和传播学两种视角出发，将中原文化搁置于“翻译”和“传播”的交叉框架中，将翻译的具体过程与传播学中的传播流程结合起来，探讨中原文化对外传播中的翻译链条，调查目前中原文化对外传播中的翻译难题，对造成中原文化对外传播中有关语言的负面因素进行细致分析，发现并解决阻碍其对外输出过程存在的问题，针对其中的薄弱环节进行改正和加强，以便翻译更好地服务中原文化的对外交流，发挥对外翻译在构建河南文化软实力中的功能。

二、中原文化对外传播的翻译链条构建及完善

从传播学的角度来看，中原文化、翻译和国外文化三者之间可以构建中原文化对外传播的完整传播链条，三者分别构成传播过程中的“传播者”(信源)“媒介”和“接受者”(信者)。要确保传播功能的顺利完成，需要对这条传播链的传播关系进行三个层面的探究：即传播者和接受者之间、传播者和媒介之间以及媒介和接受者之间的语言文化关系。以下将通过详细审视考察此条传播链上的各个环节，寻找可能造成中原文化对外翻译传播不畅的种种障碍和不足，进而提出相应的解决策略。

(一)中原文化与国外文化之间的传播

习近平在2013年全国宣传思想工作会议上指出，“要精心做好对外宣传工作，创新对外宣传方式，着力打造融通中外的新概念新范畴新表述，讲好中国故事，传播好中国声音”(2013)。从全球化的视角来看，将独具特色的中国故事呈现在全球语境时，应当考虑不同文化之间相同及相悖的特点。对外宣传时讲好中国故事，应当采用当地熟知的方式，“运用跨文化传播的意识、策略和技巧，用当地的语言思维习惯来讲述当地人感兴趣的故事”(高宪春，2015：104)。从传播者和接受者的角度来看，在中原文化对外传播中，国外文化环境既是传播接受者，也是传播反映者，它对中原文化这一传播主体有反馈作用。因此在通过翻译的媒介功用实现两者之间信息流动的过程中，首要克服的困境便是不同文化群体之间的排他性。文化的偶然性和区域性使得不同文化群体的人难以完全理解和解释他者文化，极为不同或截然相反的文化语境差异必然形成一种文

化在他者文化中的传播不畅或表达空白。应对此种困境的对策是中原文化的“跨文化阐释”，即应在不同文化之间建立一种关联性，或者说，在译者选择传达传播内容时，要兼顾不同文化语境的各自特点，考虑两种文化的相通和相悖之处，在“求同”的基础上选择有传播可能性的文化讯息，进行跨文化的文化内涵阐释。

例如，中国的“龙”源自神话传说，“龙”变化多端、法力无边，“龙”能兴云作雨、消灾降福。“龙”是汉民族敬仰的图腾，是吉祥雄伟的象征；中华儿女是“龙”的传人，“龙”的子孙。古话说，“见龙在田，天下文明”，“龙”象征着美好和谐，以及社会的发展进步。“龙”的形象深入人心，汉语中有关“龙”的词语多与吉祥、权力相关，如“龙袍”“龙舟”“龙王”“龙蟠虎踞”“望子成龙”等。中原文化乃至中国文化对外传播过程中，都会频繁出现“龙”的形象的翻译。而在英汉两种语境中，英文“dragon”与“龙”虽然概念意义相同，文化意义却大相径庭。在西方，“dragon”一词较早出现在文学作品中，比如英国安格鲁-撒克逊时期最古老的英雄史诗《贝奥武夫》(Beowulf)中就出现了巨龙的形象。不同的是，据《辞海》记，中国的“龙”是“古代传说中一种有鳞有须能兴云作雨的神异动物”，而《贝奥武夫》乃至整个英语世界中的“dragon”源自希腊神话，是一种长有类似蝙蝠肉翼的巨蛇，穴居，会喷火。汉语中的“龙”既能空中飞行，又能水里遨游，还可陆上行走，神秘而神圣、法力无边，是远古人类敬畏自然、崇拜神力的集中体现，蕴含着中华民族追求天人合一的精神境界。而英文“dragon”常与怪物和恶魔相关，让人联想到神秘的黑暗势力和邪恶力量，如英文奇幻小说《魔戒》和《霍比特人》(皆已改编为同名电影)中的恶龙史矛革(Smaug)，当其盘旋在半空朝着地面上的村镇喷出火焰时，给人族带来不可估量的毁灭。因此，中西方都有“龙”的形象，虽然外形相似，但却一善一恶，有着本质的区别。那么，在“龙文化”和“龙”的形象对外传播过程中，是保留“dragon”的译法，还是直接音译为“Long”？笔者认为，既然英语中有对应的词语“dragon”，那么就大可不必再生造一个词语“Long”。翻译此处时，译者应当在对外传播过程中对中国“龙”的形象做出解释，以免引起误解。

再有，“豫剧”是独具河南特色的戏剧种类，代表着典型的中原文化，对于“豫剧”这一名称的翻译就显得尤为重要。是翻译成“Yuju”，还是“Yu Opera”，还是“Henan Opera”，也值得让人深思。这里再次显示了中西方文化的不同，“Opera”一词在西方指的是歌剧，并非我们所说的戏剧，后两种译文显然会误导西方读者。“豫”是河南的简称，出自中国古代文化，远古时期的河南野象众多，象形文字中的“豫”就有“人牵象”之意。再有九分天下时的“豫州”之称，因此河南有了“豫”这一别称。而音译的“Yu”显然无法再现个中含义，对西方读者也只是一个代号，同样的，“Henan”也是一个代号、一个名称而已，但是作为一省的官称，相对于“Yu”为相对较多的外国读者了解。独特的文化形式使得翻译面临“不可译”的境地。然而，从接受者的角度来看，外国人对“京剧”已经有了相对广泛的了解，“京剧”的译文“Beijing Opera”也普遍认可，所以，“豫剧”也自然就译作“Henan Opera”。

综上，无论是把“龙”译作“dragon”，再适当补充解释以避免误解，还是把“豫剧”译作“Henan Opera”，都既考虑了源语言信息量的对等传达，又考虑了可供译入语读者接受的程度。在中原文化和国外文化相互交流的过程中，翻译实践不仅体现了语言本身的转换，更体现了文化内涵的阐释。

（二）中原文化与译者之间的传播

从传播者和媒介的角度来看，中原文化在走出国门之前，依然要经历一个传播过程，即作为传播者的中原文化和翻译的主体（译者）之间的传播交流。由于中原文化内涵丰富，源远流长，包括史前文化、神龙始祖文化、政治历史文化、名士圣贤思想文化、农工商业和科技文化以及文学遗产等诸多方面，其悠久的历史和深刻的内涵极易导致它和翻译之间传播链的断裂。具体来讲，就是具有外语专业技能的人才对中原文化缺乏深刻认识，而深谙中原文化的学者又未必具有较高的外语技能。比如，在对外传播过程中，“夸父逐日”“愚公移山”“木兰从军”“逐鹿中原”等古代神话及历史故事都要求译者对故事背景有详细全面的了解，才能理解故事所蕴含的人文精神和文化特点，并忠实地传达到译文当中；对诸如老子的《道德经》、白居易的《长恨歌》等国学典籍的对外传播要求译者深谙中国古代哲学和唐代诗歌，才能传达对等的哲学思想和文学价值；对新郑轩辕黄帝故里、登封少林寺、开封清明上河园等旅游资源的对外传播则要求译者能全面了解各处古迹的渊源及特色，以达到对旅游资源的积极宣传。因此，对于带有文化负载信息的中原文化对外传播时，要在中原文化和译者之间构建可传播的媒介，来实现两者之间的沟通。换言之，也就是要加强中原文化研究学者、机构，和对外翻译人员、组织之间的合作，形成强有力的工作团队，确保译者能很好地在翻译过程中履行文化编码的功能。

比如，对于“中州”一词，许多外语翻译人员不假思索地将其译为“Central City”，其实这种翻译是非常不合时宜的，因为“中州”一词起源于“九州中心之豫州”的表述，即是“河南”的另一个名称。“河南”古称“中州”，意为“国之中”“华夏之中”。因此“中州”应当直接音译为“Zhongzhou”，这样才能直接有效地传递这一词条所表达的意义。再如，出自河南济源的“愚公移山”的故事是中原文化对外宣传的案例之一。对于“愚公”一词的翻译“YuGong—the foolish old man”就欠妥。英语中“foolish”是贬义，意为“愚蠢”，而汉语“愚公移山”重点体现古代先民战胜自然、奋斗不息的精神，“愚公”精神的“愚”在于顽强和拼搏的精神，是中原文化提倡和发扬的，此处的“foolish”应该避免。而“愚公”一词的译法应当考虑译入语读者的阅读习惯，直译为“YuGong”，在下文故事中适当做出解释，并且淡化“愚”在汉语名字中的表现形式。所以，在对中原文化进行翻译之前，译者要和中原文化专家学者之间加强沟通交流，避免出现内部传播不畅的局面。

（三）译者与国外文化之间的传播

从媒介和接受者的角度来看，翻译和国外文化之间也同样形成了一个传播过程。翻译在充当媒介作用的过程中，收到传播讯息之后，能否高效地投送到国外文化环境中去，也十分关键。此环节所面临的困境是翻译语言的质量问题，如果中原文化在对外传播中出现翻译不充分、失误、模糊等不利因素，那么对外传播的效果必然不够理想。译者团队除了要加深对本土文化的了解外，还要在对外翻译中提高翻译质量，首当其冲就是要避免翻译中的语法、拼写、和措辞等低级错误。例如，很多景区里，道路指示牌上“路”的翻译就有很多：“LU”“Lu”“RD”，其中的“Lu”和“LU”对不懂汉语的外国游客没有任何意义。由于译者的翻译水准和译文质量问题，译者并没有成功地履行媒介功能，所要传递的信息载体也未能扩散到国外文化语境中的受众中去。又如，不少公共标识牌都有“小心滑倒”“小心碰头”等提示。这两个警示牌的英语译文也常出现“Slip and fall down carefully”以及“Caution，put head against the wall”等字样。这样的字面硬译不但没能正确传达原文的警示信息，更会引起英语读者的误解，恰当的译法应当为“Mind your step”和“Mind your head”。再有，省会郑州一些显著的站点名称译法也有待改进，“二七广场站”的标牌上出现有“Erqiguangchang”“Erqi Square”和“Erqiguangchang South”，“郑州东站”的标牌上有“Zhengzhou East Railway Station”和“Zhengzhoudong Station”，“医学院”站译文为“Yixueyuan”。

这样混乱的翻译显然不是对外国朋友的友好提示，而只会误导读者、贻笑大方。面对此种传播不畅的局面，我们一方面要培养高素质的翻译人才，传播中原文化的译者不但要具有娴熟的翻译技能，还要有翻译从业人员的责任感、使命感，如此，才能确保中原文化对外传播的语言使用规范、表意流畅；同时对于翻译的译文，也应该采用美学、传播学等观点和角度进行审视校阅，制定出相应的评价标准和准则，以提高翻译质量，确保载体信息能够顺利传递。

三、结　语

本文以我省对外文化传播中存在的翻译问题为切入点，在传播学和翻译相结合的全新研究视角下，把中原文化对外传播的过程分为三个层次：其一是传播者和接受者之间，即中原文化与国外文化之间的传播；其二是传播者和媒介之间，即中原文化与译者之间的传播；其三是媒介和接受者之间，即译者与国外文化之间的传播。在理清以上“翻译—传播”链条的基础上，重点分析每个环节存在的问题和弊端，并提出切实有效的应对策略和改进方法。同时，在解决翻译和中原文化对外传播问题的过程中，本文也提出了开展对外翻译的一些新思路和想法，有助于翻译工作者在履行对外翻译的任务时，丰富翻译理念和认识，更好地完成本职工作。同时，为他们挖掘自身潜力，创造出更优秀的对外文化交流成果有重要的参考价值。

中原文化的对外传播离不开对外翻译。得体的对外翻译，有利于顺畅高效地把中原文化传递到国外文化语境中去，有利于中原文化与世界文化的交流和融合，有利于提升河南的国际形象和认可度，对推动河南软实力建设有重要意义。

参考文献

[1] 高宪春. 对外传播讲好中国故事的"五化"原则[J]. 中国记者,2015(6):104-105.

[2] 国务院. 国务院关于支持河南省加快建设中原经济区的指导意见[EB/OL]. [2011 年 10 月 07 日]. http://www.gov.cn/zwgk/2011-10/07/content_1963574.htm.

[3] 靳爱心. 河南文化对外传播翻译的地位和作用[J]. 作家,2013(16):185-186.

[4] 刘立胜. 中原文化典籍英译与翻译人才培养研究[J]. 中州大学学报,2013(10):76-79.

[5] 罗兰京子. 中原文化跨文化传播策略分析[J]. 牡丹江大学学报,2014(12):150-151,155.

[6] 任中云. 中原文化跨文化传播现状及对策研究[J]. 天津商务职业学院学报,2014(5):82-84.

[7] 王宁. 全球化时代的文化研究和翻译研究[J]. 中国翻译,2000(1):10-14.

[8] 王平. 从龙文化和"龙"的英译看中华民族的复兴与国际形象的重塑[J]. 学术交流,2007(10):42-45.

[9] 吴圣刚. 论中原文化生态及其生成规律[J].信阳师范学院学报(哲学社会科学版),2009(1):111-114.

[10] 新华网. 习近平强调:努力把宣传思想工作做得更好[EB/OL]. [2013-08-20]. http://www.gov.cn/ldhd/2013-08/20/content_2470599.htm.

A Communicative Perspective of Translation Strategy in Foreign Translation of Central Plains Culture

Abstract: Translation serves as a medium of communication between different cultures and plays a crucial role during the process of international communication of central plains culture. The foreign translation of central plains culture, from a new perspective of communication and translation, falls into three stages, namely, communication between central plains culture and foreign culture, communication between central plains culture and the translator, and communication between the translator and foreign culture. By analyzing the problems in each stage, it is to conclude that the foreign translation of central plain culture should take into account different cultural backgrounds, enhance communication within central plains culture, and improve foreign translation quality, and in doing so, to guarantee an effective communication, increase the influence, and promote the "step out" of central plains culture.

Key words: Central plains culture; foreign communication; translation strategy

（张静文　上海政法学院，王建文 上海外国语大学）

下篇　语言文化与传播

古诗词文本蹿红中的中国集体身份认同

马景秀　汤仁彬

摘　要：在多重话语逻辑与多元价值竞合的世界传播格局背景下，中国大众传播中的古诗词文本凝聚国人的集体身份认同。便捷的图片分享与短视频传播使得大众传播内容趋向碎片化、离心化、庸俗化，而古诗词文本因其精英性、权威性、流行性，一方面诉诸共情向心力，制衡碎片化传播的离心趋势，唤醒文化记忆、构建文化认同；另一方面诉诸美的感召力，制衡传播内容庸俗化的现状，使转型为媒介使用者的受众从诗词的愉悦体验中，锐化对中国传统文化的认同。在电视广播、网络视频的多模态传播的辅助下，古诗词文本回归口头媒体，在广泛诵读传唱中黏合情感与话语联盟，成为中国当下集体认同所共享的文本基础。

关键词：古诗词文本；集体认同；共情

一、引　言

一首孤独了300年的小诗《苔》迅速爆红，惹亿万观众泪目；一曲《别君叹》经由陕西方言全新演绎，一夜之间刷爆朋友圈。古诗词文本穿越时空，成为当代中国集体认同的共享文本。任何一种古代文本在当代社会的大规模大范围流行都是非同寻常的传播事件。一个显著的历史先例是 14 到 16 世纪的文艺复兴，原由阿拉伯人保存的中古代希腊、罗马文本被翻译成拉丁文，在欧洲广泛传播与流行。不同于文艺复兴，当下中国古诗词文本的重新流行有其独特的时代背景与传播意义。

需要说明的是，本文所关注的“文本”(text)是一个语言学概念，表示以文字或话语形式呈现的传播内容或载体，区别于大众传播中广义的“配乐、镜头、画面景别、现场人物的动作语言表情”(苏敏哲，2017：17)等文本所指。在科技赋权受众转型为媒介使用者的网络和新媒体传播时代，图片分享、短视频传播、以浏览量取胜成为大众传播的常态，以文字为载体的书面文本正在式微，传播内容和文本趋于碎片化、离心化、庸俗化。为了凝聚文化体系，与客观上需要一种对抗传播碎片化、庸俗化、离心性的向心力量。在这种背景下，古代诗人—古代中国知识精英和思想精英—的文本重新活跃和迅速蹿红，成为当下中国传播生态的一种非同寻常的文化现象，有助于我们重新审视文本——尤其是经典的书面文本，如本文关注的古诗词文本——在读图时代和视频传播时代中不容忽视的意识形态功能。

在本文作者搜索资料的过程中，发现有关中国古诗词热播的传播研究目前主要局限于国内学界，尚未引起国际研究界的关注。CNKI 数据库中的相关文献倾向将古诗词诵读传唱作为一件成功的媒介策划节目进行颂扬，或作为一档高品质的文化节目以分析其创意策略(余海龙，2018；阚兆江，2018；贾月，武煜，2016)、或作为文化传播的成功案例探讨其对传统文化的弘扬(吴剑，2017；徐丽娜，2017)。上述文献将古诗词类综艺节目的蹿红主要归因于国家文化政策的主导和国有媒体的策划，鲜有聚焦文本或话语层面，从学理层面挖掘古诗词文本蹿红的深层原因。

古诗词类综艺节目的热播难道只是媒介所呈上的又一场大众视听狂欢？什么样的文本特质导致了古诗词传播的成功？古诗词文本蹿红在意识形态层面有何价值？为了回答上述问题，本文将从传播学、修辞学的视域中，考察古诗词文本在当代中国大众传播中的流行，分析其文本特征和运作机制，论述古诗词文本如何成为凝聚当代中国集体认同的共享文本。

二、古诗词文本的蹿红

不可否认,古诗词文本的复兴与流行的先行条件是国家职能部门的主导、国有媒体的策划和传播。2016 年年初,《中国诗词大会》开始在中央电视台播出。2017 年年初,中共中央办公厅、国务院办公厅正式发布《关于实施中华优秀传统文化传承发展工程的意见》,提出“要善于从中华文化资源宝库中提炼题材、获取灵感、汲取养分,把中华优秀传统文化的有益思想、艺术价值与时代特点和要求相结合,运用丰富多样的艺术形式进行当代表达,推出一大批底蕴深厚、涵育人心的优秀文艺作品。”(人民网) 这是首次以中央文件形式专题阐述中华优秀传统文化的传承发展工作。在此引导下,国有媒体继续策划和制作《……诗词大会》,并于 2018 年年初推出《经典咏流传》等古诗词诵读传唱类综艺节目,在电视和网络平台持续热播。

虽然在传播内容生产层面,国家能推动、主导古诗词类节目的策划和传播,但古诗词节目的热播以及由此引发的古诗词文本的蹿红,却不能简单地归因于国家行政意志。央视网的数据显示,前三期《中国诗词大会》节目累计观众规模达 7 627 万,全网收视次数超 4 250 万,微博话题阅读量超 1.7 亿。可见,古诗词类节目的热播以及古诗词文本的蹿红,得益于民间广大电视观众和媒体用户的喜爱与支持。也就是说,尽管古诗词传诵类综艺节目由国家主导和推行、由国有媒体从上而下地策划和制作,但古诗词节目蹿红的传播效果却需要全国范围内大众的积极参与、热忱应和,因此,本文将古诗词文本在大众传播中的蹿红作为一件成功的传播事件——而非单纯的行政策划事件——加以考察。

在中华民族五千年的浩瀚话语宝库中,各种经典话语资源异彩纷呈,为何唯有古诗词文本能被成功挪用到当下中国传播生态中,成为大众传播中广受关注与欢迎的话语资源?本文作者认为,一方面,古诗词文本的精英性、权威性、流行性,使它脱颖于其他经典话语资源成为大众传播中的共享文本;另一方面,古诗词文本由无声的书面形式回归口头传播形式,焕发出巨大话语活力。

(一)古诗词文本的精英性、权威性、流行性

首先,古诗词文本具有精英性。中国诗歌学会秘书长张同吾认为,诗歌的

一个重要关键词是“精英”(王优雅,2018:19)。作为中国古典文学的瑰宝,中国诗词以其独特的表达方式、鲜明的文字特征、凝练的语言体系展现出雅俗共赏的文学魅力,记录、反映着当时人类的心态和精神面貌,是中华优秀传统文化最杰出的代表。古诗词文本的精英性不仅体现在其极高的文学价值,还体现为“诗人”这一文化精英之儒雅、灵性、唯美的意象与人格魅力。古诗词作为精英文化的一种,表达中国传统文化精英的审美趣味、价值判断和社会责任,吸引大众的关注、追随与热捧。

其次,古诗词文本具有权威性。古诗词文本权威性表现之一是它不可以被改变。当人们传诵古诗词文本时,不能改变诗词的原文,必须一字不差地诵读。即便在当代,受众正在转型为媒介使用者,可以创造和上传各种图像和视频文本,他们也不可以成功更改已经存在的古诗词文本。如 Borg 所论述:“权威文本一般是在过去形成,并与这一段历史有着解不开的联系。它自带权威,要求受到被引用的尊敬,即被记住、背诵。它是静态的,可以被接受或被否定,但却一直保持不变。”(Borg,2004:195 - 196)。正是因其“不可被改变”,古诗词文本具有权威性,它形成于数千年的中国历史文明之中并流传至今,蕴藏着悠久中华文化意象与价值,成为中国文化和文学中的经典文本,自带权威,享有被人们准确记忆和引用的敬意。

古诗词文本权威性表现之二是它强调感受、模仿与传承,却不鼓励分析与解构。古诗词赏析旨在帮助人们如何更好地感同身受古诗词文本所传达的情感与意境,而无意于解构和破坏这种情感与意境。因此,即便在解构主义浪潮在全球范围内迅猛冲击理性主义的今天,即便在技术赋权、受众在网络和社交媒体上获得相当传播主动性的当下,人们还是自愿服从古诗词文本的权威性,在模仿中吟唱,在融合中传承。

再次,古诗词文本具有流行性。古诗词传播在很大程度上通过吟唱来表现,在古诗词被创作伊始,就“倚赖于人们的和乐而歌、浅斟低唱、口耳相传”(赵颖,2014:95),例如乐府诗词、元曲等本身就是为吟唱所创作。现代的流行音乐人也会为古诗词文本编曲并传唱为流行歌曲,如人们耳熟能详的《水调歌头·明月几时有》由王菲传唱、《满江红》由屠洪刚传唱,并一度在流行歌坛走红。现代印刷业的发展也给诗词的传播带来极大的便利,各种诗词集和读本的出版使得古诗词文本广为流传、家喻户晓。在当下，由国有媒体策划和制作的《中国诗词大会》《经典咏流传》一次次热播，使古诗词文本在广播电视、网络视频中被广泛传唱诵读，这种大范围的群体诵读传唱的传播方式，推进并巩固了古诗词文本在当下中国的蹿红。

（二）回归口头媒体——诵读的力量

长期以来，被奉为文学经典的古诗词文本在经历了创作初期的口耳相传后，逐渐以书面文字的形式被记录和保存。书面文字作为一种记忆媒介，几千年来在文化传播中占据着优势地位，借助文字的书写、记录和表意功能，人类将传统文化、经验、知识持久地固定下来，使思想得以保存和积累。然而，书面文本是无声、静止、惰性的。在书面形式的传播模式下，古诗词文本的传播和消费局限于文人雅士的书斋几案，只有少数受教育的知识分子才有机会诵读诗词。因此在漫长的中华历史中，古诗词文本以及其中的经典意象、情感、思想等默默隐于书面典籍，不易与当下鲜活的生活场景和大众传播发生直接联系。

只有广泛流通于大众传播中，古诗词文本才焕发出活力，成为一场大众积极参与的媒介盛宴与狂欢。由国家主导、由国有媒体策划的古诗词诵读传唱节目，使古诗词文本由书面形式回归口头传播，并迅速蹿红。相比较无声的书面文本，“发声的文字鲜活而强大”（Haynes，1988：77），因此诵读是有特殊的话语力量的话语传播方式，它唤醒古诗词文本中沉睡的意象，使文本从静态转为动态，从惰性转为积极。“原本只是口耳相传、书本记录的诗词，在咏唱之下，变得生机勃勃”（王若子&郑石，2018：60）。不可否认，古诗词文本有两个适宜诵读的特质：其一，诗歌的节奏、韵律、对仗等风格特征、使古诗词朗诵朗朗上口、在诵读中产生音韵美感；其二，古诗词文本所长于宣泄的典型场景——离别、思念、咏叹、劝诫等—跨越时空，不断重复，适于被今人引用诵读以抒发情怀。

当下中国大众文化中的古诗词文本流行，是由私人领域的口耳相传走向公共领域的全民诵读传唱。诵读原本是一种口耳相传的传播模式，它有真切、精准、私人的特性，但一般发生在小范围的人际传播中。然而在当下中国大众传播生态中，古诗词文本在全国范围内被诵读传唱：各级学校组织的古诗词诵读活动、各类升学考试增加的古诗词测试内容、领导人讲话中引用古诗词文本、中央电视台大厨房提供的诗词诵读盛宴，都使广阔的中国社会群体被集体吸引并陶醉于古诗词文本之中。古诗词文本诵读不再局限于口耳相传的人际传播，而是成为举国上下的多平台、多层次、有组织的传播。

值得注意的是，与古代的口头诵读、口耳相传模式不同，当下的古诗词文本的口头传诵得到了广播电视、网络手机等新媒体技术的多模态传播扩散。与平面媒体相比，广播电视和网络新媒体的传播形式更加丰富，综合运用多模态传播方式——声音、图片、舞蹈、动作、乐器等，营造出优美的意境，极大地愉悦了我们的视听感官。《…诗词大会》《经典咏流传》等古诗词诵读和传唱的综艺类节目就是多模态传播所呈上的电子媒介盛宴，一而再、再而三地催生古诗词文本诵读传唱的媒体热播事件，使古诗词经典文本在话语狂欢中迅速蹿红。

三、古诗词文本与身份认同

当代大众传播的一个特征是它不再局限在一个特定文化体系内，而是频繁受到国际传播的冲击和影响。全球化传播使多重叙事框架、多种话语逻辑逐渐渗透入国内大众传播，价值的多元竞合使维持文化体系的集体身份认同面临挑战。与此同时，图片和视频制作技术的普及使原本被动的受众正在转变为积极的媒介使用者，传播载体正在由文字为主转向图片与视频为主，传播的形式、内容和渠道趋向个人化、碎片化、庸俗化。这种离心趋势的大众传播难以凝聚文化体系，难以满足文化体系构建集体身份认同的现实需求与政治诉求。在这种语境中，古诗词文本的蹿红看似是逆流而上，实则是因势利导。不可否认，古诗词文本的蹿红得益于国家行政层面的主导和国有媒体的策划；然而在传播层面，古诗词文本蹿红的深层原因在于它能在全球化传播冲击中提供凝聚和维护文化体系认同的向心力，积极应对图片、视频文本等碎片化传播的离心趋势和庸俗化趋势。

我们可以在美国新修辞学家肯尼斯·伯克的修辞学框架中考察古诗词文本如何成为向心的凝聚力量。肯尼斯·伯克(1969)认为，传播情境中的个体或群体由各种“实质”(substance)或特质构成，实质是传播中个体所共享的核心相似点，也是定义他们的基本要素，具体表现形式可以是不同的语言、职业、行为、信仰、价值观等。寻找共同的“实质”，是弥合隔离、达成沟通的重要途径。

在构成认同的各种实质中，语言是达成认同的最重要途径之一，同文同种使文化体系认识并界定自我。本文所聚焦的古诗词文本，就是这样一种以中国特有的语言形式为载体、凝练传统文化精气神的共有"实质"，在大众传播中粘连受众、形成集体身份认同。

首先，诗词文本"实质"表现为它所表征的人类普遍意识。诗人不仅是灵性的体现，更是人类与宇宙交集的协调者，他在文本中所传递的是人类存在的普遍性。具体在中国情境中，古诗词文本的"实质"是传统中国文人所感悟和表现的生存状态与意识："人与自然和谐统一的'和'之审美境域"（李天道，2015：11），其审美意象的生成是主体感悟、情绪与思想的投入。黑格尔认为，"（诗歌）语言是为他人存在的自我意识，这种自我意识如此直白地被表达，不仅是个人的自我意识，还是普遍的自我意识"（转引于 Gorban，2014：319）。"从传播的角度来看，共享的意识——共有的参照框架或赋予事件以意义的经验关联的汇总——在全国范围内出现，是一种非同寻常的现象。它展示了一种大大强化了的无误解的沟通能力"（Haynes，1988：75）。正是这种"大大强化的无误解的沟通能力"，使得人们自觉被古诗词类综艺节目所吸引、认同古诗词文本所表达的文学体验，并在这种共享的认同中彼此相连。

在古诗词文本的复兴中，社会群体聚集在文本所构筑的"普遍的自我意识"这一共享实质之中，形成赋予事件意义的共享的参照框架，产生共鸣、引发应和、促动传承。这一过程模糊了个体差别、强化了共性，尤其在现代社会，人们不得不日复一日面对个体之间的差异、遭遇各种不同的观点和视角，古诗词文本则以其共享的认同和意识框架，暂时消弭了个体差异，传达正面的社会情感价值体系，再次将个体粘合成为情感高尚的文化共同体。因此，古诗词文本中的慷慨婉约、悲欢离合不仅是诗人一己的感受体验，也是一个个社会主体所切身体验、感同身受的情感与经历。正是通过投射出我们共享的集体文化意象与意境，古诗词文本加固我们集体身份认同的"同体"（Burke，1969）——由共享某种"实质"的人们构成的社团黏合与话语联盟。

其次，古诗词文本的"实质"意味着它是一种既定的、不可改变的认同。作为传播主体，人们策划节目，编排过程，似乎能掌控传播的各个环节，而本文则认为，传播中的主体虽然能自由选择传播文本，但这种自由选择却被明确局限在文本所提供的一定范围中。从历史的角度纵向考察，我们发现传播中的经典文本——如本文所关注的古诗词文本，具有相对独立于甚至高于传播主体的地位：具体的传播主体会经历生老病死，作为经典的古诗词文本则将持续存在并世代流传。如前所述，古诗词文本因其不能被改变而具备权威性，传播主体虽能挪用却不能篡改古诗词文本的具体形式。在这一意义上，传播主体并不是古诗词文本传播的主宰，而是文本传播的使徒。可以预见的是，在文化体系内，即便古诗词文本所传播的时间和区域发生变化，古诗词文本自身还是会继续维持它的权威性、不容许被篡改，也就是说，古诗词文本所代表的既定认同可以超越时间和区域的藩篱，这使得古诗词文本所代表的认同获得极大的稳定性。诚如扬·阿斯曼(2015:51-52)所言：

假如巩固群体身份认同的知识没有存储于文字中的可能性，那么它只能存储于人的记忆中。这类知识要实现其在构建统一体、提供行动指南方面(即规范性的和定型性的)的推动力，就必须首先具备这三个作用：存储、调取、传达，或是说是：诗的形式、仪式的展演和集体成员的共同参与。要以稳固持久的方式将巩固认同的知识保存下来这种记忆术上的诉求，最先促成了诗的出现，这似乎是众所周知的事情。同样为我们熟知的是，这种知识需要以多媒介展演的形式得到展示，在这种展演中，文字文本被植入到声音、身体、面部表情、肢体动作、舞蹈、旋律和仪式行为中。对我来说，这其中的第三点是最重要的：集体成员的共同参与。

古诗词文本在大众传播中的流行具备杨·阿斯曼所提出的三个条件——诗的形式、仪式的展演和集体成员的共同参与，使古诗词文本所代表“实质”——即杨·阿斯曼所说的“巩固群体身份认同的知识”——得到强化，凝聚为我们的文化记忆与身份认同。受众往往是自己所反复大量接触到的文本的产物。在很大程度上，沉浸于某一种文本中，会产生某一种文本主导的受众群体，正如人们长期沉浸在某种专业文本中，同样会形成各个专业的分类群体。在很大程度上，个体的社会化由其所支持并共享的文本来定义——支持并传播何种文本，决定了个体将习得并凝聚何种集体身份认同。在古诗词文文本的复兴与蹿红中，我们反复沉浸在古诗词文本中，成为古诗词文本的重复者、支持者甚至是被造就者。我们的文化记忆被唤醒、集体身份认同得到锐化与巩固，不仅在纵向维度重新与理想的传统中国文人意象连结，更在横向维度在各个社会个体中产生连结，形成相对稳定的集体形象认知与集体身份“同体”。

四、古诗词文本如何凝聚集体认同

古诗词类综艺节目热播使古诗词文本通过全国范围的诵读传唱成为当下中国大众传播生态的共享文本。值得注意的是，古诗词文本不仅决定了传播的内容，更为受众规定和预设了基于传统文化和意象的社会认知框架。一个有力的证据就是古诗词文本在中国文化中长期承担的“诗教”传统与功能。孔子曰：“入其国，其教可知也。其为人也，温柔敦厚，诗教也。”（李瑞卿，2017）也就是说将诗词用作教材能够增进文学修养、陶冶性情、提升社会整体素养。诗歌的教化功能通行于世界，西方圣贤亚里士多德也认为“诗歌的实用价值在于它的布道或宣传功能，在于它能影响世界中存在的方式”（Poulakos，2007：341），并由此认为诗歌与以“劝服”为核心的修辞之间有着共同关注点。在当下大众传播语境中，古诗词文本的传播内容兼具经典文化传承和社会意识形态重塑的功能，在潜移默化中深刻影响着人们的认知、态度与行为，在大众传播中凝聚当下中国的集体认同。

美国修辞学者 Barry Brummett（2019）认为，当我们将伯克修辞思想中的“实质”的英文拼写“substance”分解为“sub-”（之下）、“-stance”（立场），可以获得对古诗词文本作为共享“实质”的另一个洞见：古诗词文本支撑在受众群体“之下”，为群体所共享，并使群体得以形成一种集体身份认同的“立场”。在中国当前大众传播体系中，古诗词文本成为黏合集体文化认同的文本基础，一方面通过共情向心力凝聚受众，另一方面诉诸美的愉悦体验以感召受众。

（一）古诗词文本以共情向心力凝聚受众

古诗词文本以其既定身份认同，加固当代中国集体认同，首先仰仗的是它的共情向心力。情感是人类社会的一个基本组成单元，可以说，人类的独特特征之一就是在形成社会纽带和建构复杂社会结构时对情感的依赖。因此，人类社会不仅靠理性、法律和道德层面的约束来维系，同时还依靠情感关系来维系。从媒介的社会责任来看，大众传媒在激发情感能量、传播正确的情感价值观、构建社会情感体系和情感文化方面发挥着显著的作用(王优雅,2018:37)。

诗词以情动人。作为一种文学产品,古诗词文本的实质是作者情感观念的一种表达,诗人在进行创作的同时,也是情感宣泄的过程。从《诗经》到楚辞、汉赋、乐府再到唐诗、宋词,古诗词以其独特的表达方式、鲜明的文字特征、凝练的语言体系记录、反映着当时人们的生活、心态和精神面貌,将诗人所描述的亲情、友情、爱情等情感体验传递给大众。例如,王优雅(2018)归纳了古诗词文本中传达的六种典型情感:以山水田园诗词为文本,传播热爱生活之情;以边塞羁旅诗词为文本,传播爱国之情;以送别怀远诗词为文本,传播友情;以思亲怀乡诗词为文本,传播亲情;以相思诗词为文本,传播爱情;以毛泽东诗词为文本,传播革命豪情。法国著名社会学家涂尔干指出,社会的发展和延续都需要定时培养和强化大众的集体情感与集体意识,广泛认同的情感意识有利于社会稳定性的建立以及人格精神的统一。这种情感意识的构建往往是在某种特定的场合之中,通过聚合、聚集的形式来实现,作为独立个体存在的个人在这些特定的场合中被紧密地联系成一个整体,进而加深他们的共同情感(王优雅,2018:39-40)。

当我们所经历的一些人生场景,能在古诗词找到简约而优雅的表达,我们就能在古诗词文本看到自己意象与心像的投射,并由此形成一种古今联系、隔空唱和的文化共鸣,使我们心悦诚服地接受古诗词文本作为我们精神体验与情感表达的代言,进而接受古诗词文本成为界定我们文化身份认同的"实质"。当个体欣赏古诗词文本并沉浸其中时,个体的特质和差异被暂且搁置,不约而同为诗词中所描述的文学意象和意境所吸引。当读到并品味"孤舟蓑笠翁,独钓寒江雪"时,个体不论男女、老少、职业、衣着,都可能将自己等同于那个不畏逆境、超然物外、在风雪中独自垂钓的形象;一句"苔花如米小,也学牡丹开",简练地表达了相对弱势群体——儿童、边缘人士等,对美好生活的向往和梦想。在古诗词传诵节目的热播中,古诗词文本所传达的情感与我们的人生感悟应和、交融,叩开了无数国人的心扉,个体亦在古诗词文本的诗歌之镜中找到了自己的投影与意象,看到了自己的存在。

(二)古诗词文本诉诸美以感召受众

古诗词文本行使占主导地位文本的权威,不是通过行政推动或武力挟持,而是通过诉诸美以感召受众。我们认识到，在技术赋权媒介使用者的传播时代，哪一种文本能成为大众传播生态中的主导性文本，不再可能来自由上而下的强制规范，而是要依靠转型为媒介使用者的受众对文本产生发自内心的喜爱与认同。诗人是美学传播的大师(Gorban，2014：318)，善于通过语言运用建构唯美的意象和意境。古诗词作为中国传统文化的精华，展示了人性之美的丰富维度。古诗词文本中的人性之美或豪放，如岳飞的《满江红》；或婉约，如李清照的词；或忧国忧民、或儿女情长；或喜庆欢欣、或离愁别恨；或忘情于山水田园、展示天人合一之美。由中央电视台科教频道自主研发的大型电视文化节目《中国诗词大会》，其创办宗旨——“赏中华诗词、寻文化基因、品生活之美”，体现了以古诗词文本之美感召受众的目的，力求通过对诗词知识的比拼及赏析，带动大众重温经典诗词，分享诗词之美，感受诗词之趣。

诗词文本以其优美的意象意境、悠扬顿挫的音韵节奏，为受众提供愉悦。当古诗词文本所包含的愉悦美感为人们所接受和共享，就成为一种凝聚受众的强大力量，在集体身份认同上形成伯克修辞学所描述“同体”。通过以美的愉悦体验为感召力，古诗词文本成功地唤醒文化记忆、加固我们的集体文化身份认同。正因为古诗词文本诉诸美的感召以凝聚受众，古诗词文本的蹿红可以被看作是一起典型的修辞事件——凝聚社团黏合、形成情感和态度的联盟。值得注意的是，古诗词文本不是依托传统修辞学的论辩来实现“劝服”或“操纵”，而是使受众沉浸于文本之美而心悦诚服，在美的感召力面前不“劝”而“服”。因此，一个评估大众传播修辞效度或传播效果的新思路是：考察文本或传播内容能有多大的潜力或能力创造“美”的体验以凝聚受众的认同。

五、结　语

在与图片视频等大众传播载体的竞争与张力中，文字文本呈现出式微的趋势；在价值多元的世界传播格局中，中华文化的延续与复兴面临挑战。面对上述困境，古诗词文本的蹿红在当下中国大众传播中提供了一种抵御碎片化离心传播的向心力量，表明中华传统话语资源可以被成功策划与挪用，以唤醒国人的文化记忆、凝聚并加固集体身份认同。

"所有的人类文化都必须在它们自己的现实中成为主角"(Asante,2010:49,转引于三池贤孝,2013:19)。如何复兴本民族经典话语资源中的历史记忆,使之成为凝聚当代集体身份认同的有机组成部分,是一个崛起中的国家民族需要应对的重要课题。经济发展使我们展翅翱翔,传统文化和文本却是我们定义自己的文化根基,以古诗词文本为代表的中华文化沉淀在大众传播中展现出强大的传播力、凝聚力。因着古诗词文本的精英性、流行性与不可更改的权威性,诗词文本所产生的共情体验与美感被完好保存在文化体系中,超越了时间和地理的限制,不仅可以彼时彼地为诗人所感受,也可以在此时此地为我们带来情感共鸣与美的愉悦体验。可以预见的是,古诗词文本的情感与美的感召力将跨越时空,为一代又一代的中国读者带来愉悦的诵读体验,以共情力与美的感召力凝聚一代又一代中国人的集体身份认同。

参考文献

[1] Borg, E. *Internally persuasive writing in Fine Arts Practice* [J]. Art Design & Communication in Higher Education. 2004, Vol. 3 Issue 3, 193 - 210.

[2] Brummett, B. *What is the Rhetorical Basis for Communities of a Shared Future?* [A]. Keynote speech delivered at the Second International Rhetoric Symposium, Shanghai, 2019.

[3] Burke, K. *A Rhetoric of Motives* [M]. Berkeley: University of California Press, 1950/1969.

[4] Gorban, P. *Poetic signification and communication* [J]. International Journal of Communication Research, 2014, Vol. 4 Issue 4, 317 - 323.

[5] Haynes, W L. *Of that which we cannot write: some notes on the phenomenology of media* [J], Quarterly Journal of Speech, 1988, Vol. 74 Issue 1, 71 - 101.

[6] Poulakos, J. *From the Depths of Rhetoric: the Emergence of Aesthetics as a Discipline* [J]. Philosophy and Rhetoric, 2007, Vol. 40, No. 4, 335 - 352.

[7] 顾晓. 多屏时代传统谈起文化传播的创新路径研究——从《中国诗词大会》第三季收视率[J]. 新闻爱好者,2018(11),91 - 93.

[8] 贾月,武煜. 原创文化类节目《中国诗词大会》的多元创新思考[J]. 现代传播,2016(12):156 - 157.

[9] 李瑞卿.《诗》可以观:审美洞察与文艺教化[N]. 中国社会科学报,2017 - 11 - 23.

[10] 李天道. 中国古代诗歌美学思想研究[M]. 北京:中央编译出版社,2015.

[11] 阚兆江. 抒时代之豪情 聚筑梦之伟力——从《中国诗词大会》谈文化传播的创新之路[J]. 中国广播电视学刊,2018(5),10 - 13.

[12] 三池贤孝. 文化传统和传播理论:廓清亚洲中心范式[A]. Symposium on Indigenous Scholarship. China Media Report Overseas, 9(1), 2013.

[13] 苏敏哲.《中国诗词大会》的文本分析——以第二季第二集为例[J]. 电视指南, 2017(14),17 - 18.

[14] 王若子,郑石.《经典咏流传》对文化记忆与历史记忆的传播[J]. 出版广角,2018(24): 58 - 60.

[15] 王优雅. 我国古诗词文化的电视传播研究——以《中国诗词大会》为例[D]. 郑州:郑州大学,2018.

[16] 吴剑. 浅谈电视节目的主流文化价值传播意义——《以中国诗词大会》为例[J]. 电视指南,2017(9),20.

[17] 徐丽娜.《中国诗词大会》的文化价值和传播价值[J]. 新闻战线,2017(15),109 - 111.

[18] 扬·阿斯曼. 文化记忆:早期高级文化中的文字、回忆和政治身份[M]. 金寿福,黄晓晨,译. 北京:北京大学出版社,2015.

[19] 余海龙. 浅析电视文化类综艺节目创新发展之道——以央视《中国诗词大会》为例[J]. 新闻研究导刊,2018(9),220 - 221.

[20] 赵颖. 简析现代文化背景下古诗词的传播[J]. 视听,2014(1),94 - 96.

[21] 人民网:关于实施中华优秀传统文化传承发展工程的意见[A]. [2018 - 01 - 23]. http://politics.people.com.cn/n1/2017/0126/c1001 - 29049653.html.

Collective Identification in the Surging Popularity of Ancient Chinese Poetic Text

Abstract: In present global communication characterized by the co-existence and competition of multiple discourse logic and plural values, the surging popularity of ancient Chinese poetic text in mass communication contributes to Chinese collective identification. When the skill of sharing pictures and shooting video has empowered media users, communication content tends to be fragmented, decentralized and vulgarized. Boasting of elitism, authority and popularity, ancient Chinese poetic text, on the one hand, exercises emphatic centralization power to counterbalance the decentralization of fragmented communication, so as to awaken cultural memory and construct cultural identification. On the other hand, ancient Chinese poetic text resorts to aesthetic appeal to counterpoise the vulgarization of communication content. It is in the aesthetic pleasure of appreciating the beauty in ancient poetic text that audience develop a distinct identification with traditional culture. Communicated via broadcasting as well as internet and new media, ancient Chinese poetic text returns to oral communication and achieves surging popularity through large-scale recitation and singing, builds emotional solidarity and discourse alignment, and is shared as textual basis of contemporary Chinese collective identification.

Key words: ancient poetic text; collective identification; empathy

（马景秀，汤仁彬　上海外国语大学新闻传播学院）

汉语英源外来词和英语汉源外来词之对比研究及跨文化解读与反思

骆明琼

摘　要：语言是文化的载体。在全球化不断深入的背景下，不同国家、不同民族的文化之间相互影响、相互渗透，最直接的表现之一就是外来词语的出现。本研究首先梳理概括了现代汉语中的英源外来词和现代英语中的汉源外来词在译介方式、同化过程、数量以及词义的文化内涵等4个方面各自的特点，并对这些特点进行对比，指出其异同点。此后，文章以不同历史时期中国和英美等西方国家之间的社会文化交流为背景，指出两种语言中外来词的各种特点正是当时中西方社会文化交流特点的忠实反映。文章最后通过反思指出了本研究的发现对今后我国对外文化传播的意义，并指出了研究本身的不足之处和改进的方向。

关键词：汉语英源外来词；英语汉源外来词；跨文化对比

一、引　言

语言是文化的载体。随着全球化的发展，世界各国之间的经济文化交流逐渐深入，不同国家、不同民族的文化之间相互影响、相互渗透，最直接的表现之一就是外来词语的出现。外来词是相对于本族词语而言的。史有为(2013)把外来词分为广义和狭义两种。狭义的外来词仅指语音和语义均借自外族语词的词汇，而广义的外来词还包括意译词，即语音不同但语义源自外族语词的词汇。由于外来词不仅承载着外国的语言文化，而且凸显了本族与外族在文化、历史、社会等各个方面的交流与融合，因此研究外来词不仅可以让我们了解两种语言之间的兼容方式，还可以让我们了解两个国家两个民族在特定历史时期、在社会文化各领域之间的交流与融合。

本研究旨在通过对比现代汉语中的英源外来词和现代英语中的汉源外来词在译介方式、同化过程、数量以及词义的文化内涵等方面的差异，对两种文化之间的双向交流特征进行初步的梳理概括，并参考中国和英美等西方国家之间在不同历史时期的社会文化交流情况尝试对这些特征进行解读和反思，以期为我国的对外传播工作提供有益参考。

二、汉语英源外来词和英语汉源外来词之对比

（一）译介方式及同化过程对比

就汉语中的英源外来词而言，其译介方式可大致分为五种。首先，全音译，比如咖啡（coffee）、克隆（clone）、比基尼（bikini）、巧克力（chocolate）等。此外，很多英语专有名词（包括人名、地名和商标、品牌名称等）都属于这一类。第二，音译加意译，比如**冰**淇淋（icecream）、因特**网**（Internet）、白金汉**宫**（Buckingham Palace）等。第三，音译加义注，比如艾滋**病**（AIDS），卡**车**（car），啤**酒**（beer），吉普**车**（jeep）等。第四，全意译，比如蜜月（honeymoon）、白领（white-collar）、蓝领（blue-collar）、管弦乐队（orchestra）、核磁共振仪（MRI scanner）、猕猴桃（Kiwi fruit）等，其中前 4 个属于仿译词，而后 3 个属于纯意译词。第五，字母词，比如托福（TOEFL）、雅思（IELTS）、NBA、CD、SARS、UFO等，其中前 2 个属于字母音译词，后 4 个属于纯字母词。

英语中汉源外来词的译介方式和汉语中英源外来词的译介方式类似，只是少了最后一种字母词，主要原因是汉字属于表意文字，而字母词为表音字母文字所特有。具体来说，首先，汉语词汇通过全音译方式进入英语，这类汉源外来词的数量最多，比如 kowtow（扣头）、mah-jong（麻将）、kongfu（功夫）、taichi

（太极）、Yin&Yang（阴阳）、zongzi（粽子）等。第二，音译加意译的方式，比如 the Yangtsi River（长江）、Shanghainese（上海人）、Cantonese（广东人/广东话）等。第三，音译加义注，比如 ginko nut（银杏果）、hoisin sauce（海鲜酱）、Tsingtao beer（青岛啤酒）、oolong tea（乌龙茶）等。第四，全意译，比如 mooncake（月饼）、chopsticks（筷子）、warlord（军阀）、“One country，two systems”（一国两制）、socialism with Chinese characteristics（中国特色社会主义）等，其中前三个属于仿译，而后两者属于纯意译短语。

汪榕培和常俊跃（2001）认为汉语词汇进入英语并成为其词汇的过程需要经过四个阶段，这四个阶段反映了汉语词汇在英语中的不同接受程度。第一阶段为初入阶段，汉语词以拉丁字母的形式被转录，并在某些场合得以使用，但有可能很快就被遗忘或替代。第二阶段为初步同化阶段。在该阶段，汉语借词的形式会发生变化，引起变化的因素可能是方言不同、语体不同、使用人的受教育水平不同等。此时可能出现多个单词表示同一意义的现象。比如 jiaozi-chiaotsu-dumpling-ravioli（饺子），zongzi-dumplings wrapped in reed leaves（粽子）。第三阶段为相当同化阶段。该阶段借词的一个重要特征是出现适应英语语法的形式特征，比如复数后加-s、简单的时态屈折变化等。最后为完全同化阶段，此时汉语借词在语音、语法（词汇屈折形式等）等方面和普通的英语单词相同，有不同词性的衍生词，语义也可能有所延伸。这类汉语词汇比较少，比如 confucius-confucian-confucianism（孔夫子—儒家的—儒家学说），silk-silky-silkily-silkiness-silken（丝绸—柔软光洁的—丝质柔滑—丝绸的）等。根据这一阶段划分标准，作者认为，目前多数汉语借词仍处于初步同化阶段，因为大多数没有语法屈折形式或衍生形式。

我们借鉴汪榕培和常俊跃（2001）的阶段划分方法，把英语词汇进入汉语的过程也大致分为初入、初步同化、相当同化以及完全同化等四个阶段。首先，在初入阶段，英语词汇完全以汉字的形式被转录，此时由于转录的标准不统一，同一单词可能被转录为不同的汉字组合，比如 20 世纪早期上海方言中的“康白度”“康百渡”“刚白度”“刚摆渡”等指的都是英语中的 comprador（买办）；“茄克”“夹克”等指的都是 jacket（夹克衫）。第二，在初步同化阶段，英源词按照汉语发音特点进行转录。此时由于方言、语体以及使用者的差异，借词的词形可能不统一，而且很可能被意译词所取代。比如，据邹嘉彦＆游汝杰(2003)统计，Internet一词刚被引入中国时有11种译法，其中“互联网”“国际网”在香港最常用，“因特网”“互联网络”“信息网”“交互网”等在北京最常用，“网际网路”在台湾地区最常用，“国际网络”在澳门最常用，“交互网络”在上海最常用，“讯息网”在北京和台湾都使用。第三，在相当同化阶段，用以转录英语词汇的汉字被固定下来，但在正式场合(比如报纸杂志上)使用时经常附加解释性词句。比如欧佩克(OPEC，即石油输出国组织)；托福(TOEFL，为上美国大学而进行的英语水平测试)，雅思(IELTS，全称为International English Language Testing System，由英国剑桥大学命题，英国、澳大利亚、加拿大和新西兰大学入学水平的英语运用能力考试)等。最后，在完全同化阶段，英源词的语音语义都已固定，在正式场合使用时不用附加解释性语句就可以被汉语母语者所理解，甚至使用者不会意识到该词是外来词。比如，大多数化学元素的名称都是音译外来词，但我们日常使用时几乎不会意识到其外来属性。这些阶段之间是连续统，而且进入完全同化阶段的词汇也有可能由于历史的发展而被弃之不用。

两相对比我们发现，判断英语中汉源外来词的同化程度时，词汇本身的语法屈折变化形式是比语音和语义更重要的标准，而判断汉语中英源外来词的同化程度时，语音和语义是最重要的判断标准。其主要原因是：英语是词汇语法屈折形式比较丰富的语言，单词的词汇化程度可以通过其语法屈折形式的丰富程度表现出来；而汉语词汇本身没有语法屈折变化形式，将英语词汇借入汉语句子中时只需考虑语音语义的合适性，不需要考虑语法形式的合适性。

另外，汉字本身有音形义结合的特点，即汉字的意义不仅可以通过发音表达，还可以通过字形来明示，比如汉字的偏旁部首很多都和其所指对象的语义相关。因此，将拉丁字母转录为汉字的过程中不仅可以保留单词的发音，还可以根据需要明示其(联想)意义。比如，bowling在英语中指的是一种滚球以击中目标的娱乐形式，借入汉语时译为“保龄(球)”，这一翻译既与该词的发音相似，而且增加了“可以保持年轻状态”的联想义。再比如Coca-Cola指的是一种含咖啡因的碳酸饮料，借入汉语时译为“可口可乐”，这一翻译既保留了单词的英语发音，而且增加了“美味且让人快乐”的联想义。这种既可以保留源语发音又可以明示(部分)意义的语言优势使英语进入汉语时更容易被汉语母语者所接受。值得注意的是，不是每个借入的英语单词都需要明示其意义，有时如果明示了反而会引起误解，比如 AIDS 在刚借入汉语时翻译为“爱滋病”，因为这时人们以为这种病仅通过两性关系传播，但后来科学证明该病也可以通过血液传播，因此现在改译为“艾滋病”，特地避免了和两性相关的隐含意义。目前很多英源外来词在译介时有意避免了汉字可能带来的隐含意义，尽量使用中性意义的汉字，以免引起错误的联想。

据此我们推测，汉源词真正成为英语词汇的“门槛”应该略高于英源词成为汉语词汇的“门槛”。

（二）数量对比

根据汪榕培、常俊跃（2001），英语中最早出现的汉源外来词是 silk，该词经丝绸之路通过拉丁语和希腊语于公元 888 年进入英语。也就是说，中国对西方的影响早在 1100 多年前就已经开始了。而据考证，汉语中最早出现英源外来词的时间则晚了许多，大约在公元 19 世纪，尤其是 19 世纪后期的“西学东渐”运动，大量涉及科学技术、军事、政治、历史、文学、音乐、哲学、经济、医学等领域的新词进入汉语，如“民主”“咖啡”“浪漫”“逻辑”“啤酒”“加农炮”“来复枪”“维他命”“酒吧”等。

有关英汉语中源自对方语言的外来词的具体数量则众说纷纭。史有为（2013）对《汉语外来词词典》（1984）所收汉语外来词进行了分类统计，其中英源外来词共有 3 426 个，其中还没有包括 20 世纪 80 年代后进入汉语词汇的英源词；于辉（2010）基于《现代汉语词典》（第 5 版）并结合了多本汉语新词词典以及外来词词典，收集整理了 300 个英源外来词；潘贵生（2018）基于 2013—2016 年《中国日报》英文版全文数据库收集整理了 548 个英源外来词汇，其中包含了多个字母词（比如 GDP，APEC，NBA，IMF 等）。

另一方面，Chan&Kwok（1985）对英语中的粤语（香港）借词进行统计，整理出 101 个汉源外来词；Cannon（1988）基于《巴恩哈特新英语词典》第一版（1973）和第二版（1980）以及梅里安《9，000 词》等词典进行统计，收集整理了总计 979 个汉外来词；曾泰元（2009）基于《韦式第三版新国际英语词典》进行统计分析，收集整理了 543 个汉源外来词；陈胜利（2014）基于《牛津英语词典》（Oxford English Dictionary，即 OED）网络版进行统计，收集整理了 394 个汉源外来词。

经过对比分析之后我们发现,以上数据之所以出入这么大,主要原因有两点:首先,数据的来源不同。具体而言,有的作者是基于普通的英语或汉语词典收集外来词(比如于辉 2010),而有的则是基于专门的外来词词典(比如史有为 2013),还有的作者是基于平面媒体收集外来词(如潘贵生 2018)。这三种来源的区别在于:普通词典和媒体只包含已经成为日常词汇的外来词,而外来词词典则会收集所有有记录可循的外来词,包括口头上和书面语里使用的所有词汇,甚至包含已经废弃不用的外来词。因此一般来说,前者收录的外来词数量小于后者。另外,收词标准不同也是外来词数量差异的重要原因。比如 Cannon(1988)词表把纯意译词也包含在内(比如 green tea"绿茶",Great Leap Forward"大跃进",lotus seeds"莲子"等),而陈胜利(2013,2014)只收录音译及音译加意译的外来词,所以虽然前者比后者时间早了 25 年,但收词量是后者的近 3 倍。再如,有些作者认为字母词不是外来词(如于辉 2010),而有些则认为是(如潘贵生 2018);有些作者只统计常用的外来词,把较新的、使用频率较低的外来词排除在外(如潘贵生 2018);有些作者只统计方言中的外来词(如 Chan&Kwok 1985),而有些则既统计官话中的外来词,也统计方言中外来词(如史有为 2013)。这些因素都造成了上述文献中外来词数量的统计数量差异。

此外,据史有为(2013)的考证,汉语中的英源外来词几乎全部都是 1840 年以后进入汉语的,而根据陈胜利(2013,2014)对 245 个音译汉源词的考证,从 16 世纪到 21 世纪,各个世纪的汉源外来词数量分别为 3 个(1500—1599 年)、16 个(1600—1699 年)、31 个(1700—1799 年)、83 个(1800—1899 年)、111 个(1900—1999 年)、1 个(2000—2012 年)。两相对比,我们可以断定,虽然英语吸收汉语词汇的时间远早于汉语吸收英语词汇,但后者的增长速度远超前者,其中原因我们将在第三节详细论述。

(三)社会文化内涵对比

1. 汉语中英源外来词的社会文化内涵

史有为(2016)将《汉语外来词词典》(1984)收集的汉语外来词分为政治、经济、军事、工业、科学、社教、医卫、文体、宗教、生活、农业、度量衡、自然以及余类

(即不属于上述13类的词)等14个领域大类,依据数量由多到少的顺序排列如下(余类不计入):

(1)科技(645)＞工业(486)＞生活(374)＞医卫(370)＞自然(344)＞文体(337)＞政治(225)＞经济(214)＞社会及教育(122)＞宗教(112)＞军事(77)＞度量衡(59)＞农业(14)。

我们借用这种分类方法对于辉(2010)词表(以下(2))和潘贵生(2018)词表(以下(3))中的英源外来词进行了分类统计,结果如下(不包含余类):

(2)生活(52)＞文体(包含娱乐和艺术)(36)＞工业(30)＞度量衡(23)＞医卫(22)＞科技(21)＞社会及教育(20)＞自然(13)＞经济(8)＞军事(7)＞宗教及哲学(3)＞政治(1)＞农业(0)。

(3)科技(126)＞医卫(64)＞社会及教育(58)＞生活(57)＞工业(54)＞文体(包含娱乐和艺术)(50)＞度量衡(41)＞经济(36)＞政治(16)＞军事(11)＞自然(7)＞宗教历史及哲学(3)＞农业(0)。

对比(1)(2)(3)我们发现,三个统计结果都有所不同,但总体而言,(1)和(3)的结果比较接近,即科技领域的外来词最多,工业、医卫、生活、文体等领域的外来词数量紧随其后。笔者在查阅资料后发现,之所以(2)的结果中科技方面的外来词比较少,一个主要原因是作者把意译外来词(如人工智能、有线电视、电子邮件、克隆等)和首字母缩略词(如LED、CPU、CD-ROM、Wi-Fi、Hi-Fi等)排除在外,而这类词汇在科技类英源外来词中占了相当的数量。。

2. 英语中汉源外来词的社会文化内涵

Cannon(1988)把收集到的979个汉源词分为19大类,根据类别中词汇数量由多到少的顺序排列如下(不包括余类):

(4)**饮食炊具(190)**＞动植物(175)＞地理名词(110)＞艺术(100)＞宗教&哲学(49)＞政府和政治(48)＞民族名称(30)＞社会地位及职业(30)＞度量单位及货币单位(31)＞语言及文字(28)＞历史朝代(23)＞衣着服饰(17)＞娱乐(16)＞社会组织(9)＞武术(8)＞医药(7)＞经济(6)＞地质(6)＞颜色(5)。

曾泰元等(2009)将543个汉源外来词分为23个类别,根据类别中词汇数量由多到少的循序排列如下:

(5)地名民族(101)＞植物(71)＞**酒食果蔬(67)**＞动物(38)＞生活杂项(36)＞陶瓷(25)＞布料服饰(20)＞语言文学(20)＞哲学宗教(19)＞历史时期(18)＞商业货币(16)＞中医药(13)＞茶类(13)＞颜色(12)＞音乐戏曲(12)＞棋艺游戏(11)＞书法艺术(11)＞古文物文化(9)＞人物百姓(8)＞政治(8)＞度量衡(5)＞节庆(4)、风水卜卦(3)＞武术健身(2)。

陈胜利(2013,2014)参考Cannon(1988)的分类,把收集到的394个汉源词分为19个大类,依据类别中词汇数量由多到少的顺序排列如下:

(6)**饮食炊具类(58)**＞艺术(53)＞动植物(29)＞政府与政治(28)＞地理名词(26)＞朝代(22)＞社会地位及职业(22)＞语言及书写(21)＞宗教和哲学(20)＞度量衡(17)＞娱乐(15)＞人种(13)＞社团组织(11)＞医药(9)＞服饰(8)＞武术(8)＞经济(8)＞地质(3)及其他(23)。

初步对比(1)～(6)我们可以看出,汉语中的英源外来词有很多来自科技、工业、军事等领域,而英语中则完全没有来自这些领域的汉源外来词。为了更清楚的展示两者之间的差别,我们首先需要统一分类标准。具体做法是:由于史有为(2013)的分类方法涵盖了社会领域的各个大类,而Cannon(1988)的分类仅针对英语中的汉源外来词,因此更为细致。我们决定把后者中的某些具体的类别归入前者中的相应大类,比如把衣食住行等日常生活相关外来词全部并入"生活"类,把艺术、娱乐等相关外来词归入"文体"类,把语言、地理、人种、节日等归入"社会和教育"类,把历史相关外来词并入"宗教和哲学"类,把动植物相关外来词归入"自然"类。此后按照新的分类标准对上述资料中的外来词进行分类,最后列表展示,结果如表1。

表1 对不同社会领域外来词的数量统计结果

序号	词表 / 领域	史有为词表(2013)	于辉词表(2010)	潘贵生词表(2018)	Cannon词表(1988)	曾泰元词表(2009)	陈胜利词表(2013)
1	科技	645(19%)	21(7%)	126(23%)	0(0%)	0(0%)	0(0%)
2	工业	486(14%)	30(10%)	54(10%)	0(0%)	0(0%)	0(0%)
3	生活	374(11%)	52(17%)	57(10%)	22(3%)	136(25%)	66(17%)
4	医卫	370(11%)	22(7%)	64(12%)	7(1%)	13(2%)	9(2%)

（续表）

序号	词表 领域	史有为词表(2013)	于辉词表(2010)	潘贵生词表(2018)	Cannon 词表(1988)	曾泰元词表(2009)	陈胜利词表(2013)
5	自然	344(10%)	13(4%)	7(1%)	181(23%)	121(22%)	32(8%)
6	文体	337(10%)	36(12%)	50(9%)	124(16%)	36(7%)	76(19%)
7	政治	225(7%)	1(0%)	16(3%)	57(7%)	8(1%)	28(7%)
8	经济	214(6%)	8(3%)	36(7%)	6(1%)	16(3%)	8(2%)
9	社会与教育	122(4%)	20(7%)	58(11%)	226(29%)	170(31%)	82(21%)
10	宗教及哲学	112(3%)	3(1%)	3(1%)	72(9%)	37(7%)	53(13%)
11	军事	77(2%)	7(2%)	11(2%)	0(0%)	0(0%)	0(0%)
12	度量衡	59(2%)	23(8%)	41(7%)	31(4%)	5(1%)	17(4%)
13	农业	14(0%)	0(0%)	0(0%)	0(0%)	0(0%)	0(0%)

从表1的统计结果对比中我们发现，英语中的汉源外来词完全没有来自科技、工业和军事领域的词汇；相反，汉语中的英源词来自科技和工业领域的词汇数量最多，加起来占了总数的近三分之一。这一结果说明英美等国在这三个领域一直领先于中国，而中国在这三个领域的发展没有得到西方足够的认可或重视。此外，英语和汉语都吸收了对方语言中涉及生活、自然、文体、社会与教育、度量衡等领域相当数量的词汇，说明中英两国对对方的传统文化都非常关注。最后，英语和汉语都(几乎)没有吸收对方农业相关领域的词汇，笔者推测原因可能是该领域本身具有鲜明的地域特征、互相借鉴的可能性较少。

三、对比结果的跨文化解读

语言是文化的载体，而语言中的外来词则是不同文化之间相互交流、相互碰撞、逐渐融合的结果与见证。从外来词中，我们可以了解两种文化之间交流融合的历时过程；反过来，文化之间的交流融合是外来词的出现、发展与消亡的根本原因。下面我们就从中国和西方之间的跨文化交流角度对第二小节中外来词的统计对比结果进行解读。

(一)1840年之前中国和西方(以英国为例)的文化交流情况对比

中国自古以来地大物博、人口众多。1840年之前,中国大部分时间处在一种封闭式的、自给自足的生活环境里,中国与外国的交流以和周边国家民族(主要是少数民族)之间的经济、文化交流和军事征服为主,和英国等欧洲国家交流很少。在与西方国家的交流过程中封建统治者一直以"天朝上国"自居,对西方国家的文化有轻视和傲慢的心理。这一时期的民族心理可以用封闭、排外来形容。由于缺乏文化交流,因此这一阶段汉语中几乎没有来自英语的借词。

相反,英国是岛屿国家,四面环海。岛内各民族在发展过程中不断受到外族的入侵和征服,造成了该民族的多样性特征,形成了一种对新鲜事物十分敏感、乐于吸收其他民族优秀思想和文化并为我所用的"开放型"文化心理。西方对中华文化的兴趣由来已久。虽然中国和英国的直接接触始于1667年英国船队来华运茶,但此前中国文化对欧洲已经产生了影响,这些影响通过第三国文化间接对英国文化产生了影响。比如我国的丝织技术和丝织产品自汉朝以来就通过丝绸之路运输到西方国家,并且对沿线国家产生了深远的影响。根据《牛津英语大词典》(OED)的记载,silk一词经丝绸之路通过拉丁语和希腊语于公元888年进入英语。根据汪榕培、常俊跃(2001),英语在17世纪以前总共借入、派生了shantung(山东绸)、pekin(北京宽条子绸)、silky(丝绸的)、silkiness(柔软光洁)、china(瓷器)等几十个汉语词汇。17世纪以后,中英之间贸易日益频繁,英语中汉语借词的增长速度相对加快,tea(茶)、ginseng(人参)、bohea(武夷茶)、kumquat(金橘)、kaolin(高岭土)。这些借词都是源自中英之间的贸易往来。有关中国社会、文化的词汇如yamen(衙门)、taotai(道台)、kowtow(叩头)、Taoism(道教)、pailou(牌楼)、kilin(麒麟)等也在这个时期进入英语。

(二)19世纪中期到20世纪中期中西方文化交流对比

从19世纪中期到20世纪中期,西方完成了两次工业革命和两次科技革命,综合国力快速提升,社会进入现代化发展时期。反观中国,18世纪末,清王朝统治开始走向衰落,面对西方列强的崛起,清政府还是保持闭关锁国的政策,这不仅导致中国自身经济的落后,也阻碍了中西方文化的交流和发展。1840年至1860年两次鸦片战争的失败让当时中国的有识之士认识到西方国家先进性科学技术的重要性。为了摆脱困境,清政府兴起了洋务运动,开始学习西方的科学技术，同时也接触到西方社会生活的方方面面。这一时期汉语中开始大量出现英源外来词，形成了汉语借用英源外来词的第一次高潮。

这一时期西方了解中国的主要渠道是传教士在中国的活动。具体而言，马礼逊及随后来华的一些传教士编纂辞书、出版报刊、翻译中国经典、开办教育机构，在客观上起到了传播中国文化的作用，使英语中出现了为数不多的汉语外来词。比如 the Opium War（鸦片战争），yen（热望，瘾），yen-shee（烟屎）等词语便是在这一时期进入英语的。另外，1840 年后的近代中国动荡不安，发生了多次革命和社会变革，Taiping（太平天国运动）、Boxer（义和团）、Ching（清）、Sun Yat-senism（三民主义）、Kuomintang（国民党）等众多借词均反映了当时的历史。

（三）二战后到中国改革开放前（1945—1978）

第二次世界大战之后，欧美国家开始了第三次工业革命和第三次科技革命，国家的综合国力得到进一步提升，经济社会加速发展。而此时，新中国刚刚成立，百废待兴。由于美国等西方国家采取的"冷战"政策，中西方外交关系降至冰点，中英文化交流大幅减少。这一时期中国政府和人民致力于自力更生，努力寻找适合本国国情的政治、经济和社会发展道路，积累了一定的经验，也出现了重大的政策失误，付出了惨痛的代价。英语中的 sanfan（三反）、Great Leap Forward（大跃进）、Gang of Four（四人帮）、the People's Daily（人民日报）、Mao-ism（毛泽东的理论思想）、spiritual pollution（精神污染）等，均反映了当时的历史。这一时期英语的汉源外来词中政治术语偏多。

这一时期，中国主要关注西方先进的科学技术和军事设施，因此出现了卡宾枪（carbine，1949）、爱克斯射线（X ray，1953）、激光（laser，1964）、梯恩梯（TNT，1965）等英源外来词，但词语数量和此前相比明显减少。

（四）1978 年至今

1978 年 12 月党的十一届三中全会确立了改革开放的基本国策，从此，中国的国门逐渐向世界各国打开，与英美等西方国家的外交关系逐渐活跃，文化交流也日益频繁，掀起了汉语向英语借词的新高潮。这一时期的中国关注西方社会的方方面面，互联网（Internet）、电子邮件（E-mail）、迷你（mini）、智商（IQ）、克隆（1999）、的士（taxi）、派对（party）、德比（derby）、桑拿（sauna）、蓝牙

(bluetooth)、多米诺骨牌(Domino)、T 恤衫(T-shirt)、托福(1985)、比基尼(1986)、雅思(1990)、丁克(1999)、闪存(2002)、嘉年华(2002)、埃博拉(Ebola)、奥斯卡奖(Oscar)等都是这一时期中西文化交流的见证。值得一提的是,这一阶段出现了很多字母词,比如 OPEC、WTO、IMF、DOS、ISDN、IC 卡、LED(灯)、AIDS、SARS、OTC、TOFEL、IELTS 等。有些字母词和其意译词处于并存的状态。

这一时期欧美国家对中国政治政策保持关注,Four Modernizations(四个现代化)、spiritual pollution(精神污染)、reform and opening up to the outside world(改革开放)、One country with two systems(一国两制)、special economic zone(经济特区)等词汇就是改革开放的最好见证。同时由于国际交流的日益加深,西方国家对中国的风土人情、地理民族和饮食文化产生了浓厚的兴趣,相关词汇也不断被引入英语。比如有关语言、文化、风俗的有: Amoy(厦门)、mahjong(麻将)、kwoyu(国语)、cheongsam(旗袍)、spring rolls(春卷)、yangko(秧歌)、fengshui(风水)、qigong(气功) 等;有关饮食的有: wonton(馄饨)、jiaozi(饺子)、dimsum (点心)、bird's nest(燕窝)、Pekin duck (北京烤鸭)、goji(枸杞)等;有关医药、科技的有: Chinese herbal medicine(中药)、barefoot doctor(赤脚医生)、taikonaut(太空宇航员) 等;有关社会生活的有: guanxi(关系)、iron rice-bowl(铁饭碗)、official profiteering(官倒)、laid-off workers (下岗工人)、vegetable basket project(菜篮子工程) 等。

从上述中英文化交流的历史我们发现,语言中的外来词数量及其增长速度和国家之间相互交流的密切程度高度相关,即交流越频繁、越深入,外来词数量越多、增长速度越快,反之,两国交流越少则外来词数量越少、增长速度慢。此外,英汉语中来自对方语言的外来词数量的此消彼长也反映了国家之间综合国力的较量与角逐;而具体领域中外来词的数量对比可以反映国家间互相关注的焦点,也反映了两国间在具体社会领域中国家实力的差异。就本研究而言,18 世纪中期之前,中英之间的文化交流以中国对外输出、西方向中国学习为主,因此在这一阶段,不仅英语中出现汉源外来词的时间早于汉语中的英源外来词,而且前者的数量也明显多于后者。1840 年至今,英美等国家在工业革命和科技革命的带动下综合国力不断增强,中国努力向西方学习先进的科学技术,吸收先进的发展理念,因此汉语吸收了很多英源外来词,尤其是科技、工业、军事、医药等领域的外来词为数众多,而且有不断增加的趋势。

四、反思和结语

本文对比了汉语英源词和英语汉源词的译介方式、同化过程、数量和文化内涵,结果发现两者的译介方式类似,但在同化过程、数量和文化内涵等方面存在比较明显的差异。本文尝试从跨文化传播的视角为这些差异提供可能的解释。

值得注意的是,外来词是观察国家间相互交流、文明之间相互渗透的一个重要窗口。我们在对比中发现,相比于英美等国,中国在科技、工业、军事以及医卫等方面一直存在影响力上的逆差,而且差距明显。这与中国和西方文明发展的不同路径和不同国情有关。另外,我们认为,这一结论也和本研究自身的局限性有关。具体而言,本研究涉及的语料以音译的外来词汇为主,但随着外来词的规范化进程不断深入,很多新兴的汉语词汇和短语往往会通过意译的方式进入英语,尤其当意译的方式更能清楚表达汉语词汇和短语的内涵意义时,意译的方式就成为首选。这样一来,英语汉源词/短语的意译表达越来越多,而且有些曾经使用过的音译词也会因为意思模糊而被意译词/表达所取代,并很快退出历史的舞台。遗憾的是,这些意译表达往往被很多外来词词典和作者排除在收录范围之外,本研究也没有对这部分意译的汉源外来词进行统计分析,因此结论难免有失偏颇。

另一方面,我们也应该看到,在生活、社会与教育、文体、自然(动植物)等领域,英美等西方国家一直保持对中国的关注,说明中国有自身的优势,也说明我们讲好了中国故事,得到了世界的认可。

不可否认,仅通过外来词来观察国家之间的实力对比有很大的局限性,结论肯定有其片面性。正是意识到这一点,本文特意查询了多个收词来源以力求全面客观。但笔者发现,由于不同作者对"外来词"的涵盖范围缺乏共识,而且刻意回避意译外来词,因此本文的结论仍有待进一步证实。笔者认为,如果能够对语言中的意译外来词进行全面的收集整理和统计分析,将有助于我们更全面的观察和认识两国之间的跨文化交流,使我们能够对其有更客观、更深入的认识,从而做出更加客观公正的评价。这些意译外来词和统计分析结果最终将有助于中国媒体讲好中国故事,有助于中国人民树立民族自信。

参考文献

[1] Cannon, G. Chinese Borrowings in English[J]. American Speech, 1988(1): 3-33.

[2] Chan M. & Kwok H. A study of lexical borrowing from English in Hong Kong Chinese[M]. University of Hong Kong, 1982.

[3] 陈胜利.《牛津英语词典》中的汉语借词数量研究[J]. 盐城师范学院学报:人文社会科学版,2013(3):93-100.

[4] 陈胜利. 英语中的汉语借词研究——接触语言学视角[D]. 苏州:苏州大学,2014.

[5] 何雅文. 借用词与语言文化的渗透[J]. 雁北师范学院学报,2005(4):62-64.

[6] 黎昌抱. 英汉外来词对比研究[J]. 外语教学,2001(5):5.

[7] 刘正埮,高名凯. 汉语外来词词典[Z]. 上海:上海辞书出版社,1984.

[8] 潘贵生. 英源外来词在中国主流平面媒体中的使用调查[D]. 太原:太原理工大学,2018.

[9] 彭晓,焦林,黄守宇,敖菊. 当代汉语外来词的使用现状及其规范问题[J]. 成都大学学报(社会科学版),2016(1):28-32.

[10] 史有为. 汉语外来词[M]. 北京:商务印书馆,2013.

[11] 汪榕培,常骏跃. 英语词汇中汉语借词的来源[J]. 外国语文,2001(4):70-73.

[12] 王如利. 现代汉语外来词研究之研究[J]. 语言科学,2021(4):402-420.

[13] 吴礼权. 音义密合:汉语外来语音译的民族文化心态凸现[J]. 西安外国语大学学报,1996(2):74-81.

[14] 杨映春. 英语中的汉语借词及其社会文化因素探究[J]. 长沙大学学报,2011(3):93-95.

[15] 游汝杰.《上海通俗语及洋泾浜》所见外来词研究[J]. 中国语文，2009(03):261-268+288.

[16] 于辉. 汉语借词音系学[M]. 南开:南开大学出版社，2014.

[17] 曾秦元，章忠建. 谈汉语文化特色词英译的方向——以《韦氏第三版新国际英语词典》的汉语外来词为例[J]. 辞书研究，2009(5):34-50.

[18] 邹嘉彦，游汝杰.当代汉语新词的多元化趋向和地区竞争[J]. 语言教学与研究，2003(2):12-21.

A Comparative Study of English Loanwords in Chinese and Chinese Loanwords in English: Cross-cultural Interpretation and Reflection

Abstract: Language is the carrier of culture. With the deepening of globalization, the cultures of different countries and different nations come into contact and mutual infiltration takes place. One of the most direct manifestations of this infiltration is the emergence of loanwords. This study first summarizes the characteristics of English loanwords in modern Chinese and Chinese loanwords in modern English in four aspects: method of translation, process of assimilation, quantity and cultural connotation of word meaning, and in each aspect, compares these characteristics and points out their similarities and differences. After that, the study elaborates on the social and cultural exchanges between China and the western countries in different historical periods, and concludes that the characteristics of loanwords in the two languages are a faithful reflection of the characteristics of social and cultural exchanges between China and the west during that period. In the end, the study points out the significance of the findings of this study to China's international cultural communication in the future as well as the shortcomings of the study and the direction for future improvement.

Key words：English loanwords in Chinese；Chinese loanwords in English；cross-cultural comparison

（骆明琼　上海外国语大学新闻传播学院）

对国际化传播人才写作能力培养的探讨①

秦 悦

摘 要：本文讨论搭配与英语词汇学习、地道表达以及英语写作的关系，进而探索如何通过提高英语词语搭配的使用能力，来提高国际化传播人才的英语写作水平。自如运用搭配的能力，有助于信息的准确传播；反之，词语搭配不当，会影响到写作的准确和地道，严重妨碍信息传递和思想传播。因此，提高英语词语搭配的使用能力，是深化词汇学习、提高写作表达准确率的有效途径，防止国际传播中含糊不清的表达和沟通失败。

关键词：国际化传播人才；搭配与词汇学习；地道的表达；写作质量

在"经济全球化、政治多极化"、中国迅猛发展的新国际格局中，发展中国家想要学习中国经验，发达国家想参与中国的发展建设，文化的交流与传播日益频繁，国家对国际化传播人才的需求也随之强烈。《国家中长期教育改革和发展规划纲要（2010—2020）》明确指出，要"适应国家经济对外开放的要求，培养大批具有国际视野、通晓国际规则、能够参与国际事务和国际竞争的国际化人才"。而国际化外语人才应具备的特征之一，就是良好的语言基本功（庄智象等2011，2013）。何宁和王守仁（2021：3）强调以传播为基点，强化外语运用能力，

① 本文于2016年发表在《国际化金融人才培养的新范式》。当时的题目为《国际化创新性人才英语写作能力的培养》。

用所学的外语表达中国立场，阐释中国观点，向世界展示一个全面真实的中国。为了实现有效传播，外语专业需要培养“外语写手和辩手”。文秋芳(2022)认为应该将国际化传播人才增列为外语院校或其他各类高校外语专业的培养目标。

没有扎实的语言基本功，我们的国际化传播人才的培养也就成了空中楼阁。而在英语学习的听、说、读、写四项技能中，写作一直是我国英语学习者十分薄弱的技能。词汇的贫乏以及词汇表达中出现大量的中国式英语，严重地妨碍了文化传播过程中思想的表达。在当前形势下，语言能力不足容易造成沟通误解，讲不好中国故事，不能准确地阐释好中国特色这个国家需求，直接影响到国家“走出去”这样的对外传播交流项目在海外的成败。

要培养一名合格的国际化传播能力——具有通过大众传播媒介进行的跨越民族国界、具有强烈政治属性的跨文化信息交流与沟通能力(胡邦胜 2016，陆小华 2020)——的人才，写作能力的培养是不可忽视的。本文将从词汇中搭配的学习、搭配与表达、写作中搭配的运用这三个方面，讨论如何提高一个国际化传播人才英语写作中表达的准确性和地道性，以适应中国外语教育从了解外国到传播中国的功能转变(何宁＆王守仁，2021)。

一、搭配与词汇学习

首先，让我们来透视一下词汇学习中出现的问题。

经年累月浸淫于词汇是在以教授单个词的定义的方式的课堂里，日积月累地面对着按字母顺序排列的、有着母语翻译的单词表，学习者最终学到的是一长串互不相干的单词。事实上，“学生在学习新的词汇方面遇到的主要困难，就是要了解这些词的搭配属性……”(Rudzka et al.，1981：5)。然而，在碰到一个新的搭配时，学习者很少有意识地去学习它，掌握它，或是去记住它。原因是：这个搭配对他们构不成理解问题，他们用不着启动解码机制。因而，这个搭配也就在他们眼前一晃而过，到了事后的写作阶段，他们要么是无从回忆，要么是印象模糊。虽然有很大的词汇量，顺畅的表达却仍然是个问题。

运用搭配的能力是本族语者语言使用能力的重要组成部分。值得庆幸的是，近年来人们越来越注意到词语搭配的重要性。原因有二：首先，搭配在我们的心理词库中占了很大的比例(Melcuk 1998; Lewis 2000),是最大的可以界定的领域之一。一个恰当的心理词库,除了单个的词外,还包括习语表达,搭配以及类联结。其次,搭配能起到“组织词汇”(McCarthy 1990:12; Lewis 1997:26)和“组织语言”的重要作用(Stubbs,2001:60),在具体的词汇教学中,搭配是最终习得词语的重要途径。Nattinger(1988)也认为,搭配能很好地帮助词汇的存储和恢复,搭配既能帮助词汇的认知,又能方便词汇的产出。一个词的意义,与和它经常搭配的词有很大的关系。搭配的学习,是丰富词汇学习涵义的一个恰当的角度。搭配信息不仅能帮助学习者把这个词牢记在记忆中,还能帮助确定这个词的语义范畴,帮助学习者从上下文中推测出其意思,同时也能保证学习者的准确理解和运用。

词语搭配纳入词汇教学,得到了广泛的认可。了解知道一个词的搭配,就意味着了解哪些词经常与其一起出现,它们是如何组合在句子中的。这种搭配知识,让学习者能预见哪些词经常出现在一起,哪些词会在某个词的前面或后面。换句话说,这种知识显然要比只知道单个词重要得多(Lewis,1997),而且句子的生成也离不开这种知识。Hill(1999)认为,高水平的学习者面临的问题,不是一味地追求扩大词汇量,注意力应该更多地放在深入地探究以前学过的、但是现在还是觉得一知半解的词,掌握它们的搭配范围。很多教师都已经意识到,高级学习者语言能力发展中遇到的问题,在很大程度上是词汇拓展的问题。“我们所需要的是一种原则和方法……一个可以突破的领域,就是英语的搭配”(Alexander,1984:127)。因此,学习者应该把注意力从单个的词转移到词的搭配上,有意识地提高对搭配的觉悟性,通过探知搭配来进一步完善对一知半解的词的了解,并达到最终掌握的目的。

二、搭配与地道流利的表达

学习搭配除了能增加心理词库中的词汇,还能提高表达的流利。许多词汇量很大学习者在表达词不达意,言不由衷。Hill(1999)认为,差强人意的词语搭配能力限制了他们的流利表达。Michael Lewis(1997:15)坚信,“能进行流利表达的前提条件,是要习得大量常用的、固定的或半固定的预制块,这些预制块是任何语言创新或创造的基础”。对此，Morgan Lewis(2000:16)进一步进行了这样的阐述:学习者掌握的搭配越多，他们的大脑中就腾出了许多空间来生成和处理内容。如果能够运用搭配，就意味着那些个单词已经在搭配中各就各位了，这样大脑就会有更多的时间专注于接收到的信息。Aston(1995)与Wray(2000)同样指出，像其他语言预制块一样，搭配能节省宝贵的信息加工资源，加快理解和产出，能做到像本族语者一样流利。

但是，如果想达到本族语者那样的水平，学习者必须对本族语者的用词偏好有所敏感:哪几个词搭配在一起会让这句话听起来更地道？而要“说得地道”，能觉察到词语的搭配限制。熟悉不同的约定俗成的表达，能像本族语者那样自如地选择适合的表达，是具有本族语者水平的一个区别性标志(Thornbury，2002)。遵循一门外语的搭配惯例会让自己的语言运用显得地道。相反，不因袭这些传统会让自己的外国腔暴露无遗(James，2001:152)。

搭配，或词语的可预知的组合，是地道英语的特点。运用搭配同样是交际能力的一部分。研究者们发现，在外语学习中过分强调语法，忽视词汇尤其是搭配，会导致学习者在交际中词不成句。搭配作为一种惯例化的语言形式“让交际更有章可循，因为它们本身就很有规律”，因而，它们在外语学习者的交际能力发展中起着重要作用。

对于搭配能提高二语学习者的交际能力(Lewis 1997)，Partington(1998:20)给出了个令人信服的理由:“对听者而言，搭配能帮助理解交际的内容”，因为“语言中包含着大量的固定的表达，很容易预见说话接下去会说什么”，而“在真正的语言解码过程中，听者需要所能得到的所有帮助”。搭配的相对规律性，容易让听者有正确的预期，从而使交流沟通更为轻松。由此看来，使用一门语言的能力，毫无疑问应该包括使用搭配的能力。

三、搭配与写作

词语搭配的好坏，会影响到写作的准确性和地道性。Sari & Gulö (2019)认为英语中的搭配能让有意义的语言产出更为自然。缺乏对搭配——那些准确的、现成的、有助于表达的预制块——的掌握，会影响到写作的准确性和地道性。搭配的正确运用能反映学习者的水平是否接近接近母语者，与人们对写作质量的判定有密切的相关(Paquot，2018)。Howarth 在 1998 年曾对非本族语的高级学习者的写作，进行了经验研究。他的研究表明，这些学习者的一个通病，是不能选择词语进行恰当的组合。他们虽然在语法层面上游刃有余，但组合出的词语却差强人意。其结果是，学习者有很好的想法，却不能清楚地表述出来，因为他们不知道与他们所写话题的关键词有关的搭配。他们不能把自己对这个话题的理解传达出来，在很大程度上是由于他们对搭配限制了解不够，而搭配错误"会对写作的效果产生影响，这些错误加起来就会严重影响写作的精准"(Howarth，1998：162)。

很显然，学习者仅仅拥有由单个的词组成的基本词汇，远远不能实现自如地在写作中表达，因为他们不能运用现有词汇的不同的组合，生成地道的表达，实现信息交流的目的。在写长一点的句子时，他们由于不知道能确切表达意思的词语搭配，常转而求其次，采用迂回表达的方法。例如，学生不知道 adequate supplies 与 meet the demand 这两个搭配，在表达 adequate supplies to meet the demand 这个意思时就得去绕着圈子说"We don't have enough things so that every person who wants to have one can have one"。学习者能运用的搭配越少，他们得用更长的表达方式的时候就越多。而在这个过程中，过多的语法过程的介入，更增加了犯语法错误的机会。反过来，词语搭配有助于轻松地表达复杂的观点。学习者能运用的搭配越多，他们就越少需要进行语法过程，这让大脑有更多的空间去生成和处理信息的内容。在搭配模式长度增加时，母语影响减弱，学生更多地依靠现有的词语和语法知识构成搭配(杨节之，2007)。

因此，学习者在写作中需要关注的问题，仍然是运用词汇搭配的能力。对一门外语的成功运用的关键在于掌握这门语言词与词之间的关系——搭配、词组、固定表达。Wray (2000：463)认为，"成功的语言学习中最重要的内容是掌握约定俗成的表达，包括习语、搭配以及句干。"掌握搭配，是自如运用一门语言的前提。遵循一门语言的搭配传统，会使学习者的语言使用显得很地道。同时，搭配使得交流更有章可循。对搭配的了解不全面充分，已经成为学习者提高写作水平的"拦路虎"，运用搭配的多寡，运用搭配的质量，不但影响到写作的质量，也会影响到国际交流中技术文本与商务文本的质量，并最终导致交际的失败。

四、结 语

21 世纪全球的竞争，归根结底是人才的竞争。英语学习在中国蓬勃开展这么多年，培养了一大批能阅读会做题的英语人才，但在目前的全球化的背景下，国际化传播人才善于表达和交流的能力，才真正决定了他们能否有效服务国家、社会和经济发展。因此，外语学习者必须充分重视对特殊搭配的掌握，减弱母语影响，在写作中更多地依靠现有的词语和语法知识构成搭配，这样才能更好地掌握外语，杜绝含混的意义表述和避免交际失败，向世界讲好中国故事，从而更好地服务于民族振兴和国家崛起。

参考文献

[1] Alexander, R. J. Fixed expressions in English: Reference books and the teacher[J]. *ELT Journal*, 1984(2): 127 - 134.

[2] Aston, G. Corpora in language pedagogy: matching theory and practice, in Cook, G. and Seidlhofer, B. (eds.) *Principle and Practice in Applied Linguistics: Studies in Honour of H. G. Widdowson*[C]. Oxford: Oxford University Press, 1995.

[3] Hill, J. Collocational competence[J]. *English Teaching Professional*, 1999(110): 3 - 6.

[4] Howarth, P. The phraseology of learners' academic writing and second language proficiency, in Cowie A. P. (ed.) *Phraseology: Theory, analysis, and applications*[C]. Oxford: OUP, 1998: 161 - 186.

[5] James, C. *Errors in language learning and use: exploring error analysis*[M]. Beijing: Foreign Language Teaching and Research Press, 2001.

[6] Lewis, Michael. (ed.) 2000. *Teaching collocation*[C]. Hove: Language Teaching Publications.

[7] Lewis, Michael. *The Lexical Approach*[M]. Hove: Language Teaching Publications, 1997.

[8] Lewis, Morgan. "There is nothing as practical as a good theory", in Lewis (ed.), 2000: 224 - 245.

[9] McCarthy, M. A new look at vocabulary in EFL [J]. *Applied Linguistics*, 1984(1): 12 - 22.

[10] McCarthy, M. *Vocabulary*[M]. Oxford: OUP, 1990.

[11] Mel'cuk, I. "Collocations and lexical functions", in A. P. Cowie (ed.) *Phraseology: Theory, analysis, and applications*[C]. Oxford: OUP, 1998: 23 - 55.

[12] Nattinger, J. "Some current trends in vocabulary teaching" in R. Carter, and M. McCarthy, (eds.) *Vocabulary and language teaching* [C]. Harlow: Longman, 1988: 63 - 81.

[13] Paquot, M. Phraseological competence: A missing component in university entrance language tests? Insights from a study of EFL learners' use of statistical collocations [J]. *Language Assessment Quarterly*, 2018(1): 29 - 43.

[14] Partington, A. *Patterns and Meanings* [M]. Amsterdam: John Benjamins, 1998.

[15] Rudzka, B. J. *et al*. *More words you need*[M]. London: Macmillan, 1981.

[16] Sari, B. N. & Gulö, I. Observing Grammatical Collocation in Students' Writings[J]. *Teknosastik*, 2019(2): 25 - 31.

[17] Stubbs, M. *Words and phrase: corpus studies of lexical semantics*[M]. Blackwell Publishers, 2001.

[18] Thornbury, S. *How to Teach Vocabulary*[M]. London: Longman, 2002.

[19] Wray, A. Formulaic sequence in second language teaching: principle and practice[J]. *Applied Linguistics*, 2000(4): 463 - 489.

[20] 何宁,王守仁. 高校外语专业学生外语运用能力的培养[J]. 外语教学,

2021(1):1-4.

[21] 胡邦胜.论中国国际传播的理论转型和实践转向[J].国际传播,2016(1):1-9.

[22] 陆小华.国际传播中的对抗性传播探究[J].国际传播,2020(4):1-9.

[23] 文秋芳.国际传播能力、国家话语能力和国家语言能力——兼述国际传播人才培养"双轮驱动"策略[J].河北大学学报,2022 (3):17-23.

[24] 杨节之.语料库搭配检索与英语同义词辨析[J].外语电化教学,2007(8):41-46.

[25] 庄智象,等.关于国际化创新性外语人才培养的思考[J].外语界,2011(5):71-78.

[26] 庄智象,等.试论国际化创新型外语人才培养的教材体系建设[J].外语界,2013(6):45-50.

A Discussion on Cultivating the Writing Ability of the Personnel of International Information Dissemination

Abstract: The paper first discusses the relationship between collocation and English vocabulary learning, collocation and expression idiomaticity, collocation and writing, and then explores how to use collocations to help the personnel of international information dissemination with their writing. A comfortable use of collocations will facilitate an accurate information dissemination, but a poor mastery will affect the accuracy of expression and the idiomaticity of writing, hindering the dissemination of information. Therefore, a mastery of collocations is an effective way to prevent ambiguous international information dissemination and failure.

Key words: the personnel of international information dissemination; collocation and vocabulary learning; idiomaticity and writing quality

(秦悦　上海外国语大学国际金融贸易学院)

中国外交部新闻发布会语用策略类型

——发言人话语角色和问答言外之意探析①

陈舜婷　邵思源

摘　要：本文分类整理中国外交部新闻发布会的语用策略。考虑到发布会的特殊性，本文对发言人回答问题时话语角色和问答言外之意予以探析，并根据实例分析归纳出几条相应的语用策略：国家有明确表态的，可以正面回答；“突发事件”和对政府质疑的问题，宜加大信息量；正在发展变化的事件，或具有导向性的问题，可以回避或模糊回答；问题过于刁钻，可以委婉幽默地进行归谬。礼貌与合作始终是外交部遵循的原则，国家的态度是回答问题的关键，发言人能够改变的是语言组织和语用策略。

关键词：外交部发言；话语角色；言外之意；语用策略

一、引　言

语用策略的研究在语用学研究中占有核心地位，外交场合的语言运用有自己的特征和策略选择，属于外交话语传播层面的研究（胡开宝＆李婵，2018）。外交话语的使用依赖场合与立场，也和发布会的语用策略有关。从场合看，中

① 本文系 2022 年度年第十一批“中国外语教育基金”项目“国际新闻在基础英语教学中的应用研究”（项目编号：ZGWYJYJJ11A003）的阶段性成果。

外记者招待会的语言有坦率性、模糊性、委婉性、论辩性和幽默性等特征（胡庚申＆王静，2001）；中国外交部发言人语用含糊的策略具有“顺应性”和“变异性”的特征（吕细华，2006）。从立场看，研究者认为外交话语中有对立型和合作型两种类型（马倩，2021；马倩＆文秋芳，2021），其中对立型大致对应冲突性话语（zhu，2008；冉永平，2010 a，b）。从语用策略看，中国外交部发言人会应对事物性和观点态度性提问（侯召溪，2007），在相应答问中使用不同的语用策略。

在外交场合，记者提问和发言人的回答往往都围绕各自的角色展开，而新闻发布会问答中对言外之意的理解至关重要。通常所说的言外之意是对语用原则的有意违反，其推理是个复杂的过程（章新传等，2008）。言外之意在记者采访中与新闻信息、入题途径和事实真相有关（章新传＆金淑兰，2006）。在外交部回答策略类型中（洪岗＆陈乾峰，2011）和（刘风光＆刘诗宇，2020），也体现了这种推理。

研究外交话语其实是研究我国话语权的提升，有着跨学科的重要价值（刘付婷＆苏嘉欢＆张璐，2019）。本文将采用发言人身份视角和语用策略视角，首先分析外交部发言人话语角色特征和话语言外之意产生的特征；其次，从语用策略的角度，分析在这些特征前提下，如何根据其他因素，恰当选取语用策略。这既是对经典实例的理论总结，又可对今后外交部发言人语用策略的选取提供参照。笔者对中国外交部发言进行的研究表明，发言人灵活运用各种策略，展示了高超的外交水准。

二、外交部发言人话语角色特征

语言交流的过程既是信息交流，也是社会交往活动，参与双方因社会规范和话语场景的需要而担当相应的角色。Thomas（1991）把话语角色分为话语信息产生者和话语信息接收者，话语信息产生者又可以由其对话语所负责任的大小进而分为说话者、作者、传声筒、传递者和代言者。其中，“代言者”既是认可消息的团体成员，又对话语负一定的责任。

外交部发言人虽然有一定的话语自由，但绝大多数时间是按照有关部门提供的口径或要求的精神回答问题。李肇星说过，外交部发言人，既是人（个体），也不是人。发言人很大程度上是整个机制的代表，在有稿可依时，发言人可尽己所能，用恰当的方式和丰富的语言表情达意；而无稿可依时，也不能信口开河。据此，我们基本可以确定，外交部发言人的话语角色介于传声筒和代言者之间，因为“代言者与传声筒之间的差别没有像说话者与传声筒那么明显”（俞东明，1996）。

因此，外交部发言人发言内容基本确定，其发言要求必须高度维护国家的利益和形象，对祖国完全忠诚。在发言时，发言人组织材料的能力和临场发挥的能力相当重要，而在答问方式选择上，（发言人）可以围绕发言目的随机应变，或直接告知，或间接告知，或直接回避，或间接回避，或回击，或模糊，或幽默。

三、言外之意的表达

言外之意也是语用学的焦点问题之一，不少学者用复杂的推理模型帮助我们厘清言外之意的产生过程。美国哲学家格赖斯（Grice）所提出的“量”“质”“关系”“方式”等合作准则的违反较系统地解释了言外之意的产生原因。但是，笔者认为在外交部新闻发布会和其他外交场合，许多言外之意的表达受场景和其他因素的制约，其产生往往是多个语用原则的违背和语言艺术综合应用的结果。

在外交部发言，即使是提问和回答，言外之意也是相对明确而固定的。虽然不同语用策略的选取，不同语言形式的选择都可能使言外之意丰富多彩，但由于各自的政治目的几乎是言外之意必然包括的内容，这就决定了外交部发言的言外之意必须相对明确和固定。

（一）记者的言外之意和发言人应对策略

记者们的角色特征是为自己的国家媒体服务，直指敏感问题，力图得到相关政府信息和国家态度的答案。在提问时，记者可以提出任何问题，意在从新闻的角度获取一手信息。有时，记者提出十分敏感的话题，想探求中国在某一问题上的态度和即将采取的立场。

笔者认为，对记者提问，发言人可以根据记者言外之意信息要求的不同来进行分类应对。首先，对政府外交不造成威胁的问题，可以正面回答。第二，对政府质疑的问题要快速回答，加大信息透明度，在短时间内利用媒体宣传国家的正面形象。第三，对不宜由外交部表态的问题，可以回避或用模糊委婉的语言回答。第四，对挑衅的问题，可以用归谬的方法，让提问者自食其果。

（二）外交部发言人的言外之意和策略

我们对外交部发言人的言外之意进行分类研究。首先，正面回答的言外之意：即在于为记者提供直接告知，对挑衅性的问题，当然要正色以对，阐明国家的正确立场，而不是答非所问。其次，加大信息量的言外之意，目的是主动出击，让负面宣传无法得逞。此时，提供的信息量要相对更多，让谎言止于事实。第三，回避或模糊回答的言外之意：如果这个问题关乎国家重大决策，不宜在国家没有明确表态之前，由外交部单独表态；或者这个问题涉及具体部门，不应由外交部发言人代为回答。第四，幽默的言外之意：在表述时，发言人可以尽量委婉幽默，适当地制造幽默，可以展示话语者的学识风采和人格魅力，活跃沟通的气氛，使沟通的效果更趋完美。

由于外交部发言人在回答问题时，必须采取友好合作态度，所以发言人在对待棘手问题时，并不选择沉默，而是用语言回答，只不过可以采取间接、模糊、幽默等语用策略而已。所以本文的策略是建立在冲突话语关系和合作话语态度基础之上。邹建华(2005)曾为发言人提出新闻发布策略和发言人语言技巧。经过笔者整理，主要有以下几类：第一，开门见山，直截了当，简洁明了；第二，先发制人，增加透明度，加大信息量，以理服人；第三，回避，模糊语言，绵里藏针；第四，反诘，针锋相对，运用逻辑力量变被动为主动；第五，幽默诙谐，语言生动形象，力求新意，有亲和力。

四、语用策略的选择

本部分主要举例探讨语用策略在外交部发言时的应用，以及这些语用策略在发言人面对特殊场景和相应言外之意下，如何做出选择。文中举例来源于邹建华著作中收集的经典案例，分析时更多从发言人身份和语用策略的角度展开。

（一）正面回答

(1)问：你对美国设立的“自由亚洲”电台有何评论？

答:所谓“自由亚洲”电台是自由干涉亚洲国家内政的电台,在亚洲不受欢迎。

(邹建华,《外交部发言人揭秘》,世界知识出版社,2005:125)

(2)问:你对美国今年再次搞反华提案有何评论?

答:如美国继续搞反华提案,其结果也只能是再一次失败。

(邹建华,《外交部发言人揭秘》,世界知识出版社,2005:125)

上述两例说明,虽然理论上,不威胁国家利益时,正面回答十分有利,但由于外交的特殊性,很少有不敏感的问题。因此,直接表明态度,正面回应,是较好的语用策略。发言人的角色是要表达政府在事件上的立场,同时维护国家的威严。而记者的言外之意无非是再次挑起敏感话题,以观中国政府的态度是否强硬。发言人直截了当指出问题实质,没有半点妥协与退让。原因之一,对这类事件,中国一向采取的态度统一;原因之二,对关系到国家利益的事情应该直接回应,采取应有的强硬态度。笔者认为直接策略的选取与提问事件的性质和政府强有力的态度有关。

(二)加大信息量

(3)一位记者问发言人孙玉玺:据报道,俄于17日发射两枚核导弹,俄海军表示此举针对美国的国家导弹防御计划,你对此有何评论?

孙玉玺回答:关于俄导弹试验的具体情况,我并不清楚。需要指出的是,美国企图修改反导条约,发展国家导弹防御计划。其直接后果将是破坏战备稳定,并可能引发新一轮军备竞赛,最终结果是损人不利己。

(邹建华,《外交部发言人揭秘》,世界知识出版社,2005:158)

这个例子中,发言人不仅正面回答问题,还指出了事情的前因后果,公正地回答了一个倾向性很明显的问题。加大信息量作为语用策略之一,可以帮助澄清事实,做到良好表态。此外,加大信息量也提供了事件发生的背景知识,消除误解。发言人的角色特点,不允许其乱下结论,更不能被记者的问题所牵制,直接回答是或否。记者在本例中,省去美国的“带头”先例,把俄国作为行动的主要发起者，言外之意是要中国对俄国或褒或贬，必选其一。但是，发言人补充事件首发者的信息，把对俄国的态度问题变为对美国的态度评价，较好地阐明了政府在事件上的态度。

(4)关于“非典”的发言(标题为笔者所加)。

“非典”初期，有关部门对外国记者提问采取了回避的做法，对疫情数字控制得很严，使我们的对外表态陷入被动，严重影响了我国对外表态的公信度。政府不提供消息并不表明记者就不报道，老百姓就不议论。一些媒体利用公众关心和对“非典”的担忧，根据小道消息和谣言对“非典”大肆炒作和渲染。一时谣言满天飞。记者的消极报道加剧了外界的猜测和批评，对中国国际形象造成不良影响。后来中央采取果断措施抗击“非典”，并在舆论上先发制人，以公开、透明方式每天主动发布疫情情况，提供全面、客观、翔实、迅捷的信息，使谣言再无藏身之地，最后终于改变了被动的局面，夺取了舆论的主导权。

(邹建华，《外交部发言人揭秘》，世界知识出版社，2005)

在这则例子中，发言方虽然站在政府的立场上，一再想避免因具体数字带来的大肆宣传和恐慌。但是，记者却因此找到极大的发挥空间，认为政府的回避态度说明疫情已经相当严重。发言方立即用数字否定其言论。精确的数据事实面前，谣言立马无影无踪。可以看到，政府在突发事件中，良好的策略之一是用事实说话，提前公布大量信息，避免负面报道漫天飞。这是发言者角色和发言策略所带来的言外之意共同决定的。

媒体是事实的哈哈镜。如实公布，加大宣传能表明政府的态度并非躲躲闪闪，而是积极应对。加大信息量的策略，一般应在突发事件和质疑情况中采用。媒体此时高度关注政府的态度，含混则容易带来负面的报道。新闻行业的报道容易让人先入为主，如果政府比新闻慢半拍，很多事情澄清的成本变高。加大信息量，在事情发生之初就控制大家对事件的负面报道，是必要而理智的策略。

(三) 回避或模糊回答

外交上的语用模糊既是一种语用策略，也是必不可少的外交手段。由于外交场合的特殊性，语言意义的模糊可以委婉地表述双方关系，回答问题但又不提供记者所想诱导的答案。很多学者对外交上的语用模糊进行研究。外交语言本来就具有精确性和模糊性这两个辩证统一的特征（郭立秋 & 王红利，2002）。语用含糊在外交发言中有着保全面子、打破僵局、显示客观、礼貌含蓄、避实就虚、双关委婉等多种功能（魏在江，2006）。因此，外交中模糊策略有着广阔的使用空间。不乏学者认为语用模糊是对心理世界、社交世界、物理世界的顺应（潘春雷，2007）。笔者认同外交中精确与模糊并存的关系，也同意把模糊策略与语境的关系描述为顺应的看法。下面着重讨论具体事例中，发言人角色和言外之意以及其他因素如何帮助发言人决定采取此策略。

(5)在 1994 年 9 月 29 日的新闻发布会上，有记者问发言人陈健："邓小平先生会不会出席'十一'国庆？"

陈健回答："邓小平同志是否出席，以及参加哪些国庆活动，我跟你们一样，会在 10 月 1 日的报纸上看到。"

（邹建华，《外交部发言人揭秘》，世界知识出版社，2005：157）

作为外交部发言人，回答问题得合情合理，既要真实可信，又要有分寸。记者的提问言外之意是问，邓小平先生最近身体状况如何。外交部发言人并不能在这样的问题上自作主张，信口开河。因此，避开问题的锋芒，而巧妙地用结果来表明事态是发展变化的。记者所要提前知道的消息，目前并不可能透露，也许还不能决定。虽然言语好像是废话，但也达到了目的。言外之意是，这个问题不方便在现在下结论。本例中，事情的发展变化，决定发言人不能用精确的语言回答。

(6)科索沃问题（标题为笔者所加）。

1999 年美国对南斯拉夫军事行动前后，西方媒体和政府都指责南斯拉夫联邦部队卷入了对科索沃平民的屠杀，记者经常问中方对此问题的看法，中方的回答一直是：科索沃问题是南斯拉夫的内政，应由南人民自己解决。一次新闻发布会上，有一记者突然向发言人孙玉玺发难：那么中方是否认为，南斯拉夫政府对平民的屠杀是其主权范围内的事？

孙玉玺回答:你说的这一情况现在还有待核实。但我们现在看到的情况是,南斯拉夫大批平民在北约的空袭中伤亡,大批难民流离失所,无家可归。

(邹建华,《外交部发言人揭秘》,世界知识出版社,2005:159)

中国关于国际问题的态度也是敏感话题。在多次记者招待会上,中方没有直接回答记者的问题,而是不断指出,内政是该国自己解决的问题。言外之意是讲,美国不应解决这个问题。发言人这样回答,目的是保持较为中立的态度,努力维护和平共处五项原则的观点。但是,记者把问题的矛头指向南斯拉夫人的错误做法,想问中国是否认为内政包括屠杀的权力。这实际上是逻辑的圈套,以偏概全地诱导中方对"干涉"的合理化进行赞同。此时,孙作为外交部发言人,不能作出这样的表态。因此,孙摆出的是事实的另一面,让大家看到"全景图",同时,对记者所提出的事实表示怀疑,指出我们并不承认这样的前提。

由此可见,外交中的回避型语言的运用,实际上也是对言外之意的充分发掘。单从语言上看,答记者问,往往不如记者提问的言辞尖锐,但其语言形式表达的含义是符合国家的态度的。外交部发言人为机制代言人,而非独立的个人。发言人往往站在对国家忠诚的高度上,辨识记者们的言外之意,选择恰当的语言形式进行回答。

(四)委婉幽默

外交部发言是对记者提问表态,因此,采取的是合作的态度,总会回答,然而回答的方式可以多种多样。幽默原则应看作是会话原则之一(何文忠,2003)。委婉幽默的表述,可调节现场紧张气氛,恰到好处地回答难回答的问题,展示发言人的语言魅力。作为外交中的语用策略之一,幽默也扮演着多个角色。下文将从实例中分析幽默策略的选择与发言人角色、言外之意的关系。

(7)1990 年的一次新闻发布会上,一位西方记者问发言人李肇星:"请问邓小平先生目前身体状况如何?"

李肇星答:"他健康状况良好。"

另一位记者穷追不舍:"邓小平先生是在医院里还是在家里拥有良好的健康状况?"

李肇星答:“我不知是你有这样的嗜好,还是贵国有这种习惯,在身体好的时候住在医院里,身体不好时反而待在家里。”

(邹建华,《外交部发言人揭秘》,世界知识出版社,2005:144)

本例中,西方记者再次把问题激化,一定要问出邓小平先生的身体情况。在医院里,则说明并不理想;在家里则是表明平安。但是李肇星并没有沿着记者言外之意的想法走下去,而是通过反问的方式,让对方明白,他这个追加的问题是多此一问;毕竟,回答了“健康状况良好”,则自然推断出“在家”,岂有健康者要去住医院的道理,不合常识。言外之意是,这个问题有点过头了。这个回答既讽刺了记者的逻辑,又回应了他提出的问题。

(8)有一记者问沈国放:你能否证实中国最近将在福建沿海举行军事演习?

沈国放答:我不知道你所讲的情况。我不愿意冒刺探军事情报的风险。

(邹建华,《外交部发言人揭秘》,世界知识出版社,2005:144-145)

记者想问的是,有传言说最近有军事演习,你是否可以解释一下。但作为外交部发言人,即便知道传言是正确的,由于国家并没有公开这个消息,因此不能随便承认或否认。沈国放回答时,直接否认自己知情,然后打趣地说,自己不刺探军事情报。其实言外之意是,你的问题有关军事情报,无可奉告。

从上述两例可以看出,在对方提问具有倾向性或诱导性时,不必从正面回答,可以幽默回应。这样表述并不影响双方的“面子”,还能让大家一睹发言人的口才与风趣。

五、结　语

(1) 在外交部发言中,许多语用策略是综合应用的,而并不简单归为一类,每次只选取其中一种进行分析。

(2) 语用策略和语言形式的选择都是有意义的。

(3) 正面回答的前提是,国家在该问题上已经有较明确的态度,而记者问题具有选择性,不回答表明政府有退让之意。

(4) 加大信息量一般在回答关于"突发事件"和对政府质疑的问题中采用。避免回答含糊,不让负面消息有机可乘。

(5) 回避或模糊的回答,通常针对正在发展变化的事件,或具有导向性的问题。此时,不宜用精确的语言,也不宜随便认可或否定。

(6) 委婉幽默的语用策略,对发言人的语言能力和应变能力要求较高。如果提问者问题过于刁钻,可以不正面回答,而是指出问题本身的荒谬之处或性质。即能表明合作回答的态度,又有礼有节地顾全双方的面子。

(7) 外交部发言有时立场对立,属于冲突型话语,但是态度还是符合语用的合作和礼貌原则,因此,本文认为外交部话语是用合作的态度,技巧性回应冲突,其宗旨是建立友好关系,展示大国风采。

参考文献

[1] Leech. Geoffrey. *Principles of Pragmatics*[M]. London and New York: Longman, 1983.15.

[2] Tomas, J. *Pragmatics: Lecture Notes*[M]. Lancaster University Press, 1991.

[3] Verschueren. *Understanding Pragmatics* [M]. Foreign Language Teaching and Research Press. Edward Arnold Publishers Limited, 1999.

[4] Hua, Z. Duelling Languages, Duelling Values: Codeswitching in bilingual intergenerational conflict talk in diasporic families[J]. *Journal of Pragmatics*, 2008. 40(10), 1799 - 1816.

[5] 郭立秋,王红利. 外交语言的精确性与模糊性[J]. 外交学院学报,2002(4): 80 - 84.

[6] 何兆熊. 新编语用学概要[M]. 上海:上海外语教育出版社,2000.

[7] 何文忠. 论话语交际中的幽默原则[J]. 外语教学,2003,24(4):11 - 16.

[8] 候召溪. 中国外交部发言人答记者问语用策略研究[D]. 广州:暨南大学,2007.

[9] 洪岗,陈乾峰. 中美新闻发言人拒绝策略对比研究[J]. 外语教学与研究,2011,43(2):209-219.

[10] 胡开宝,李婵. 中国特色大国外交话语的翻译与传播研究:内涵、方法与意义[J]. 中国翻译,2018,39(4):5-12.

[11] 胡庚申,王静. 中外记者招待会用语特征分析[J]. 清华大学学报(哲学社会科学版),2001,16(3):83-88.

[12] 胡庚申. 国际交流语用学:从实践到理论[M]. 北京:清华大学出版社,2004.

[13] 刘森林. 语用策略与言语行为[J]. 外语教学,2003,24(3):10-15.

[14] 刘风光,刘诗宇. 外交话语中规避回答策略及其仪式化关系联结[J]. 现代外语,2020, 43(6): 768-780.

[15] 刘付婷,苏嘉欢,张璐. 我国外交话语研究文献综合分析——基于2007—2019年CSSCI索引数据[J]. 国际公关,2019(12):1-4.

[16] 吕细华. *Pragmatic Vagueness as a Strategy-In the Setting of PRC Foreign Ministry Press Conference*[D]. 广州:广东外语外贸大学,2006.

[17] 马倩. 合作型外交话语的话语空间建构研究——以中国“和合”话语为例[D]. 北京:北京外国语大学,2021(09).

[18] 马倩,文秋芳. 合作型/对立型外交话语的话语空间拓展框架构建——对Chilton话语空间理论的调适[J]. 西安外国语大学学报,2021,29 (3):8-12, 38.

[19] 潘春雷. 从顺应性角度分析语用模糊交际策略[J]. 牡丹江师范学院学报(哲学社会科学版),2007(3):52-54.

[20] 冉永平. 冲突性话语的语用学研究概述[J]. 外语教学,2010a,31(1):1-6.

[21] 冉永平. 冲突性话语趋异取向的语用分析[J]. 现代外语,2010b,33(2):150-157.

[22] 魏在江. 从外交语言看语用含糊[J]. 外语学刊,2006(2):45-51.

[23] 俞东明. 话语角色类型及其在言语交际中的转换[J]. 外国语,1996 (1):19-22.

[24] 邹建华. 外交部发言人揭秘[M]. 北京:世界知识出版社,2005.

[25] 章新传,金姝兰.新闻采访应当充分利用言外之意[J].新闻研究导刊,2006(6):22-24.
[26] 章新传,陈颖,谢旭慧.二十余年我国言外之意推理研究综述[J].江西教育学院学报,2008,29(1):50-53.

Pragmatic Strategy Types in China Foreign Ministry News Briefing—From the Perspective of Discourse Roles and Illocutionary Meaning

Abstract: This paper classified and analyzed the pragmatic strategies adopted by the China Foreign Ministry spokesperson in their remarks in the press conference. Given the special occasion of news briefing, the factors that the spokesperson considers are analysed from two aspects: the discourse roles and illocutionary meaning. Based on these factors, some corresponding pragmatic strategies are summarized by analyzing specific examples as follows: First, direct answer can be given once the government has made a clear statement; second, more information should be provided when emergencies happen and doubts towards government rise; thirdly, answering indirectly can be employed to deal with questions about events that are developing and uncertain or questions that targets one direction; Fourth, reduction to absurdity can be used to handle artful questions in an euphemistic and humorous way. The Ministry of Foreign Affairs always adhere to politeness and cooperation principles, and the attitude of the government is the key to answering the questions; therefore what the spokesperson can choose is diction and pragmatic strategy.

Key words: Ministry of Foreign Affairs remarks; discourse role; implied meaning; pragmatic strategy

(陈舜婷,邵思源　上海外国语大学)

语言文化传播媒介的多模态分析

——基于中外语言博物馆网站的对比研究

蒋　寅　蔡君梅

摘　要：在当今时代，网络媒介更加成为语言文化传播的重要媒介。本研究综合社会符号学前沿理论，基于Pauwels的多模态网站分析框架考察中国与欧洲四座大学语言博物馆网站中的多模态资源使用情况，对比分析其中图像、色彩、字体和文本等不同模态之间的互动关系。研究显示中外大学语言博物馆塑造的自身形象有所不同，具体表现为中国的大学语言博物馆网站强调学术性和专业性，而欧洲的大学语言博物馆网站则偏向教育性和普及性，并证明了多模态资源的广泛应用对促进多语现象的线上推广具有积极作用。最后，本文尝试从高校类别属性、博物馆教育理念和高低文化语境解释这些差异的成因，并为今后国内语言数字博物馆建设和对外传播提出建设性意见。

关键词：多模态研究；网上语言博物馆；网站分析；对比研究；文化传播

一、引　言

在当代社会，以网站为代表的电子传播媒介功能越来越强大，在语言文化传播方面发挥的作用也越来越显著。近年来，包括高校和博物馆在内的不少机构都加快了自身多模态网站建设，与之相关的对比分析也逐渐成为热点的研究话题。自诞生伊始，高校与博物馆之间就存在着紧密的联系。一方面各类博物馆的展陈建设都离不开大学科研成果的支持，另一方面许多世界一流大学都建有各类大学博物馆用于开展教育教学和社会服务。例如，创建于1683年的牛津大学阿斯莫林博物馆(Ashmolean Museum)既是世界上规模最大、藏品最丰富的大学博物馆，也是世界上最早的公共博物馆之一。伴随着近年来教育部办公厅《关于加强高校博物馆管理工作的意见》等文件的出台，高校博物馆建设正在国内受到越来越多的关注，诸如高校博物馆如何体现自身办学特色、如何实现专业性和普及性的平衡等话题也引发了公众广泛的讨论。

多语现象(multilingualism)亦称多语制、多语主义，是指由于某种政治或社会原因，一个言语社团或个人同时使用三种或更多语言的现象。语言作为人类特有的社会交际工具，同时也是特定文化的载体和重要组成部分。2018年，中国和联合国教科文组织在长沙共同举办首届世界语言资源保护大会，并提出“保护语言多样性”的《岳麓宣言》文件，而建设专门的语言博物馆正是促进语言资源和非物质文化遗产保存和展示的重要途径。与此同时，伴随着数字化、网络化技术的进步和多媒体形式的普及，博物馆的展览形式和教育职能也在逐渐发生变化，不少成功的语言交际专题展览已为建设成熟的语言类博物馆奠定了基础(见徐世璇，2015)。本文拟通过对国内外网站多模态分析和语言博物馆研究的系统梳理，分析中国与欧洲四所大学语言博物馆网站中多模态资源的使用情况，期待对今后语言数字博物馆建设提供有益的参考信息，帮助更多受众了解语言博物馆承载的多语文化魅力。

二、研究回顾

(一)网站多模态分析回顾

多模态分析的全称是多模态话语分析(Multimodal Discourse Analysis, MDA)，其理论基础根植于Halliday的系统功能语言学(Systemic Functional Linguistics, SFL)。Halliday将话语视为传递意义的单位，认为语言是一种社会符号系统，并提出了语言具有概念功能、人际功能和语篇功能三大元功能的理论假说。作为一种社会符号学的研究方法，多模态分析最早由Kress & van Leeuwen提出。在注重对语言符号(如文本语篇)分析的同时，多模态分析更关注副语言符号(包括图片、色彩、字体等)在交际活动中的作用。Kress & van Leeuwen(2001)将社会符号理论的研究对象拓展到视觉层面,参照语言的三大元功能提出了包括再现意义、互动意义和构图意义的视觉语法(Visual Grammar)分析框架,成为日后多模态研究的重要理论基础。

多模态研究的发展标志着语言学界对话语和符号意义研究的重要转向。根据 Yang(2019)的历时性回顾,多模态研究的发展可以大致划分为三个阶段:2005 年前的起步阶段,2005 年至 2016 年的成熟阶段以及 2016 年后的新发展阶段。国内学界对该领域的兴趣始于李战子(2003)对“多模式话语”社会符号学分析方法的介绍,而后胡壮麟、朱永生和顾曰国等学者相继从“多模态”和“多媒体”概念辨析、多模态分析框架构建等角度开展了大量理论和实证研究。与此同时,多模态研究也与符号学研究、教育研究、社会研究和媒体研究等学科相结合,不断产生新的研究视角,而网站的多模态分析也正在成为多模态研究中新的热点领域。

网站由于受众广泛、信息丰富等特点,业已成为政府单位、商业机构以及高等院校促进自身形象建构的重要窗口。近年来,针对大学网站的多模态分析日益受到国内外学界的重视。在早期阶段,这些研究主要包括对单一高校网站的多模态分析,如安建(2010)对西南大学校园网主页中意义建构过程的分析以及李洁红、邓可(2014)利用视觉语法理论对哈尔滨工业大学英文网页的分析。这些研究大多停留在描述网页多模态内容的层面,缺乏对网页设计背后社会文化原因的探讨。

亦有不少学者从对比角度开展不同国家大学网站的多模态研究,较有代表性的包括 Callahan (2006), Zhang & O'Halloran (2012), Venuti & Nasti (2015)以及 Zhang et al. (2020)。Callahan (2006)是较早将不同国家的高校网页作为文化分析窗口的学者之一。他运用 Hofstede 的多维文化理论,从权力距离、不确定性规避等五个维度综合分析大学网站主页的组织和图像设计原则。Zhang & O'Halloran (2012) 对比了新加坡国立大学和清华大学网站主页中超模态资源(hypermodal resources)的使用情况,分析了这些资源如何协同构建两国大学的机构形象,并探讨了不同符号选择背后教育市场化的不同程度。Venuti & Nasti (2015)则关注在博洛尼亚进程中意大利与英国高校英文网页使用的交际策略,尤其是行动隐喻(movement metaphors)对推动欧洲高等教育一体化、国际化产生的潜在影响。Zhang et al.(2020)开展了针对澳大利亚和中国六所大学网站国际学生形象的对比研究,分析了新自由主义思潮(neoliberal thinking)下两国大学对国际学生描述的差异,并从跨文化角度分析这些差异的成因。值得注意的是,以上网站分析的对象主要集中在大学的主页或招生宣传页面,对各高校的分支机构(如附属的学校、医院和博物馆)的网站研究仍然十分有限。

(二)语言博物馆研究回顾

受到抽象性等内在特质的限制,语言往往被视为是“最难在博物馆中有效展示的藏品”(Sönmez,Gahtan & Cannata,2020)。与经历数百年发展的各类历史、艺术类博物馆相比,语言类博物馆显得较为年轻和“小众”。2008 年,国际博物馆协会(International Council of Museums)会刊《国际博物馆》(*Museum International*)开设“语言博物馆:扮演的角色和面对的挑战”专栏,引起了国际博物馆学界对语言博物馆理念的关注。在接下来的十余年间,世界各地不断有新的语言类博物馆建成,并于 2016 年正式成立了“语言类博物馆合作网络”(Network of Language Museums)。语言博物馆的发展是博物馆概念更新和延伸的产物,反映出学界对母语意识和多语现象关注程度的不断提高。

目前博物馆专业领域对于语言类博物馆的研究集中体现于 2020 年出版的《语言类博物馆与非物质文化遗产展示》(*Museums of Language and the Display of Intangible Cultural Heritage*)一书。该书从博物馆策展人的角度出发,选取了不同国家 15 座各具特色的语言类博物馆或在建项目,介绍其创建历史、使命愿景和展陈模态等内容。此外,该专著还分析了记忆政治和多元文化思潮下语言博物馆面临的机遇和挑战。根据 Grepstad(2018)的统计,目前世界上有大约 80 座语言类博物馆,还有多个仍在建设之中的新项目。依据展览内容和主题的不同,全球的语言类博物馆可以大致分为三大类:①有关单一语言的博物馆;②有关语言学和世界语言的博物馆;③有关文字的博物馆。此外,语言类博物馆在全球范围内的地理分布并不均衡,欧洲国家的语言博物馆数量占到了世界总数的三分之二。

除了博物馆学界的研究之外,不少语言学家也开始关注多模态资源在语言博物馆展览中的独特作用。例如，Ravelli & Heberle（2016）将空间话语分析(Spatial Discourse Analysis)的理论应用于建筑材料、装饰风格和声光使用等多模态资源的分析之中，考察了巴西葡萄牙语博物馆展览中的三大元功能及其意义建构过程。鉴于目前国内外尚无针对大学语言博物馆网站的多模态研究，本文选取 A. 上海外国语大学世界语言博物馆（http://amm.shisu.edu.cn/）、B. 北京外国语大学世界语言博物馆（https://www.wlmuseum.cn/）、C. 英国剑桥大学语言世界（https://www.cam.ac.uk/stories/worldoflanguages）和 D. 荷兰莱顿大学语言博物馆（http://taalmuseumleiden.nl/）四所博物馆网站作为研究对象。从网站简介页面可知，这四所博物馆都属于“有关语言学和世界语言的博物馆”且均由大学发起创办，因此具有较高的可对比性。

三、语言博物馆网站多模态分析框架

受到网站的动态性和复杂性影响，本研究选取了 2022 年 6 月 21 日四所大学语言博物馆网站的部分截图作为分析数据，涵盖其网站主页、简介页面以及其他信息（尤其是教育资源）的提供页面。本文的具体研究问题包括：①中国与欧洲的大学语言博物馆网站中使用了哪些不同模态资源？②这些语言博物馆在网站多模态资源使用策略方面存在哪些不同或相似之处？③这些不同或相似之处背后的社会文化因素是什么？

为回答上述问题，本研究主要参考 Pauwels（2012）的多模态网站分析框架，按照 6 个阶段由浅入深剖析网页中多模态资源的使用情况（见表 1），对中外大学的语言博物馆网站开展本体描述和归因分析。其中，第一阶段“留存第一印象和反应”旨在记录研究者对于网页种类和功能的直观感受，例如是否被网站呈现方式吸引、对网站的哪些方面存在困惑等；第二阶段“列出显著特征和话题清单”侧重于整理网站中存在以及缺失的特征和话题，例如图表的使用程度、有无反馈区域的设置等；第三阶段“对内容和风格特征的深度分析”是整个多模态网页分析的重点，主要由“单一模态分析”“模态间互动分析”以及“缺失模态分析”组成。“单一模态分析”涵盖了文本、排版、视觉图像、声音等不同方面，“模态间互动分析”关注文本和视觉图像、声音和视觉图像以及其他模态之间的关系，而“缺失模态分析”则在充当对第二阶段补充的同时更深入分析网页中显著缺失的内容和形式，例如视觉图像中特定年龄阶段或种族人群表现的缺失。与前三阶段关注网站的表层特点不同，第四至六阶段“对观点和‘语气’、意向受众和目的的分析”“对信息组织形式和策略的分析”和“对网站语境起源与推论的分析”试图回答“谁在向谁传递什么、带有什么目的?”(“who” is really saying “what” to “whom” with what “purpose”?)，通过分析网站的目标受众、外部链接和架设平台等手段，考察网页背后的文化意义潜势。本文第四节“语言博物馆网站多模态对比分析”将侧重于第一至三阶段的分析，而第五节“语言博物馆网站差异分析”则在此基础上选取第四至第六阶段的视角并结合相关社会文化学理论对网站中存在的差异进行解释。

表 1　Pauwels(2012)的多模态网站分析框架

多模态网站分析框架
1. 留存第一印象和反应 对第一眼看网站时的“所见所感”进行归类 对网站带来的情感反应进行记录
2. 列出显著特征和话题清单 列出目前网站的特征和标志清单 列出网站的主要内容和话题清单 对以上特征和话题进行归类和计数 进行“负面”分析:统计明显缺失的特征和话题
3. 对内容和风格特征的深度分析 3.1 单一模态分析 语言/文字能指 语象(排版印刷)能指 视觉象征能指 声音能指 排版和设计能指

（续表）

多模态网站分析框架
3.2 模态间互动分析 图像—文字之间的关系和语象—文字之间的关系 声音—图像之间的关系 整体设计—语言，视觉和声音能指之间的相互作用 3.3 缺失模态分析
4. 对观点和“语气”、意向受众和目的的分析 对网站观点和人称的分析 对网站主要意向受众和次要意向受众的分析 对网站潜在目标和目的的分析
5. 对信息组织形式和策略的分析 网站的结构和导航选项（动态组织形式） 对网站凸显策略和安全工具的分析 对网站外部导航和互动特征的分析 对网站超链接的分析
6. 对网站语境起源与推论的分析 对网站制作者与使用资源的识别 网站的开发平台及其制约因素 对文化混合性的归因

四、语言博物馆网站多模态对比分析

通过第一和第二阶段的分析可以发现，四所大学语言博物馆的网站布局整齐、富有特色，信息更新较为及时，给参观者留下了良好的第一印象。在显著特征分析方面，A 馆和 B 馆网站“语言选项”这一话题都存在缺失。目前两馆网页均只提供中文版本，仅在“参观须知”等少数板块中存在部分英文介绍内容。与之相对，D 馆作为另一所非英语国家的语言博物馆则在主页的醒目位置提供了荷兰语和英语两种语言供参观者进行选择。以下通过“视觉模态使用分析”“文本模态使用分析”以及“其他模态使用及模态间互动分析”三个小节对第三阶段的深度分析结果展开详细论述。

（一）视觉模态使用分析

根据 Kress & van Leeuwen（2001），视觉模态资源包括图像、色彩和字体等不同元素。在图像方面，A 馆和 B 馆网站主页中心位置都呈现了博物馆主体建筑的正面图片（见图 1 和图 2）。此外，A 馆主页还提供了五张展厅内部空间的图片，而 B 馆则在“藏品”菜单下展示了大量的馆内实物藏品图片，包括各式著作、字典和书法作品等，凸显出对博物馆实体展览的重视。此外，A 馆和 B 馆的网页中也使用了许多体现中国文化的符号元素，例如祥云、铜镜等，利用丰富的视觉模态资源传递世界语言知识，彰显中国悠久的历史文化底蕴。

图 1　A 馆网站主页截图

图 2　B 馆网站主页截图

与之相对，欧洲高校的语言博物馆采用了不同的图像使用策略。C馆主页使用了三位不同种族儿童的合影照片，手举用不同颜色和语言书写的文字标牌（见图3）。通过人际意义分析可以发现，这一照片采用中镜头增加亲切感，正面、水平的角度则给予参观者平等的沟通感。而D馆主页的视觉模态选用了斑马和鱼等动物的卡通形象（见图4），一方面可以吸引参观者（尤其是儿童参观者）的注意力，另一方面也可视为是用生物多样性对语言多样性进行的概念隐喻。

图3　C馆网站主页截图

图4　D馆网站主页截图

除了图像元素之外，中国与欧洲大学的语言博物馆网站在色彩和字体方面的选择也有所不同。从以上主页截图可以发现，A 馆和 B 馆网站顶部都使用了体现权威性的校名特色书法字体(A 馆为鲁迅体，B 馆为毛体)，网页主体颜色也和大学的标准色一致(A 馆使用深蓝色，B 馆使用深红色)，反映出中国高校博物馆与所属大学在身份认同方面具有高度的一致性。而 C 馆和 D 馆的网站主页均使用无衬线字体，字体的大小、粗细和颜色也不拘一格，在一定程度上暗示“语言多样性”的主题并体现出博物馆与参观者之间关系的亲密性。

(二)文本模态使用分析

在网站内容的语言使用方面，通过对介绍页面文本进行主位分析可以发现，A 馆介绍文本中有 4 句将“上海外国语大学世界语言博物馆”作为主位，而 B 馆则有 3 句使用“北京外国语大学世界语言博物馆”或其简称“世界语言博物馆”作为主位。两馆倾向于使用专有名称作为自我指称的手段，体现出其正式的语体风格。除了介绍页面之外，B 馆、C 馆和 D 馆都设计了专门网页展示博物馆专家团队以凸显其专业性。与 B 馆仅提供专家姓名和职务的方式不同，C 馆和 D 馆的专家团队介绍页面使用的语言策略更加灵活，如 C 馆采用了直接引用的形式并多次使用“我们”等自指代词作为句子的主位，并配合图片等视觉模态资源从第一人称视角介绍该馆的策展理念(见图 5)。

“We aimed to make the museum as inviting and unstuffy as possible. Many people think learning languages is a chore. We want to show that it can and should be fun, and opens up exciting opportunities. So whether visitors are 4 or 84, we think they'll find it really entertaining.”

– Professor Wendy Ayres-Bennett

图 5　C 馆专家团队介绍页面

在导航栏的语言使用策略方面，A馆的一级导航链接包括“走进语博”“展博览语”“语博撷珍”“语博学研”“语博之声”和“语博有约”，其形式均为汉语四字名词短语。此外，A馆和B馆在一级导航链接之下还提供了众多的二级导航链接，如A馆“展博览语”板块之下就包括“VR展览”“语言导览”和“专题展览”三大子板块，B馆“研究”板块之下则包括“学术成果”“大家小文”和“语言趣谈”三大子板块。使用整齐统一的四字短语结构和线性层级网站结构均传递出其有意树立自身权威形象的特点。与之相对，权威性特点在C馆和D馆的网站导航链接上表现较弱。两馆的导航栏链接都只有一个层级，D馆主页的导航链接在常规的陈述语气还使用了如“谁拥有语言?”等疑问句询问观众的看法，从而有助于人际功能的实现，提升了博物馆与参观者之间的互动性。

（三）其他模态使用及模态间互动分析

除上述的视觉和文本模态之外，语言博物馆网站还采用了一些同时包含多种模态的资源，包括视频、小册子和游戏等。受本文篇幅所限，我们着重以C馆富有特色的在线互动游戏“语言世界”为例，分析其模态使用策略以及模态间的互动关系。

在“语言世界”游戏首页（见图6）的顶部有各色“语言气泡”、彩虹和星星组成的视觉元素。其中，头上戴着不同帽子的拟人化“语言气泡”象征着来自不同文化背景的语言使用者，而彩虹和星星则代表着不同语言交相辉映的多语社会生态。在随后的答题游戏网页中，设计者提供了轻松的背景音乐供参观者进行选择，在界面上有“音响”按钮以及“播放”按钮等明显的交互模态资源（见图6）。答题游戏的过程也借助图片、音频等多模态形式展开，涉及的内容围绕多语、贴近生活（例如通过不同人朗读的《爱丽丝漫游仙境》英文版选段，根据口音猜测他们来自哪个国家，增进对不同语言音系的了解），使得“多语现象”这一抽象概念生活化、形象化，从而易于参观者，尤其是儿童参观者进行理解和记忆。

图 6　C 馆“语言世界”互动游戏页面(节选)

五、语言博物馆网站差异分析

上述三阶段的分析证实了中国与欧洲的大学语言博物馆网站在丰富的视觉和文本单一模态资源之外,还积极开发游戏等多模态互动资源进行多语现象普及传播。通过潜在受众分析可知,中国的大学语言博物馆网站的受众主要是汉语母语者,包括在校师生以及专家学者;而欧洲大学语言博物馆网站则更加多元,涵盖了不同种族和年龄阶段的参观者。概括而言,中国和欧洲大学的语言博物馆的网站建设和形象塑造方面的侧重点不尽相同。中国大学的语言博物馆网站偏向学术性和专业性,更注重藏品的展示;而欧洲大学的语言博物馆网站则偏向教育性和普及性，更注重观众的体验。这种差异的成因可从以下三方面进行解释：

（一）高校类别属性的不同

作为大学的科研教学分支机构，大学博物馆的所属高校类别属性会对其经营理念和形象建构产生显著影响。本研究选取的语言博物馆所属大学类别并不相同，其中英国剑桥大学和荷兰莱顿大学均为世界知名的综合类研究型高校，建校历史悠久且有成功的高校博物馆运营经验。相比之下，上海外国语大学和北京外国语大学属于语言类高校，成立的时间较短，在博物馆专业领域和网站资源开发等方面的人才较为缺乏，因此在网站的形式和功能方面仍存在完善空间。

（二）博物馆教育理念的不同

教育职责是现代博物馆经营管理中的重要目的和功能，而网站正是博物馆开展教育科普工作的重要平台。然而相关调查显示，“国内大多数博物馆的网站教育职能不明显，所提供的教育活动项目建置率不高”（梁敏，2014），而这一现象在高校语言博物馆网站中也有所体现。相对而言，国内大学的语言博物馆网站主要停留在介绍自身情况的层面，在补充在线多语教育资源方面与国外同行之间存在较大差距。据笔者了解，不少西方国家都通过立法将博物馆纳入国民教育体系，而我国在支持性文件和财政扶持力度方面都还明显不够，从而导致了不少博物馆教育项目难以开展或流于形式的现象产生。

（三）高低文化语境的不同

“高语境文化”和“低语境文化”概念最早于 1976 年由美国人类学家 Hall（见 Zhang & O'Halloran，2012）提出。根据社会流动性程度的不同，Hall 将大部分亚洲国家归为高语境文化，而西方国家则大多属于低语境文化。一般来说，高语境文化国家的网站中隐含意义较多，倾向于通过凸显历史、体现权威等方式与访客间保持距离感，这与中国的大学语言博物馆网站中采用诸多特色文化符号以及多层级的网页设计不谋而合。与之相对，低语境文化国家的网站中意义表达更明确，偏向构建更亲密的人际关系，这在欧洲的大学语言博物馆网站中广泛使用的人物正面特写照片和第一人称指称形式中都有所体现。

六、结　语

本研究的主要意义在于通过对网站多模态资源的分析，揭示了大学语言博物馆网站体现的身份观念和背后的社会文化差异，进而丰富了多模态网站分析的研究对象。与此同时，随着我国对多语现象研究和传播的重视，未来全国预计将建设更多的语言类专题博物馆。其中，最值得关注的是由教育部语用司发起，北京语言大学、北京外国语大学、中国传媒大学、上海外国语大学、广西民族大学、中国文字博物馆等6家单位合作共建的中国语言文字数字(网络)博物馆(简称语言数字博物馆)，计划于2023年开馆上线并发布一期建设成果。本研究采用中外对比视角，可为目前仍在建设的语言数字博物馆提供一定的参考，对于提升我国在多语现象研究和濒危语言保护领域的国际话语权有着积极作用。

通过中外语言博物馆网站的对比研究，我们可以对今后语言数字博物馆建设提出三点建设性意见：①面向更多人群，丰富教育资源：一方面，语言数字博物馆可以在网站上提供互动性强的答题游戏，并设置一些激励措施，创新多语科普教育形式。另一方面，语言数字博物馆应加大馆校合作力度，借鉴国内外同行的丰富经验，在网站上为教师提供更多包括教案、课件在内的多模态教学资源。②发挥多语优势，体现中国特色：鉴于语言数字博物馆共建单位中语言类高校数量众多的特点，应充分发挥自身授课语种优势，结合中国语境加快双语乃至多语网站建设，力争成为新时代我国语言政策对外传播的重要平台。③提升互动程度，拉近观众距离：语言数字博物馆在视觉模态方面可以利用动画图片和人物图像塑造更加亲切的形象，在网站的语言使用风格方面可以更加丰富多样，并通过设置反馈区域等互动方式，进一步了解参观者的不同需求。

当然，本研究也存在诸多局限。一方面，本研究涉及的样本数量相对较少，尤其在欧洲国家数量众多的语言博物馆面前，仅选择两家博物馆难以代表其整体的语言意识形态；另一方面，本研究使用的方法以质性分析为主，在定量分析方面有所欠缺。因此，本研究后续计划选择更多国家的同类型博物馆作为考察对象并构建多模态语料库，运用新近开发的网页多模态分析软件(如

O'Halloran 等开发的 Multimodal Analysis Website ©）进行系统标注，并结合对博物馆网站设计者和参观者的质性访谈，从多角度开展语言博物馆网站的多模态研究。

参考文献

[1] Callahan, E. Cultural Similarities and Differences in the Design of University Web Sites[J]. *Journal of Computer-Mediated Communication*, 2006(11): 239 - 273.

[2] Grepstad, O. *Language museums of the world: institutions, websites, memorials* [M]. Ørsta: Centre for Norwegian Language and Literature, 2018.

[3] Kress, G. & van Leeuwen, T. *Multimodal Discourse: The Modes and Media of Contemporary Communication* [M]. London: Arnold, 2001.

[4] Pauwels, L. A Multimodal Framework for Analyzing Websites as Cultural Expressions [J]. *Journal of Computer—Mediated Communication*, 2012(03): 247 - 265.

[5] Ravelli, L. & Heberle, V. Bringing a museum of language to life: the use of multimodal resources for interactional engagement in the Museu da Língua Portuguesa, Brazil[J]. *Revista Brasileira de Linguística Aplicada*, 2016(04): 521 - 546.

[6] Sönmez, M., Gahtan, M. & Cannata, N. *Museums of Language and the Display of Intangible Cultural Heritage*[M]. New York: Routledge, 2020.

[7] Venuti, M. & Nasti, C. Italian and UK University Websites: Comparing Communicative Strategies[J]. *Academic ELF Online*, 2015(12): 127 - 137.

[8] Yang, Y. A Review of Multimodality Research: Origins and Developments[J]. *Language and Semiotic Studies*, 2019(02): 119 - 141.

[9] Zhang, Y. & O'Halloran, K. The gate of the gateway: A hypermodal

approach to university homepages[J]. *Semiotica*, 2012(01): 87 - 109.

[10] Zhang, Z., Tan, S., Wignell, P. & O'Halloran, K. Addressing international students on Australian and Chinese university webpages: A comparative study[J]. *Discourse, Context & Media*, 2020(04): 1 - 12.

[11] 安建. 基于西南大学校园网主页的视觉语法的多模态分析[J]. 教育教学论坛,2010 (12):167+15.

[12] 李洁红,邓可. 网页的多模态话语分析——以哈尔滨工业大学英文网页为例[J]. 边疆经济与文化,2014(09):121 - 122.

[13] 李战子. 多模式话语的社会符号学分析[J]. 外语研究,2003(05):1 - 8+80.

[14] 梁敏. 中外博物馆网站教育项目比较研究及启示[J]. 文博,2014(03):65 - 69.

[15] 徐世璇. 语言中的博物馆和语言博物馆——论濒危语言典藏和语言博物馆建设[J]. 玉溪师范学院学报,2015(05):1 - 6.

A Multimodal Approach to Cultural Dissemination Media

A Comparative Analysis of Chinese and European Language Museum Websites

Abstract: In the Post-Pandemic Era, web media are becoming increasingly vital in facilitating linguistic and cultural communication and dissemination. Based on latest social semiotic theories, this study takes Pauwels' Multimodal Framework to analyze online language museums affiliated respectively to two Chinese universities and two European universities, aiming to reveal the roles and interactions of various online media modes. This study suggests that multimodal resources are interplaying to constitute different institutional identities of Chinese and European language museums. In general, Chinese university language museum websites demonstrate to be more academic and professional orientated, while their

European counterparts tend to be more educational and disseminative orientated. Such differences are further discussed from university categories, museum educational concepts and broader cultural contexts whereby relevant suggestions are put forward for digital language museum construction and international communication and dissemination.

Key words: multimodal approach, online language museums, website analysis, comparative studies, cultural dissemination.

(蒋寅　上海外国语大学英语学院
蔡君梅　上海外国语大学新闻传播学院)

自媒体时代网络新闻照片的修辞权威构建研究①

薛婷婷

摘　要：自媒体时代，网络上新闻照片数量呈爆炸性增长态势，极大地影响着舆情和民意。为研究网络新闻照片这样一种特殊的多模态话语，本文从视觉修辞的视角系统分析了网络新闻照片的修辞权威构建机制。研究发现，受众之所以比较容易轻信网络新闻照片，主要是因为照片诉诸了受众的情感。而情感诉诸之所有有效，是因为修辞者成功地为照片构建了修辞权威。网络新闻照片的修辞权威基于其所处的修辞情景，以视觉文化、理性诉诸、自然主义修辞三段论、修辞者的可信度和新闻照片的冲击力为构件，共同为新闻照片的真实性背书。

关键词：修辞权威；修辞情景；修辞三段论；视觉修辞；网络新闻照片

一、研究缘起

在自媒体时代，照片在新闻传播中的作用越来越显著。作为一种特殊的多模态话语，新闻照片不仅有“补充说明、丰富形式、提升吸引力”的作用，也能“推动新闻事实的普及传播，强化公众对新闻事实的认知”，更能在传播过程中“增

---

① 基金项目：上海市哲学社会科学规划课题“中国形象海外传播的多模态修辞研究”(2019BYY003)
作者信息：薛婷婷(1978—)，女，上海人，上海立信会计金融学院副教授，主要研究方向：修辞学。

强传受互动和情感连接”。新闻照片的发布者也已经不再是专业的记者，普通网民也可以将自己的作品在互联网上传播，“信息生产者和接受者的界限逐渐消弭”（孙海荣，2021：63－64）。

人们普遍认为，“有图有真相”，照片的说服力来自其对客观世界的真实反映。但事实上，学者们对照片的真实性和客观性进行了大量的研究，如孙藜（2017）从新旧媒介间的关系入手，探讨了新闻照片真实观的媒介化生成与演化。陈静茜等（2019）以食品安全报道的照片为研究对象，揭示了新闻照片的偏向性。甘莅豪（2020）从符号交际视角对“图像谎言”进行修辞分析，将常见的“图像谎言”从框架、视角、表征等方面进行细分出了九种不同类别，并探讨了后真相时代视觉传播的交流认知机制。这些研究都证明了新闻照片并不是建立在绝对的客观公正基础之上的，新闻照片只是“更广的社会、文化和政治领域的视觉呈现”（陈静茜等，2019：39）。那么，既然网络新闻照片并不一定是基于客观事实的，受众为何还会选择相信并受其影响？这种信任感源自那里？为了回答这些问题，本文将综合考量新闻照片的特殊性，从视觉修辞的视角深入揭示网络新闻照片背后的修辞权威构建机制。事实上，网络照片表面上只是诉诸受众的情感，但其实主要是照片背后的修辞权威在起作用。照片所构建的修辞权威是情感诉诸的基础，也是情感诉诸的动力来源。深入挖掘网络新闻照片的修辞机制，不仅可以给帮助媒体（包括自媒体）提升新闻照片的说服力，更重要的是，可以帮助受众提升识图能力，以免受到虚假照片的欺骗。

二、情感诉诸的理性基础

早在古希腊，亚里士多德就提出了情感诉诸的概念。在《修辞学》一书中，亚里士多德提出了三种劝说手段，即人格诉诸（ethos）、理性诉诸（logos）和情感诉诸（pathos）。这三种诉诸方式分别针对劝说过程涉及的三个对象。人格诉诸指向的是修辞者自身，一般而言，刚正不阿的人格品质会增加修辞者话语的可信度。理性诉诸指向的是话语本身，逻辑性强的话语（使用了修辞三段论或例证法的话语）会更容易说服受众。情感诉诸指向的受众，因为“当人们在悲哀或快乐时，在感觉友善或敌意时，他们所做出的判断并不一样”（Aristotle，

2007:38－39)。

可见,情感诉诸是修辞劝说的主要手段之一,它与其他两种诉诸方式相辅相成。情感并不是理性的对立面,诉诸情感并不是对理性的摒弃。不过,在很长一段时间内,情感一直被当作真相的对立面,对情感的煽动在某种程度上意味着对真相的背叛。肖珺等在对情感与真相的研究进行仔细梳理后认为,"情绪不是掩盖真相的障碍,情感与真相一直是人类社会面向心灵世界与经验世界的无法避免的复杂关系"(肖珺等,2021:12－13)。情感与真相并不是二元对立的,"情感可以被理性的论辩所激发,也能被它所抚慰或消除"(Erickson,1974:216),两者之间并不存在泾渭分明的分割线。

因此,要分析网络照片的情感诉诸背后的修辞机制,就不能将情感抽离出来单独研究。本文认为,自媒体时代的网络照片的说服力,主要受情感因素的影响,但造成情感因素发挥积极作用的主要原因还是因为修辞者为照片构建出了恰当的修辞权威。在修辞权威的影响下,受众的情感容易受到激发,更容易接受修辞者想要传递的观点。

三、新闻照片的修辞权威主要构件

(一)主体:修辞情景

每个新闻照片都有其所属的特定的修辞情景,照片的修辞权威的构建也必须基于所处的修辞情景,并与之相融合。关于修辞情景的定义,有狭义和广义两种。狭义的修辞情景是由 Bitzer 提出的,是指"一个由人物、事件、物体及关系组成的复合体,该复合体呈现出一种事实上的或潜在的紧急状态,如果进入情境的话语能够迫使人做出决定或采取行动以有效改善紧急状态,那么它就可以完全或部分地得到消解"(Bitzer, 1968:7－8)。根据这一定义,修辞情景是单向的,是相对静态的。修辞情境是一种紧急状态,它先于修辞话语存在,而修辞话语是修辞情景的产物,是消解紧急状态的手段。

在自媒体时代,这一定义的局限性日益凸显。自媒体时代中新闻生产的参与式建构特征使得修辞情景与修辞话语相互融合,修辞情景增强修辞话语的说服力,而修辞话语又能对修辞情景进行修正和补充,两者不断相互补充、互为因果,处在一种动态变化的过程之中。在这种情况下,Burke的广义修辞情境理论更符合自媒体时代这一语境。Burke认为,人生来就是相互分离的个体,“神经系统的中心性始于分娩。通过语言和生产方式,不同的神经系统建造各种各样的性质和规模上相异的利益和兴趣社会团体。在这种相分离和相团聚中,产生了‘普遍的’修辞情景”(1998:167)。也就是说,凝聚和分裂就是修辞情景永恒的主题,整个修辞情景中,独立的个体出于不同的动机不断地与其他个体凝聚,实现修辞情景的暂时性平衡,随后又因某种动机不断地分裂成不同的个体。

修辞情景要实现凝聚,主要的手段就是认同,因为“这种认同不仅是他与人类或世界的总体认同,而且也是某种凝聚,这种凝聚也暗示这一些与分别和分裂有关的规范”。认同与劝说最大的不同在于,认同是“自然而然产生的,即使没有任何人有意为之,我们也无法在正确的地方话界限”。Burke将认同分为三类,第一种是“同情认同”,“是仅仅强调共同的情感来与听众建立亲情关系”;第二种是“对立认同”,是“由于大家共有某种反对的东西而形成的联合”;第三种是“误同”,也就是“虚假的认同”,是人错误地将本不属于自己的能力看成是自己的。Burke举例说,人们在开车时只需轻踩油门,就可以获得很快的速度,这时,人们就很容易错误地将机器的能力看成是自己的,这就是“误同”。Burke认为,三种认同中,只有误同才是修辞情景的根源,“修辞情景就产生于这种错误的认同”(ibid:161-164)。

Burke用“我们”这一人称代词概括了修辞情景的全部。出于不同的动机,不同的相分离的个体会凝聚在一起,形成“我们”。这种“我们”并不是静态的,相反,它是一个不断变化中的情景,个体因为“认同”(伯克认为主要是误同)凝聚成不同的“我们”,这个“我们”至关重要,因为“只有当我们能够讲另外一个人的话,在言辞、姿势、声调、语序、形象、态度、思想等方面做到和他并无二致,也就是说,只有当我们认同于这个人的演讲方式时,我们才能说得动他”(转引自刘亚猛,2004:110)。因此,如果照片能很好地通过三种认同中的任何一种来激发受众的情感,使受众凝聚成不同的“我们”,那么,凝聚成不同的“我们”的受众,又可以反过来滋养修辞情景,为照片提供适宜的土壤。而这样的修辞情景,也是网络照片构建修辞权威的基石。

(二)构件一:视觉文化

Birdsell和Groarke(1996)认为,视觉论辩主要依赖三种背景:直接的视觉情境(图像和与之相关的其他图像之间的关系),直接的言语情境(图像和图像所插入的文本之间的关系)以及“视觉文化”(我们“看图像的方式”)。其中,“视觉文化”就是我们观看方式的集合,也就是不断变化中的“视觉文化习俗”。他们进一步解释说,如果我们要理解某一特定视觉图像的论辩资源,那么我们应该有意识地去了解这一图像所在地的视觉传统。

事实上,网络照片之所以可以很快激发受众的情感,也正是源于我们对图像的天然信任。在人类文化中,图像自诞生之日起便与现实紧密联系在了一起。从原始人的壁画,到现代人类的画作,虽然其中不可否认有艺术加工的痕迹,但总体上都被认为是对现实世界的反映。而照相机的诞生更是在“观察”和“现实世界的真实推理”之间建立了紧密的联系(Crary, 1990: 29)。人们普遍认为,照片比起绘画更能真实的反映世界,这一点无可辩驳,照片“是自然最细腻的铅笔”(Arago, 1980: 18)。“所见即所得”“有图有真相”成了我们视觉文化的组成部分,参与构建新闻照片的修辞权威。

(三)构件二:理性诉诸

网络照片有没有诉诸理性,也是构建其修辞权威的重要环节。对于理性的诉诸,主要利用修辞三段论。修辞三段论(enthymeme)又称省略三段论或三段论的省略式,是西方修辞学的核心概念。它的本意是“头脑中的东西(something in the mind)”,伊索克拉底曾用这个词表示“惊人的想法”,是演讲的装饰物。亚里士多德认为它是有效劝说必不可少的手段,因为“所有的修辞者只能通过修辞三段论或是范例进行逻辑劝说,别无他法”,这主要是因为它“能激发听众更好地反映”(Aristotle, 2007: 40)。

完整的三段论推理模式基于必然性,是由“两个含有一个共同项的性质判断作为前提得到的一个新的性质判断为结论的演绎推理”(牟晓鸣, 2008: 66),简言之,三段论是由大前提、小前提和结论三部分构成的。与此不同,修辞三段论基于或然性,是“仅包括结论和一个前提,而另一前提被省略或隐含的论题”(Corbett,1971: 73)。显然,对于网络新闻照片而言,修辞三段论中省略的命题给修辞运作创造了极大的空间,它可以利用受众潜意识中的这三种预设,引导甚至误导受众,使其对照片真实性不加怀疑,并以此作为重要的论辩手段,参与知识的创造,达到劝说的目的,因为“命题的省略往往蕴含了修辞者赢得对方所采用的同一策略或隐藏了不宜公开的动机、意图等,而或然性的前提也时常需要依靠修辞策略才能使由此推出的或然性结论取得可接受性”(袁影,2010:99)。同时,受众参与到三段论的推导过程中,与修辞者产生互动,这一受众与修辞者互动的过程“对话语的劝说起到了积极的促进作用”(邓志勇,2003:17-18)。

修辞三段论中小前提的缺失,需要依靠受众根据自己的知识体系去进行填补,这种非完整性和或然性就给劝说营造了很大的空间。而在视觉修辞情景中,情况更为复杂,这主要是因为照片的特殊性。文字所表达的意思虽然有时也会模棱两可,但大体上是明确的,而照片则不同,对于同一张照片,不同的人通过填补不同的小前提,可以推导出截然不同的结论。这时,新闻照片的拍摄者就需要对构图、色彩、特写等拍摄技巧以及目标受众所处的视觉文化等多方面进行考量,确保受众能够按照拍摄者在照片中给予的种种暗示去填补小前提,从而推导出与拍摄者预期相符的结论,与照片产生“误同”。

(四)构件三:自然主义修辞三段论

自然主义修辞三段论则是一种特殊的修辞三段论,是由美国修辞学家 Finnegan 提出的。在《自然主义三段论和视觉论辩:“头骨争议”的摄影表现》(*The Naturalistic Enthymeme and Visual Argument: Photographic Representation in the “Skull Controversy”*)一文中,Finnegan 将修辞三段论运用到了视觉论辩的研究中。Finnegan 认为,受众之所以对照片有天然的信赖感,是因为自然主义修辞三段论在起作用。一般而言,受众会用自己已有的知识和经验去填补修辞三段论留出的“空白”。对于照片而言,受众用来填补空白的是对照片真实性的假设,这种假设是基于三种与照片相关的现实主义,即:①具象现实主义,照片呈现的是现实世界的某种东西;②本体现实主义,照片是在某个时间某个地点的的确确发生在镜头前的;③机械现实主义,照片是被镜头捕捉到的未经拍摄者干预的。Finnegan 认为,不管照片想要表达什么内容,至少它的存在就是在体现着自己的现实主义(2001:135,143)。自然主义修辞三段论通过留白将新闻照片和真实性紧密联系起来,赋予了新闻照片独特的修辞权威,是新闻照片修辞权威构建过程中的重要一环。

自然主义修辞三段论的基础是照片的真实性,虽然非常有效,但却也很脆弱。换言之，只要对其"真实性"发起攻击，就很容易将其完全驳倒，这也正是自然主义三段论的薄弱之处。不过，针对个别照片的反驳却并不影响自然主义修辞三段论继续发挥其有效性，在受众看到其他照片时，仍然会习惯性地诉诸自然主义修辞三段论。Finnegan 认为，这主要是因为我们在驳斥某一照片的真实性时，我们无法推翻自然主义修辞三段论本身。我们能采取的策略必须只针对个别照片，因为如果要攻击自然主义三段论这一理论本身，那么很可能就使驳斥站不住脚，从而掉入虚无主义的陷阱。长久以来我们所处的视觉文化告诉我们，照片是现实世界的真实反映，作为科技的产物的照片更是如此。如果我们说"所有照片都是假的"，那么相当于对我们的视觉文化发起攻击，那么很容易就能被驳斥。所以，如果受众对某一照片的真实性产生怀疑，那么他只能驳斥这张照片的真实性，但是他不能说所有的照片从本质上来讲都是被操控的，因为这就相当于攻击自然主义修辞三段论本身，"如果自然主义修辞三段论本身是错误的，那么一开始就没有批评的基础了"（2001：144）。因此，这也从一个方面构建了新闻照片的修辞权威。

（五）构件四：修辞者的可信度

亚里士多德在论及人格诉诸时曾说，"不管讨论的话题是什么，公道的人（跟其他演说者比起来）总是更迅速地赢得我们更大的信任"（Aristotle，2007：38）。这应该是关于修辞权威最早的表述。"说服离不开权威"，说服者在说服过程中都会下意识地诉诸"以势服人"（刘亚猛，2004：190）。在自媒体出现之前，新闻照片的发布者只有各大新闻机构，因此，新闻照片的修辞权威部分也来自对新闻机构的信任，这就信任就是照片的修辞权威。新闻机构的可信度高，其修辞权威的力量就大。如果一张新闻照片来源于国际知名的新闻机构，那么其真实性就得到了背书，自然主义修辞三段论就更容易发挥作用。在自媒体时代，新闻照片的发布者已经不再局限于新闻机构，受众则会认可名人或者事件亲历者所发表的照片，这也是基于对修辞者可信度的考量。因此，网络新闻照片如果借用受众认可的"可信的修辞者"之手，就会比较容易地构建照片的修辞权威，从而达到说服受众的目的。

（六）构件五：新闻照片的冲击力

新闻照片修辞权威的另外一个构件来自新闻照片的冲击力。照片的视觉冲击性“能够有效吸引读者，促进新闻信息的传播，提升传播效果”(孙海荣，2021:63)。在照片的视觉冲击力的影响下，受众在看到照片的瞬间就会产生情感波动，进而产生误同，将自己看作照片中的人物。“冲击力构成好照片。不是动作，是冲击力——一种视觉印象，这种印象将某种东西摄入观者的头脑。这些射向观者的东西可以是气愤和温情，也可以是满足人们求知的欲望和对信息的渴求”(赵明，2017:60)。这种视觉冲击力可以直击受众的内心，使他们很快地接受照片所要讲述的故事，产生认同感，这就是一种修辞权威。当然这种视觉冲击力由很多要素构成，比如，照片色调和视角的选择、视觉隐喻和转喻的使用、构图形式、空间设置等。这些要素组合在一起，共同为构建新闻照片的修辞权威发挥作用。

五、结　论

本文以修辞情景和修辞三段论等修辞学理论为基础，揭示了自媒体时代网络新闻照片的修辞权威构建机制。本文认为，新闻照片的修辞权威基于其所处的修辞情景，其主要构件有：视觉文化、理性诉诸、自然主义修辞三段论、修辞者的可信度和新闻照片的冲击力。这几大要素可以形成很强的修辞权威，赋予网络新闻照片很强的说服力。同时，了解网络新闻照片的修辞权威构建机制，也可以有助于受众提高自己的识图能力，辨析出基本的操控手段，不轻易被之前的读图习惯所左右，落入虚假照片的圈套。

参考文献

[1] 陈静茜，马泽原，商圆圆.“再现”的偏向：食安报道图片的视觉互动意义(2008—2018)[J].新闻记者，2019，(6):28-46.

[2] 邓志勇.修辞三段论及其修辞运作模式[J].外国语言文学，2003(1):17-18.

[3] 甘莅豪.图像的谎言：符号交际视阈下的视觉修辞行为[J].西北师范大学学报，2020，(2):15-26.

[4] 肯尼斯·博克.修辞情景[A].肯尼斯·博克，等.当代西方修辞学：演讲与

话语批评[C]. 常宽富，顾宝桐，译.北京：北京大学出版社，1998.
[5] 刘亚猛. 追求象征的力量[M]. 北京：生活·读书·新知三联书店，2004.
[6] 牟晓鸣. 修辞三段论的认知性[J]. 四川外语学院学报，2008(3)：66-69.
[7] 孙海荣. 社交媒体时代新闻图片的传播效果及版权风险[J]. 中国编辑，2021，(8)：61-67.
[8] 孙藜. 真实性的媒介化生成：近代中国都市现代性中的图像实践[J]. 学术研究，2017，(6)：167-176.
[9] 肖珺、杨家懿. 情感与真相："后真相"传播观念的文化转移[J]. 新闻与写作，2021，(8)：12-21.
[10] 袁影. 修辞三段论与寓义的语用推导[J]. 外语教学与研究，2010(2)：99.
[11] 赵明. 新闻摄影要用真实性拍出视觉冲击力[J]. 青年记者，2017(3)：59-60.
[12] Arago, D. E. Report [A]. A. Trachtenberg. *Classic Essays on Photography*[C]. Stony Creek, CT: Leete's Island, 1980.
[13] Aristotle. *On Rhetoric: A Theory of Civic Discourse*, 2nd *ed*. [M]. Translated with Introduction, Notes, and Appendices by G. A. Kennedy. New York: Oxford University Press, 2007.
[14] Birdsell, D. S. & L. Groarke. Outlines of a Theory of Visual Argument [J]. *Argumentation & Advocacy*, 2007, 43:103-113.
[15] Bitzer, L. Rhetoric situation[J]. *Philosophy and Rhetoric*, 1968, (1): 1-14.
[16] Corbett, E. P. J. *Classical Rhetoric for the Modern Student* [M]. New York: Oxford University Press, 1971.
[17] Crary, J. *Techniques of the Observer: On Vision and Modernity in the Nineteenth Century*[M]. Cambridge: MIT Press, 1990.
[18] Erickson, K. V. *Aristotle: The Classical Heritage of Rhetoric* [M]. Metuchen, N.J.: The scarecrow Press, Inc., 1974.
[19] Finnegan, C.A. The Naturalistic Enthymeme and Visual Argument: Photographic Representation in the "Skull Controversy" [J].

Argumentation and Advocacy, 2001, 37(3):133 - 149.

On the Construction of Rhetorical Authority for Online News Images in the We Media Era

Abstract: In the era of We Media, the number of news images on the Internet is growing explosively, which greatly affects public opinion. To study the unique multimodal discourse of online news images, this article systematically analyzes the rhetorical authority construction mechanism of online news images from the perspective of visual rhetoric. Research has found that the reason why audiences are more likely to trust online news images is mainly because the photos appeal to the audience's emotions. And all the effectiveness of emotional appeal is due to the rhetorician's successful construction of rhetorical authority for those images. The rhetorical authority of online news images is mainly based on their rhetorical situation, using visual culture, logos, naturalistic enthymeme, the credibility of rhetoricians and the visual impact of news images as components to jointly endorse the authenticity of news images.

Key words: rhetorical authority; rhetorical situation; enthymeme ; visual rhetoric; online news images

(上海立信会计金融学院 外国语学院，上海 201620)

超越说服：邀请修辞学的新交际理念及其应用研究

张玉芳

摘　要：邀请修辞学是在学术界质疑西方传统修辞学的背景下提出来的，它的基本原则与核心观点挑战并发展了西方传统修辞学的理论与方法。它的交际理念与 Booth 的“同意修辞”及“修辞艺术”异曲同工，和道家思想中的“无为”与“不争”不谋而合，运用它有助于化解生活中的矛盾与冲突，例如高校学生之间关系不和谐问题、婆媳矛盾以及对“剩女”的歧视等。由此，希望能为我国学术界认识西方修辞学打开另一扇窗户并为日常生活中实践有效交流提供借鉴。

关键词：邀请修辞学；西方传统修辞学；道家思想；理解；说服

一、引　言

2004 年的马加爵事件①震惊全国，当时媒体与大众纷纷借此机会讨伐大学教育存在的问题。然而 2013 年悲剧再次在复旦大学投毒案②中重演，类似的

① 云南大学学生马加爵因不满同学对自己的批评话语而在宿舍连杀四名同学，见 http://www.people.com.cn/GB/paper447/11598/1045398.html.

② 2013 年上海复旦大学研究生黄洋遭室友林森浩投毒后死亡的案件。林因琐事对黄不满，逐渐怀恨在心，遂将其做实验后剩余的剧毒化合物带至寝室，注入饮水机槽，导致黄洋中毒身亡，见 http://edu.gmw.cn/node_39185.htm.

校园悲剧还有不少①。我们不禁要问：难道仅仅是大学教育该为此类悲剧买单？上述悲剧除了敏感、好强等个体性格因素影响之外，与整个社会的竞争性环境不无关系。当今世界，我们生活在一个资源有限而竞争越来越激烈的环境中，从小就被迫与他人竞争：学前教育要"赢在起跑线上"，中小学要择校，大学要进名校、毕业后要找好工作、进入社会后要出人头地，这些是家庭、学校和社会给我们灌输的观念。竞争、打败对手、赢过别人，这些已经潜移默化地影响了我们的思想意识，一定程度上导致了一部分人以自我为中心、偏激、狭隘、不能容物的交际态度。那种遇到分歧时耐心倾听不同意见、求同存异、集思广益的交际理念正在离我们越来越远。

不能求同存异、不尊重别人异于自己的观点或者行为、无法正确看待别人的评价，类似的因交流不畅导致的矛盾与冲突充斥着每天的生活，例如医患关系、路怒症司机等。如何化解各种矛盾与冲突是从古至今哲学及其他人文社会科学学者永恒的研究课题。基于对待分歧的不同态度，西方修辞学界提供了两种解决方案：一是通过说服，用统一性消除差异性；二是尊重多样性，增进相互理解。前者是源于古希腊，以欧美男性白人精英的观念为标准的西方传统修辞学（下文简称TR）（Royster，2003：149 - 150）的主张；后者是邀请修辞学（Invitational Rhetoric，下文简称IR）的理念。TR已经指导了西方社会二千多年，毫无疑问为消除分歧、促进社会发展做出了巨大贡献，然而它不是放之四海而皆准的，因为它存在先天不足。为了克服TR的不足，IR应运而生。

本文将主要讨论IR的交际理论与方法并分析它对化解我国社会日常交流中的部分矛盾与冲突的启示。为此，首先通过探索提出IR的背景即TR的不足，了解创立IR理论的动机与目的；其次，通过阐释IR的主要观点与特点并分析它的争议点、难点及核心思想，明确IR的交际理论与方法；然后，通过剖析IR与我国道家思想中的"无为"与"不争"的关系，更好地理解IR的交际理念；最后，以生活中具体的交际现象为例，解析IR如何帮助人们化解矛盾与冲突。由此希望能为我国学术界认识西方修辞学打开另一扇窗户，并为人们在

① 例如朱令事件（1994）、北京大学铊投毒案（1997）、扬州大学秋水仙碱投毒事件（2004）、中国矿业大学铊盐投毒案（2007），见：http://www.360doc.com/content/15/0109/10/3982002_439351057.shtml.

日常生活中减少矛盾与冲突,实践有效交流提供理论借鉴与方法指导。

二、邀请修辞学提出的背景、动机与目的

IR 的主要倡导者是女性主义修辞学家 Sonja K. Foss 与其双胞胎姐姐 Karen A. Foss 以及学生 Cindy L. Griffin。她们的研究问题是:什么样的修辞学能够指导生活中那些不以改变、控制他人为目的的交流活动[①]? 这个研究问题之所以会出现是因为此前学术界对 TR 的缺陷进行了深入的批评与反思。在这种学术大背景下,提出 IR 是为了弥补 TR 的不足,扩展修辞学的理论,扩大修辞学的适用范围。

此前学术界对 TR 的不断质疑是 IR 诞生的修辞环境。从古希腊的哲辩师(sophists)与 Aristotle,古罗马的 Cicero 与 Quintilian,中世纪的 Saint Augustine,文艺复兴的 Francesco Petrarca,启蒙运动的 George Campbell 与 Richard Whately,到现代的 Kenneth Burke,修辞学的主要特点都是以说服为手段、以改变与控制他人为主要目的[②]。但是这种观点被批判为具有“父权家长制偏见(patriarchal bias)”,其特点可以概括为:以“改变、竞争、控制”为核心价值,用说服为策略,极力否定受众异于修辞者的一切方面,无论是抽象的信仰体系、还是具体的选择与行事能力;这样修辞者就创造了一种让受众不安、恐

---

① 笔者曾采访 Sonja K. Foss:“为何不以改变他人而以理解为目的?”她表示:“首先,在现实中说服与改变他人是很难的,并没有传统修辞学所说的那么容易;其次,生活中很多时候没有必要一定让他人的观点与自己一致,那样的话就会抹杀个体特性,所有人都是一个模子里刻出来的,毫无个性,世界就会很枯燥。”

② Sophists 的中文又译为诡辩家,以通过修辞话语能够说服他人将一切不利的、不好的事务转化为有利的事务而著称。Aristotle 的修辞是指“观察在任何特定情况下获得说服手段的能力”(Herrick 2005: 75)。Cicero 的修辞是雄辩的化身,无论是理论还是实践都致力于提高话语的说服力。Quintilian 的修辞教育就是要培养人们的雄辩能力。Augustine 的修辞是用来说服民众皈依基督教的方法(Herrick 2005: 126 - 129)。意大利人文主义学者 Petrarca 继承和发展了古罗马演说术,特别是说服的力量(Herrick 2005: 160)。Campbell 的修辞就是雄辩的同义词,是指“使得话语能够适应其目的的艺术或者才能,”并且认为言说的所有目的可以概括为四类:“启发理解、愉悦想象、感动激情及影响意愿”(1963: 1)。Whately 的实用论辩修辞学主要指导人们如何通过类比、预设(presumption)及举证的责任(burden of proof)等辩论手法来说服受众(1963)。Burke 认为“修辞的基本功能是人类用言语形成态度或者诱导他人采取行动,”即“使用语言作为象征手段诱发他人合作”,提出“哪里有说服哪里就有修辞。而哪里有‘意义’哪里就有‘说服’”。(1969: 41, 43, 172)他一生致力于消除差异与分歧,寻求认同。

慌、急需寻求改变现状的修辞形势，然后巧妙地将自己居高临下的优越姿态伪装成“救世主”的形象，使他们按自己的意愿行事，改变他们的初衷，从而实现对他们的控制，并从中获取“我优于你”的成就感——权威（Foss & Griffin，1995：3-4）。因此，TR 受到一些学者的质疑，主要有三种：

（1）西方修辞学传统内部关于“修辞并非只是说服”的争鸣，例如：Richard Weaver 的伦理修辞学（1953），I. A. Richards 的新修辞学[①]（1965），Robert L. Scott 的认知修辞学（1967，1976），George Kennedy 的“动物修辞行为”（1992）等。

（2）亚洲与非洲修辞学传统对以欧美为中心的 TR 的挑战（例如：Asante，1987；Foss，Foss & Trapp，1991：287-305；Liu，1996；Lv & Frank，1993）。

（3）女性主义修辞学家对以男性白人为中心的 TR 的挑战（例如：Campbell，1973；Foss，Foss & Griffin，2004；Foss，Foss & Trapp，1991：275-287；Foss & Griffin，1992；Gearhart，1979；Herrick，2005：259-265）。

如果说前两种开创了反思 TR 的氛围，是 IR 生成的催化剂；那么第三种则触动了 TR 的基本原则，是催生 IR 的助产士。女性主义修辞学的三个基本原则：“平等（equality）、内在价值（immanent value）和自主决定（self-determination）”挑战了以“改变、控制”他人为目的父权家长制，是 IR 建立的理论基础。

此外，Foss 姐妹与 Griffin 具有挑战传统权威的批判精神，也促成了 IR 的提出。早在 1992 年 Foss 与 Griffin 发表了“从女性主义视角论修辞学理论：澄清边界”，通过对比传统修辞学的代表人物 Kenneth Burke 与女性主义修辞学家 Starhawk 的修辞思想，指出许多传统修辞学理论存在“家长制术语屏，强调男性的交流经验，并鼓励将其视作具有普世性”（345）。1994 年，Foss 姐妹合著出版了《邀请转变：不断变化的世界里的陈述性言说》提出“邀请（invitation）”与“转变（transformation）”的概念：“邀请”是指修辞者创造“安全、尊重价值、自由、开放”的外部交流环境，向受众发出了解自己的邀请而非“坚持”或强迫受

① Richards 批判从 Aristotle 到 Richard Whately 的“旧修辞学”过分强调论辩与冲突，况且“说服只是话语众多目的之一”，于是敦促“新修辞学应该是研究误解及消除误解的学问”，其目标是阐释理解及误解是如何产生并研究语言的效能及其运作的条件与法则（1965：3，7，23-24）。

众支持自己或者接受自己的观点。“转变”是指自身思想观点或者行为的改变,而非转变他人(3－7)。这明显不同于以 Aristotle 为代表的 TR。这种思想在后来的 IR 中得到系统化地发展。

受上述挑战 TR 的学术力量尤其是女性主义修辞学家的鼓舞与启发,以及作者本身挑战权威的批判意识与学术兴趣的引导,Foss 与 Griffin 于 1995 年 3 月在《传播学专刊》上发表了题为“超越说服:邀请修辞学的一个提议”的文章,正式提出 IR 的概念。文章第一部分就指出创立 IR 的**动机**是“提议建立一种修辞学,它基于平等、内在价值和自主决定原则,而非企图通过设计各种能实现改变[他人]的说服策略来控制他人的原则……适用于不以改变、控制他人为目的的情况。我们称之为邀请修辞学”(4－5),并申明了 IR 的灵感来源是“女性主义的原则和理论”;最后强调了提出 IR 的**目的**是“增加可供修辞者选择的交际方法,为更有针对性、更系统地描述与评价修辞的各种不同表现形态提供推动力”(5),但它并非“理想的”“适用于任何场合的”修辞方法,只是“有用的、合法的众多修辞表现形态中的一种”(17)。总之,IR 是区别于以说服为特点的 TR 的一种独特的新修辞学概念。

三、邀请修辞学的主要观点与特点

(一)邀请修辞学的主要观点:定义及两种修辞形式

IR 是指“邀请对方理解自己,以此理解为手段创立基于平等、内在价值以及自主决定权的一种相互关系。”此处“理解”是指“邀请受众进入修辞者的世界并以修辞者的方式来看待这个世界。”(Foss & Griffin,1995:5)

IR 的邀请性互动涉及两种修辞形式,即两种可供选择的交际方法:①提供自己的观点;②创造外部条件允许他人在相互尊重与平等的氛围中表达他们的观点。

1. 提供观点(Offering Perspectives)

“提供观点”是指修辞者尽可能清楚地将自己的想法呈现给受众,并邀请他们考虑自己的看法,但不强求受众“支持或者接受”它,只是寻求增进彼此对当下事、当事人的理解。同时,修辞者愿意根据受众的合理观点改变自己原来的想法,即“愿意妥协(willingness to yield)”。当处于“充满敌意的环境”或者交际双方的看法“存在显著差异时”,修辞者会采用一种特殊的“提供”方式:“转换视角(re-sourcement)”。它是指“用不同于对方的框架、假设或者原则”,从另一个角度看问题,诉诸其他资源或者领域来阐述自己的观点,尽可能避免直接的话语冲突(Foss&Griffin,1995:7-9)。

2. 外部条件(External Conditions)

“提供”仅仅是修辞者单方面表达自己对议题的看法,“无论受众是否参与”互动。但由于IR的目标是相互理解彼此的观点,为了让受众成员也能有机会“提供”对议题的看法,IR提出创造三个外部条件——安全(safety)、价值(value)和自由(freedom)。它们是实现彼此相互了解的前提。**“安全”**是指创造“令受众感到安全、不受威胁的”交流环境,畅所欲言,不必担心受到“贬低”与“轻视”或者“反驳”与“惩罚”。**“价值”**是指通过“绝对倾听”与换位思考承认并尊重受众的内在价值,欣赏他人的差异性(不同见解)。**“自由”**是指赋予受众自主“选择或决定的权力”,有权选择“任何话题”,“挑战所有的预设”。(Foss & Griffin 1995: 10-13)

(二)邀请修辞学的主要特点

依据上述定义与两种修辞形式,IR有八个特点:①理解是交际的目的;②参与者带着“开放的”态度倾听他人的不同见解;③参与者之间地位平等;④双方寻求“权力共享”(power-with)而非对对方的“控制权力”(power-over);⑤任何改变都是自主选择的结果;⑥参与者带着“愿意被改变”(willing to be changed)的心态参与互动;⑦欣赏差异性;⑧IR只是众多修辞表现形态或者说修辞工具中的一种(Foss&Foss,2012:10-17)。

由此可见,虽然实践邀请修辞“不寻求说服他人”做出改变,但是改变也可能作为“愿意妥协”的副产品出现。由于互动中每个人都有机会阐述自己的看法也都要倾听他人的见解,所以IR是一种修辞对话,无论是实质性的还是象征性的,其中修辞者与受众的角色是互换的,每一个参与者都有双重身份,均有机会扮演修辞者的角色,不像TR那样修辞者与受众的角色是相对固定的。

四、邀请修辞学的争议点、难点及核心思想

IR是一种态度,建议修辞者在交际互动中可以选择采用的对待受众、议题及交流过程的一种立场与方法,是Foss和Griffin响应Gearhart(1979:199,201)的号召转变修辞互动的方式与意图的产物。IR最容易引起争议的是尊重“内在价值”的理念。IR主张尊重他人的内在价值,这并非让修辞者完全无视、纵容受众的错误观点,令其一错再错,见“死”不救;而是建议修辞者带着“给予”的心态提供自己的见解,让他人了解自己的看法,而非“说服”的心态强加自己的主张给对方。IR也并非主张修辞者不加思考地完全接受受众的观点,而只是建议创造安全、尊重价值、自由的交流环境以便让受众有机会表达他们的心声,同时耐心地、虚心地倾听他人的观点;至于是否接受,这是“自主决定”的。用这样的立场与态度实践IR有三种可能的结果:①不同意彼此的主张,但这是在知己知彼的基础上自主做出的决定;②修辞者觉得受众的某些见解让自己对议题有了新的、更深入的认识,从而对自己原有的想法自愿做出相应的调整,即“愿意妥协”;③双方彼此部分地接受了对方的某些观点,但彼此都保留原来的某些主张,取得求同存异的效果。

实践IR的难点在于判断适用的场合,或者说修辞情境,即“用什么标准能判断什么时候在什么情况下运用IR是有效的”(Fulkerson,1996:206;Lozano-Reich&Cloud,2009:221)。Foss和Griffin对此的解释比较模糊:用于不以改变他人、解决议题为目的,只求双方彼此增进相互理解的交际活动。这种修辞需要双方都采用IR的交流态度,否则可能会对牛弹琴,白费力气。这也是IR不同于TR的另一个特点:IR的实践更强调受众的参与和合作,是双方的;而TR的实践更强调修辞者单方面的努力。因此,对于修辞者来说,实践IR比TR更难。这大概也是为何修辞学的理论大多只关注修辞者,少有关注受众,即使像Aristotle, Chaim Perelman和Olbrechts-Tyteca① 等人关注受众的年龄、性格、思想、喜好、类型等因素,也只是为了让修辞者依据受众的特点更有针

① Perelman和Olbrechts-Tyteca(1969)提出“普世受众”及“普世价值”的概念以指导人们在实践中成功说服受众。

对性地、更有把握地说服受众。与 TR 相比，IR 的操作性不强。这也许就是 IR 被认为是不切实际的、乌托邦式理想主义的交流方式的原因。

要想在实践中克服上述争议点、解决难点，需要明确 IR 的交际目的：增进相互理解、提高对事物的认识、共同进步。Booth 的同意修辞（rhetoric of assent）及倾听修辞（listening rhetoric）中的修辞艺术（rhetorology）①有助于我们理解 IR 的这种交际理念。修辞学在 Booth 心中是指导人们应用话语共同探索现实，寻求分歧与冲突下面的共识，求同存异，共同成长、进步的交流艺术。于是，他呼吁抛开怀疑主义的教条，在没有掌握充分证据证明他人是错误的情况下要实践“同意修辞”，同意对方的观点，给自己一个了解对方的机会，同时也是给自己改进与发展的机会，主张多样化（1974）。在“同意修辞”的基础上，30 年后他提出了“倾听修辞”，结合伦理与公民（civil）的思想，按照实践时修辞者的心态与动机，将修辞分成两类——修辞艺术与修辞诡计（rhetrickery）。前者是“倾听修辞”的典范，要求修辞者与受众彼此真诚地而非策略性地表达自己的观点，互相倾听对方的不同见解，使得双方能够超越原有的想法，不以输赢论雌雄而是努力寻找分歧与矛盾下面的共识，达到对现实与真相的新认识（2004：46 -47）；后者则是除了修辞艺术以外的所有“坏修辞”的总和，采用一切“卑劣的、不诚实的交际技巧制造各种误解以及灾难性的后果……使得糟糕的事情看起来像有益的事情”（2004：11）。IR 的三个外部条件就如 Booth 的“同意修辞”，创造机会了解、尊重并尽力认可对方的价值；IR 的“提供观点”与“愿意妥协”就如 Booth 的“修辞艺术”，寻求对事物的深入认识与理解。IR 与 Booth 修辞思想的核心都是平等相待、相互尊重，对待分歧时相互倾听、寻求相互理解，提高对事物及彼此的了解并努力达成新的共识。

五、邀请修辞学与中国道家思想的关系

以诚相待，与人无争，提倡多样性，寻求对事物更深、更高的理解，IR 的这种思想与中国古代道家思想中的“道”与“德”的精神是一致的。道家主张有了

① 其实 rhetorology 更应该翻译成“修辞学”，因为 ology 表示“学问、科学”，作为词根意为“学”，例如 psychology 是心理学。但是，为了区别于已有的修辞学（rhetoric），本文将其译为“修辞艺术”。

“无为”“不争”“包容”的“德”才能得“道”——把握宇宙万物的法则与规律，天人合一——实现和谐发展。这些与 IR 的三个基本原则及两种修辞形式有异曲同工之妙，因此道家思想有助于深化对 IR 交际理念的认识，主要表现在以下三个方面：

(1) 道家认为万物自有其存在的价值，而真正追求“道”(了解事物内在价值、把握事实与真理、为受众着想)的人会实践“无为”(顺其自然，不做作，不强求)与“不争”(无意巧言令辞地与人争辩、决雌雄、争胜负)。所以《道德经》①说“是以圣人处无为之事，行不言之教，”(第 2 章)能取得“无为而不为”的效果(第 48 章)，主张不强求、顺其自然。又说“美言不信，信言不美。善者不辩，辩者不善。……圣人之道为而不争”(第 81 章)，提醒世人：那些令人可信的、正确的语言无需词藻华丽、悦耳动听；相反华丽、动听的语言未必是令人可信、正确的。那些与人为善、为人着想的人不必油嘴滑舌，无须雄辩；相反那些口齿伶俐、十分善辩之人倒未必心怀善意(Huang，2002：13；Liu，1996；Lv&Frank，1993：448)。

IR 正是实践了这种精神，提倡平等相待，尊重他人的内在价值，用给予的心态真诚地“提供”自己对事物的看法，无须用说服去强求对方改变其内在价值，无须战胜对方的观点，更不必控制对方。并且 IR 认识到是否发生改变那是对方自主决定、自愿选择的结果，要顺其自然，遵循对方发展的要求，不能用刻意说服来获得，所以 IR 追求的是相互理解彼此的观点。

(2) 既然事物都有内在价值，那么有容乃大，吸收他人的合理观点才能发展壮大自己。于是《道德经》说“大国者下流，天下之交”(第 61 章)，又用类比的手法进一步解释“江海之所以能为百谷王者，以其善下之，故能为百谷王”(第 66 章)，因此“圣人无常心，以百姓心为心。……圣人在天下，歙歙焉，为天下浑其心”(第 49 章)，即得“道”之人以百姓的意愿为意愿，心系百姓，包容百姓，去除自己的私利。出于相同的理念，IR 主张采取开放的态度，将自己的内心想法暂时“搁置”起来，将自己“放置于受众之下”，创造条件让他人充分表达不同见解，倾听、尊重、包容他人与自己的分歧，并做好准备随时“愿意妥协”——吸收他人的观点来调整、改变自己的主张。

---

① 参见：http://www.daodejing.org/.

(3) 得“道”,即对宇宙法则与规律的把握是道家追求的理想结果。相似的,对当下议题的深入认识,增加对持有与自己不同见解的人的了解并实现彼此相互理解,这也是IR的理想目标。只不过,道家的“道”存在于宇宙之中,等待世人去发现,是静态的、永恒不变的、普世公认的真理;而IR要相互理解的“彼此的观点”与“内在价值”却是双方建构的、是动态变化的。

综上所述,在交际的基本原则、策略方法、态度与目标等方面,IR都与道家思想不谋而合。

六、邀请修辞学对化解矛盾与冲突的启示

若能实践IR的上述交际理念,本文开篇提到的因交流不畅而造成的校园悲剧就可能避免。例如马加爵事件,若他的好友与他能够本着人人平等的原则、尊重彼此的观点、赋予彼此自主决定如何行事的权利,那么他们就能够彼此敞开心扉,发表各自对彼此之间存在的分歧的看法,邀请对方了解自己,同时也努力倾听并了解对方的真实想法。这样双方对分歧的认识一定会有所提高,同时也可增进彼此的相互理解,悲剧发生的可能性自然会降低。然而,马加爵不但没有认真倾听、换位思考、反思为何好友会批评自己,也没有努力与好友沟通让对方了解自己对他们给予的评价的看法,反而将此事视作是对自己的讥讽,加以报复、杀害。马加爵会做出这种反应,一定程度上是因为他的好友也没有创造让他感到安全、自由及受尊重的交流环境,不是向他“提供”看法而是贬低、伤害他的人格:“你为人太差了”。马加爵与他的好友都没有努力通过交流相互倾听,实现相互理解、求同存异、互相尊重,故而一个小小的导火索就能导致悲剧的发生。

作为一名大学教师,IR给了本人教学中如何建立平等、相互尊重的师生关系的灵感。传统教师的角色定位是“学高为师,身正为范”;职责定位是“传道授业解惑”。这种理念赋予师生不平等的权力,教师拥有绝对权威。在这样的不平等权力关系指导下,教师容易以“知识的传播者”自居,视学生为等待装知识的“空容器”(Maher,2002:87):怀着比学生更有学识、生活经验更丰富的心态,以自认为对学生有用的方式,本着为学生好的思想,用“让我启发你”的方法进

行教学。结果是遭到一些学生的百般“抵抗”:不积极参与课堂互动、以沉默回答老师的提问、睡觉、玩手机或电脑、聊天以干扰教学或者直接逃课。面对学生的不领情,教师觉得很委屈:认认真真地备课、绞尽脑汁设计各种授课方式、卖力地讲课,所有的辛苦付出并没有换来学生的理解和尊重。而学生却觉得没有收获,所学的知识与社会脱节,甚至产生读书无用论的想法。师生双方都受到伤害。

如果教师能够转变观念:①怀着与学生一起探索知识的心态,“提供”自己对教学内容的认识与学生一起分享,创造条件鼓励学生挑战自己;②以尊重学生的独立思考能力与判断力的方式,认真倾听学生的不同见解;③本着教学相长的思想,与学生互换角色,真诚地接受学生的合理观点,勇于在学生面前示弱,承认自己不是真理的化身以及在追求真理路上师生平等;④用商量、讨论的方法与学生一起寻找问题的答案,而非强迫学生接受唯一正确的标准答案;那么,师生就会成为平等的合作伙伴,成为知识领域的共同探索者。如此,学生便能体会到自己的价值与能力得到了教师的尊重,有了展示的舞台,学习的热情就会提高;教师也不必费尽心思去说服学生接受、掌握“知识”。这样的教学氛围与师生关系是互利共赢的,既能提高教学效果,又能实现教学相长、师生共同成长。

除校园以外,IR还可以帮助人们化解家庭与社会生活中的各种因交流障碍而导致的矛盾与冲突。家庭中的典型表现就是婆媳矛盾。中国的某些婆婆以家长自居,凭借年长的优势摆出一副经验丰富的姿态,“用‘心灵鸡汤’的态度,或者采用‘让我帮助你,让我启发你,让我告诉你应该怎么做’的方法”(Gearhart,1979:195),要求儿媳以晚辈的身份绝对服从于作为长辈的婆婆的权威。而作为有自尊、有主见的独立个体,儿媳通常不愿屈服于这类婆婆的权威。她们之间的不平等权力关系导致彼此无法坦诚沟通,更不能达成相互理解。若婆媳都能实践IR,平等相待、相互尊重各自的生活观和价值观、赋予彼此自主决定自身事务的权力,坦诚沟通并相互倾听彼此对生活习惯、业余爱好、孩子抚养以及其他家庭事务的不同观念,多一些理解,少一些征服,求同存异;那么这个几千年来的顽固矛盾也许就能得到化解,至少不会成为许多家庭不幸的根源。

当今中国，社会中的一个典型例子就是对年龄超过27岁未婚女性的歧视。社会给她们贴上“剩女”的标签，打着关心她们个人幸福的旗号，以“同情”的口吻给她们取各种极尽戏谑嘲讽的绰号：“剩斗士”“必剩客”“斗战剩佛”以及“齐天大剩”（Fincher，2013：38）。“剩”让人联想到“剩饭剩菜”——需要丢弃倒掉的垃圾。这种潜意识的歧视，是由于传统父权家长制的思想观念阻碍了社会创造安全、自由的条件让她们表达自己的价值取向与婚恋观，男尊女卑的等级观念屏蔽了倾听她们心声的机会，并最终在很大程度上剥夺了她们对是否结婚、什么时候结婚、与谁结婚等问题的自主决定权。若人们有实践IR的意识，对她们平等相待，那么因歧视导致的婚恋中男女资源配置不合理的问题或许就能够解决，整个社会也会更和谐。

正如Foss和Griffin所说，生活中许多时候交际双方并非都是“敌对”关系，矛盾也不是“你死我活”式非要争胜负。适当时若能实践IR则更能实现有效交流，创建平等、相互尊重的和谐关系。

七、结　语

如果说TR关注议政演说、典礼演说、法庭辩护等重大活动的交际理论与方法，那么IR则更关注日常生活中普通人之间的交流活动涉及的交际理论与方法。IR的创立提醒人们反思长期以来习以为常的以说服、论辩为中心的修辞学传统，是对TR的发展。IR用理解代替说服，用合作代替征服的交际理念与Booth的“同意修辞”和“修辞艺术”以及道家的“无为”“不争”和包容的思想异曲同工；基于平等、价值及自主决定权的两种修辞形式有助于化解人们日常交流中的矛盾与冲突，促进有效交流，建立平等相待、相互理解、互相尊重、求同存异的和谐人际关系。因此，IR丰富了人们的交际意识，拓展了交际方法。然而，IR还存在争议点与难点，还需要进一步完善其理论基础与实践方法。

参考文献

[1] Asante, Molefi Kete. *The Afrocentric Idea* [M]. Philadelphia: Temple University Press, 1987.

[2] Booth, Wayne C. *Modern Dogma and the Rhetoric of Assent* [M]. Chicago and London: The University of Chicago Press, 1974.

[3] Booth, Wayne C. *The Rhetoric of RHETORIC: The Quest for Effective Communication* [M]. Malden, MA: Blackwell Publishing Ltd, 2004.

[4] Burke, Kenneth. *A Rhetoric of Motives* [M]. Berkeley and Los Angeles: University of California Press, 1969.

[5] Campbell, George. *The Philosophy of Rhetoric* [M]. Ed. Lloyd F. Bitzer. Carbondale, IL: Southern Illinois University Press, 1963.

[6] Campbell, Karlyn Kohrs. The rhetoric of women's liberation: an oxymoron [J]. *Quarterly Journal of Speech*, 1973(1): 74-86.

[7] Fincher, Leta Hong. Women's Rights at Risk [J]. *Dissent*, 2013(2): 36-40.

[8] Foss, Karen A., Sonja K. Foss, & Cindy L. Griffin. *Readings in Feminist Rhetorical Theory* [M]. Long Grove, IL: Waveland Press, 2004.

[9] Foss, Sonja K & Cindy L. Griffin. A feminist perspective on rhetorical theory: toward a clarification of boundaries [J]. *Western Journal of Communication*, 1992 (3): 330-349.

[10] Foss, Sonja K & Cindy L. Griffin. Beyond persuasion: a proposal for an invitational rhetoric [J]. *Communication Monographs*, 1995 (1): 2-18.

[11] Foss, Sonja K. & Karen A. Foss. *Inviting Transformation: Presentational Speaking for a Changing World* [M]. Prospect Heights, IL: Waveland Press, 1994.

[12] Foss, Sonja K. & Karen A. Foss. *Inviting Transformation: Presentational Speaking for a Changing World* [M]. 3rd ed.. Long Grove, IL: Waveland Press, 2012.

[13] Foss, Sonja K., Karen A. Foss, & Robert Trapp. *Contemporary Perspectives on Rhetoric* [M]. 2nd ed. Prospect Heights, IL: Waveland

Press, 1991.

[14] Fulkerson, Richard. Transcending our conception of argument in light of feminist critiques [J]. *Argumentation and Advocacy*, 1996 (4): 199 - 218.

[15] Gearhart, Sally Miller. The womanization of rhetoric [J]. *Women's Studies International Quarterly*, 1979 (2): 195 - 201.

[16] Herrick, James A.. *The History and Theory of Rhetoric: An Introduction* [M]. Boston & New York: Pearson Education, 2005.

[17] Huang, Lin-Mei. Taoist philosophy and "feminine style": on the nature of femininity [C]. Paper presented at 23 Conference of International Association for Media and Communication Research, Barcelona, 2002.

[18] Kennedy, George A.. A hoot in the dark: the evolution of general rhetoric [J]. *Philosophy and Rhetoric*, 1992 (1): 1 - 21.

[19] Liu, Yameng. Three issues in the argumentative conception of early Chinese discourse [J]. *Philosophy East and West*, 1996 (1): 33 - 48.

[20] Lozano-Reich, Nina M. & Dana L. Cloud. The uncivil tongue: invitational rhetoric and the problem of inequality [J]. *Western Journal of Communication*, 2009 (2): 220 - 226.

[21] Lv, Xing & David A. Frank. On the study of ancient Chinese rhetoric [J]. *Western Journal of Communication*, 1993 (3): 445 - 463.

[22] Maher, Jennifer Helene. Invitational interaction: a process for reconciling the teacher/student contradiction [J]. *Rocky Mountain Review of Language and Literature*, 2002 (1): 85 - 93.

[23] Perelman, Ch., and Olbrechts-Tyteca, L. *The New Rhetoric: A Treatise on Argumentation* [M]. Trans. John Wilkinson and Purcell Weaver. Notre Dame: University of Notre Dame Press, 1969.

[24] Richards, I. A. *The Philosophy of Rhetoric* [M]. New York: Oxford University Press, 1965.

[25] Royster, Jacqueline Jones. Disciplinary landscaping, or contemporary challenges in the history of rhetoric [J]. *Philosophy and Rhetoric*, 2003 (2): 148 - 167.

[26] Scott, Robert L. On viewing rhetoric as epistemic [J]. *Central States Speech Journal*, 1967 (1): 9 - 17.

[27] Scott, Robert L. On viewing rhetoric as epistemic: ten years later [J]. *Central States Speech Journal*, 1976 (4): 258 - 266.

[28] Weaver, Richard M. *The Ethics of Rhetoric* [M]. Chicago: Henry Regnery Company, 1953.

[29] Whately, Richard. *Elements of Rhetoric* [M]. Ed. Douglas Ehninger. Carbondale, IL: Southern Illinois University Press, 1963.

Beyond Persuasion: Communicative Conception of Invitational Rhetoric and Its Applications

Abstract: Invitational rhetoric was put forward when scholars had been challenging the traditional conception of Western rhetoric as persuasion. Therefore, its basic assumptions and key concepts both challenge and expand the traditional conception of rhetoric. With equality, mutual understanding and respect as its goal, invitational rhetoric shares the same communicative conception with both Booth's Rhetoric of Assent and Rhetorology and Taoism's Spontaneity and Noncontention. This essay concludes with a discussion of how to apply invitational rhetoric to reconcile conflicts in real communication cases.

Key words: invitational rhetoric; Western traditional rhetoric; Taoism; understanding; persuasion

（张玉芳　上海理工大学外语学院）